TRAVAUX DU IIIe SYMPOSIUM INTERNATIONAL
DE CRIMINOLOGIE COMPARÉE
Versailles, 28 avril–1er mai 1971

LA CRIMINALITÉ URBAINE

ET LA CRISE DE L'ADMINISTRATION DE LA JUSTICE

Textes réunis et présentés par DENIS SZABO

1973
LES PRESSES DE L'UNIVERSITÉ DE MONTRÉAL
C.P. 6128, Montréal 101, Canada

ISBN 0 8405 0217 6
DÉPÔT LÉGAL, 2ᵉ TRIMESTRE 1973
BIBLIOTHÈQUE NATIONALE DU QUÉBEC

Tous droits de reproduction, d'adaptation et de traduction réservés

AVANT-PROPOS

L'étude de la criminalité urbaine est une préoccupation des chercheurs qui ne date pas d'aujourd'hui ; l'accroissement de la criminalité qui a alarmé l'opinion publique et suscité la curiosité des spécialistes est demeuré cependant un sujet d'étude essentiellement académique. Il s'agissait, en effet, de décrire et d'analyser le phénomène et d'établir des corrélations entre ses caractéristiques socio-économiques et culturelles et les types et genres de conduites délinquantes relevés en milieu urbain. Ce n'est que depuis peu que l'intérêt, tant des chercheurs que de l'opinion publique, s'est porté sur les institutions qui constituent le système d'administration de la justice des grandes métropoles [1].

En ce qui concerne les chercheurs, ils se sont aperçus que l'étude des facteurs socio-économiques, ou psychologiques, de la criminalité ne tient compte que d'une partie de la réalité criminologique. Le fonctionnement des institutions où s'administrent la justice, la police, les tribunaux et les services correctionnels, y joue un rôle et exerce une influence tout aussi importante. En effet, le pouvoir discrétionnaire de la police est considérable et celui des magistrats l'est à peine moins. L'univers carcéral marque de façon indélébile le détenu et l'étiquetage judiciaire apparaît, d'après les analyses des dix dernières années, comme un facteur criminogène majeur.

L'opinion publique et, par voie de conséquence, le pouvoir politique se sont alarmés de ce que les plus hautes autorités américaines appelaient l'« écroulement » de l'appareil de protection sociale, perceptible en particulier dans les grandes villes. La protection des personnes et des biens est devenue un sujet prioritaire de campagnes électorales et de vastes projets de réformes ont été amorcés à la suite des recommandations des commissions d'enquête sur la justice, tant au Canada qu'aux États-Unis et en Europe.

---

1. Les commissions d'enquête canadiennes et américaines sur le fonctionnement de l'appareil de la justice ont effectué plusieurs études sur ce sujet. On doit également citer à ce propos les travaux des diverses commissions gouvernementales, autant françaises que britanniques et, d'une façon plus large, européennes.

Par ailleurs, la crise de la justice s'insère dans le cadre plus général de la crise d'administration des grandes aires métropolitaines. La politique d'éducation ou des transports, le contrôle de l'utilisation du sol et de la pollution — et l'énumération n'est guère exhaustive — sont autant de facettes d'une même réalité ; les problèmes deviennent de plus en plus aigus et de moins en moins solubles. Selon certains, le point de rupture ne tardera pas à être atteint et les difficultés d'ajustement que traverse la ville de New York, par exemple, préfigurent celles que nous sommes tous appelés à affronter demain.

Quelles sont les principales causes de cette crise ? C'est, en premier lieu, la faillite d'une certaine conception de la moralité. Contrairement à l'ancienne attitude, celle de la société rurale, l'atteinte aux biens d'autrui n'est plus synonyme du péché dans le sens absolu et symbolique de ce concept. Plus encore, la notion même du bien d'autrui devient fluide. L'argent déposé à la banque de même que les marchandises exposées dans les magasins sont fréquemment considérés comme les biens de personne et de tout le monde. Dès lors, le vol de banque suscite des réactions quand il s'accompagne de violence, tandis que le vol à l'étalage est considéré bien plus comme une « indélicatesse » que comme une nuisance réelle à l'égard de la société.

Cette mentalité, qui caractérise les milieux urbains, est intimement liée, en outre, à l'apparition d'un type de déviance particulier, le criminel d'occasion, dont les comportements échappent à toutes les règles classiques. Honnête citoyen en apparence, intégré dans la société dans laquelle il vit et gagne un salaire, il commet des délits en raison d'un besoin donné, mais sans persister dans cette voie et sans faire partie des sous-cultures criminelles.

Il va sans dire que le degré de permissivité, ou plutôt d'indifférence, à l'égard de cette forme de comportement criminel, varie suivant le niveau d'industrialisation et demeure l'apanage des sociétés les plus évoluées, mais c'est là également qu'on peut évaluer et mesurer les tendances globales de l'avenir. Le fait que dans les contextes économiques, où existe une rareté des biens de consommation, prévaut une attitude beaucoup plus proche du schéma traditionnel, n'a guère de signification en soi, puisqu'il s'agit d'un phénomène dépendant d'un marché de pénurie dont on ne saurait ni souhaiter ni présager le maintien.

Des constatations similaires peuvent être formulées en ce qui a trait au deuxième grand facteur de la crise de la justice dans les milieux urbains et qui concerne l'évolution du concept de l'autorité.

Rattaché aux courants philosophiques et politiques de la première moitié du XXᵉ siècle, le concept de l'autorité reposait sur une certaine forme de mobilisation des masses. Le socialisme, le marxisme et le fascisme reposaient sur l'acceptation de l'autorité et de la discipline en fonction d'un but collectif à atteindre. L'échec, partiel ou total, de l'impact que ces théories avaient sur la jeunesse se solde par une crise de l'autorité d'autant plus aiguë que nous assistons à l'apparition d'un courant de pensée individualiste, pacifiste et opposé, par définition, à toute forme de soumission.

Les sociétés de consommation proposent aux masses exacerbées par la publicité, le modèle d'une existence paisible et confortable, sans être en mesure pour autant de relever suffisamment le niveau de revenus et d'éliminer le chômage. Dès lors, la crise de l'autorité se répercute dans tous les secteurs et on décèle ses effets même au niveau des structures des forces policières, responsables, par définition, du maintien de l'ordre, et qui cherchent, dans les diverses formes de syndicalisation, le moyen d'échapper à l'emprise de l'autorité administrative et gouvernementale. Face aux grèves de la police, pour protéger les sociétés urbaines, on fait appel à l'armée; il ne s'agit pas là d'une solution, mais d'un palliatif.

De la base jusqu'à la superstructure, de la cellule familiale jusqu'à l'organisation globale des services publics, la crise de l'autorité secoue l'armature traditionnelle. Alfred Sauvy désigne ce phénomène sous le terme de la crise de croissance des démocraties; mais qu'on admette qu'il s'agit d'une saine évolution ou d'une période de transition qui doit se solder par le renversement de toutes les structures de notre civilisation, la nécessité de trouver des solutions demeure entière.

La question qui se pose dans l'immédiat est celle qui découle de deux attitudes opposées: répressive et progressiste. La réaction sociale répressive, c'est l'éternelle équation de la peur; l'action brutale entraîne le durcissement et c'est l'escalade de la violence. L'expérience passée de certains régimes de dictature et des États policiers prouve, en outre, que l'explosion de violence balaie généralement les gouvernements qui ont essayé de la contenir à l'aide des moyens traditionnels. À l'opposé, la réaction sociale progressiste, telle qu'elle est amorcée déjà dans le contexte des démocraties libérales, dont la Suède, le Canada ou les États-Unis, par exemple, s'appuie sur un appareil de la justice qui, sous certains aspects, demeure volontairement « inefficace ». Sous sa forme actuelle, cependant, cette permissivité voulue, ou découlant tout naturellement de l'insuffisance des ressources, comporte deux dangers.

Tout d'abord, sur le plan de la protection de la collectivité, on risque d'assister, à long terme, à un renouveau des règlements de compte entre la police et les criminels, puis entre les individus victimes, ou leurs familles, et les responsables des délits. En effet, la perte de confiance dans l'action judiciaire rapide et équitable se solde par l'apparition des exécutions sommaires qui peuvent prendre, dans une situation extrême, des formes diverses et s'appuyer même sur une sorte de police parallèle et informelle. Au-delà des règlements de compte, apparaît le sinistre souvenir des « escouades de la mort » et des « bons justiciers », inacceptables dans le contexte d'une société qui se veut évoluée et civilisée.

Dans l'immédiat, on constate que, dans les collectivités parvenues à la limite du stade postindustriel, l'insuffisance de réaction de l'appareil de la justice favorise la détérioration des structures qui sont infiltrées systématiquement par le crime organisé. Ce type de pénétration du système représente, en fait, une menace directe pour la survie des démocraties libérales puisqu'il fausse tous leurs mécanismes vitaux, dont, entre autres, le fonctionnement et jusqu'aux objectifs des syndicats et unions ouvrières. Or, le crime organisé repose sur la dialectique de la peur et de la menace qui paralyse les procédures judiciaires en raison des difficultés de réunir les preuves et de trouver les témoins susceptibles d'assumer le risque d'aider la société au détriment de leur propre sécurité. Devant les juges qui ne peuvent éviter le recours à une instance en appel, les tenants du crime organisé bafouent la justice qui se veut égale pour tous et respectueuse des droits de l'individu.

Face aux moyens classiques de dépistage, tels les papiers d'identité et les divers modes d'enquêtes policières, qui se sont tous avérés insuffisants ou inopérants, bien que l'on ressuscite périodiquement leur spectre en faisant varier les modalités de présentation, face aux méthodes draconiennes, reliquats de la dernière guerre mondiale et du régime de l'Allemagne fasciste, les chercheurs et les hommes de science sont obligés d'opposer un refus formel, non seulement au nom des principes humanitaires, mais plus simplement en raison de preuves d'inefficacité de ces outils, déficients et incomplets.

En fait, les solutions réelles, les solutions de demain, sont sociales, par opposition aux ajustements, forcément limitatifs de l'appareil de la justice proprement dit, car il ne peut pallier une crise dont les causes profondes échappent à sa compétence. Toutefois, et c'est là le grand pari de notre collectivité, les solutions sociales impliquent une collaboration étroite des divers secteurs. C'est ainsi que la prévention et la resocialisation demeurent des termes vidés de leur substance si on élabore leurs structures sans tenir compte de la situation qui existe sur le marché du travail.

C'est à ce niveau que se situe, entre autres, le problème des économiquement faibles que l'État fait vivre à l'aide des allocations du Bien-Être social, tout en créant ainsi un milieu qui se détériore et qui devient criminogène. Or, le pourcentage des familles « prises en charge par la société » augmente par rapport à la population active et cela est tout aussi vrai dans les contextes où la notion des classes sociales a été théoriquement abolie que dans les autres, puisqu'une certaine forme de sous-emploi[2] persiste dans ces deux cadres, parfaitement opposés en théorie.

L'exemple suédois démontre, par ailleurs, que lorsque le plein emploi est atteint, les structures de prévention et de traitement en vue de la resocialisation sont mieux planifiées et plus efficaces, mais que l'apparition de chômage, même relativement très limité, comme c'est le cas depuis quelques années, force l'État à faire appel aux solutions particulières. Dans ce cadre, se situent notamment tous les mécanismes qui orientent les personnes incapables de se reclasser dans le contexte urbain vers les régions excentriques, tel le nord de la Suède, où l'on manque de main-d'œuvre saisonnière pour la coupe du bois.

Quelles sont les solutions qu'il est possible d'élaborer en tenant compte de déficiences chroniques ou passagères du marché du travail? Pour répondre à cette question, il convient de distinguer entre trois conceptions : celle de la valeur-travail, qui demeure la base même du fonctionnement de la société actuelle, celle de l'animation sociale et de l'auto-administration, qui est une des formes nouvelles de la thérapie des groupes et celle de loisirs orientés et occupationnels, considérés comme un substitut partiel à la valeur-travail.

Dans le contexte actuel, on substitue à l'insuffisance des possibilités du travail effectif des palliatifs tels les travaux d'artisanat, par exemple, en essayant de revaloriser ainsi des individus inadaptés ou passifs. En ce qui a trait, par contre, à l'animation sociale et à l'auto-administration, elles consistent à forcer les éléments les plus passifs à assumer les responsabilités collectives immédiates. Largement utilisées en Amérique du Nord, aux États-Unis notamment, au niveau des milieux criminogènes, ou apparentés, elles ne peuvent être maniées qu'avec beaucoup de prudence quand il s'agit des criminels proprement dits. Il n'en reste pas moins

---

2. On peut citer à ce propos le délit qui existe dans la législation soviétique, le « parasitisme », dont la définition demeure relativement imprécise puisqu'elle est applicable à tous ceux qui n'ont pas d'emploi permanent et qui sont jugés « déviants ».

que des tentatives récentes d'auto-administration des centres de détention ou de traitement, entreprises avec l'aide et sous la surveillance de spécialistes de diverses disciplines, s'avèrent déjà plus satisfaisantes que les méthodes traditionnelles. Infiniment plus coûteuses en raison notamment de la formation et de l'importance numérique du personnel d'encadrement, ce sont là des modes que l'on continue de perfectionner.

En ce qui a trait aux loisirs orientés et éducatifs, ou occupationnels, leur organisation dans une optique préventive n'est guère un phénomène nouveau ; ce qui est nouveau, c'est l'importance du rôle qu'ils peuvent être appelés à remplir. En effet, la philosophie basée sur la valeur-travail est remise en cause par deux facteurs : le sous-emploi et le rétrécissement constant des périodes de travail qui, en soi, représente un phénomène particulier à notre époque.

En effet, en l'espace d'un demi-siècle, on a assisté à un changement fondamental de tout le contexte du facteur temps-travail et temps-loisirs. Des périodes quotidiennes, parfaitement inhumaines, qui se situaient dans les limites de douze à quatorze heures et hebdomadairement de six à six journées et demie par semaine, on est passé à des périodes de six à huit heures par jour et de cinq jours par semaine. Et il s'agit là non seulement d'un phénomène, fort heureusement, irréversible, mais encore d'une tendance qui va en s'accentuant.

Par opposition à la société rurale, la société urbaine dispose donc de loisirs, tout en n'ayant pas les moyens matériels de satisfaire les besoins de dépenses qu'ils suscitent ou occasionnent. Face à la demande, la société ne parvient pas encore à assurer aux citadins la satisfaction des exigences les plus élémentaires, tels par exemple le flux et le reflux vers les espaces verts, extérieurs au cadre urbain. Il est à prévoir qu'à l'avenir des sommes considérables devront être investies pour compenser les lacunes de l'organisation actuelle des loisirs et pour combattre un des facteurs criminogènes, particulièrement perceptible au niveau des jeunes, qui est celui de la compensation des loisirs occupationnels, ou éducatifs, par des loisirs déviants. C'est là une tendance qui déborde largement le cadre des milieux criminogènes et présente une menace on ne peut plus concrète pour la santé et l'évolution des sociétés de demain.

Ce qui est significatif, et ce qui a été constaté à plusieurs reprises lors des travaux du Troisième Symposium international de criminologie comparée, c'est que tous les problèmes que nous venons d'analyser existent à des degrés divers dans toutes les grandes villes, sans distinction de contextes nationaux. Au-delà des différences considérables des traditions culturelles et des systèmes judiciaires, les problèmes sociaux des deux côtés de l'Atlantique, ainsi que dans les centres urbains les plus importants du Tiers Monde, sont largement comparables...

L'habitat urbain de l'avenir doit inclure, en somme, la dimension socio-judiciaire, partie intégrante de ses objectifs et de sa planification. Les conditions de vie étant propices à un haut taux de criminalité, il est indispensable que l'appareil de protection sociale soit adapté à cette situation, en étant suffisamment flexible pour répondre à toutes les formes de la déviance.

Traiter des jeunes contestataires, qui se transforment parfois en combattants de la guérilla urbaine, de la même façon que des spécialistes de vols par effraction est une erreur chèrement payée tous les jours. Maintenir une législation répressive dans le domaine de la moralité individuelle conduit à des problèmes d'application très graves et à une indifférence croissante à l'égard de la valeur réelle des principes de droit. Le crime organisé devient, en Amérique du Nord, une sorte de quatrième pouvoir qui, bien qu'occulte, n'en représente pas moins un cheval de Troie solidement installé au cœur même des institutions économiques et politiques. Ignorer, enfin, l'existence des milieux criminogènes et les dangers qu'ils constituent pour l'avenir, c'est tolérer l'accroissement constant d'une criminalité urbaine impossible à circonscrire avec les moyens dont dispose actuellement l'appareil judiciaire.

Devant un diagnostic aussi grave, que peut le chercheur, que peut l'administrateur, que peut l'homme public? La prise de conscience est probablement la première étape à franchir. À ce propos, il n'est pas inutile de citer l'exemple de la pollution, qui existe et qui s'aggrave depuis des décennies et que les chercheurs analysent depuis toujours. Il a fallu, cependant, les campagnes des dernières années pour que des efforts soient entrepris afin de restaurer l'équilibre écologique des milieux urbains et industriels.

Le Troisième Symposium international de criminologie comparée constitue, à notre avis, un pas en avant vers une telle prise de conscience. Il s'agissait, en effet, d'examiner les phénomènes qui remettent en cause le fonctionnement de l'appareil de la justice. Certes, parmi les problèmes immédiats, il y a celui de la surcharge des cours et des retards judiciaires qui en découlent, mais les causes de cette situation d'« inefficacité » sont plus difficiles à circonscrire. Pour les étudier, il a fallu opter pour certains choix et se limiter à l'analyse basée sur des recherches déjà amorcées. C'est pourquoi on a traité, en premier lieu, de la criminalité classique et de son évolution actuelle, afin d'indiquer ensuite l'importance des autres formes de déviance qui se développent dans les grandes métropoles.

Parallèlement, on s'est efforcé d'examiner les changements d'attitude de l'opinion publique et l'impact qu'ils ont ou peuvent avoir sur les législations criminelles. Il a été ainsi possible de poser les questions relatives aux réformes à envisager dans l'immédiat et à long terme, en se basant sur le postulat qu'elles sont devenues inévitables autant au niveau des organes de détection et des poursuites qu'à celui des prises de décision judiciaire et de leur exécution.

On a pris également pour acquis que la prochaine étape sera franchie à l'aide des études devenues possibles grâce aux nouvelles techniques qui permettent l'analyse empirique des systèmes. En effet, le modèle unifié de l'administration de la justice qui a été discuté lors du symposium et dont l'expérimentation est actuellement en cours indique aux responsables de la gestion et de l'action politique les points précis où l'intervention, le changement et l'innovation doivent s'insérer.

La troisième étape, une fois le diagnostic de la crise et la stratégie d'intervention établis et planifiés, consistera dans l'action des équipes multidisciplinaires, car ce sont ces équipes qui devront faire fonctionner un système de défense sociale plus flexible et plus adéquat. Des juges purement juristes, des policiers purement limiers, des geôliers simples gardes, des chercheurs dans leur tour d'ivoire, ne sont plus à même d'apporter les réponses que la société future attend d'eux. De nouveaux types de spécialistes doivent prendre la place des vieilles professions, car sous nos yeux un nouvel habitat a pris la place de l'ancien et une société nouvelle remplace l'ancienne.

De nouvelles formes de collaboration doivent également apparaître entre les universitaires et les pouvoirs publics, puisqu'il n'est plus possible de dissocier leur action, la recherche étant la base même des réformes de demain. Le fait que l'Agence canadienne de développement international, le Conseil des arts du Canada, le ministère du Solliciteur général du Canada, les Fondations Ford et Aquinas, de concert avec l'Université de Montréal, ont participé à l'organisation du symposium, témoigne d'une sorte de prise de conscience de l'universalité des problèmes qui existent dans le secteur de la défense sociale et de la solidarité de tous dans la quête de solutions compatibles avec les aspirations de chacun.

Cette œuvre de coopération internationale dans le secteur des études criminologiques semble démontrer, en effet, que le domaine socio-judiciaire cesse d'être entouré d'une sorte de mystère et replié sur un passé pour figurer parmi les sciences dont le développement demeure fondamental pour l'évolution des sociétés de demain.

DENIS SZABO

Première partie

La criminalité classique

La criminalité classique et la crise de la justice pénale

JOSÉ M. RICO et SÉVERIN C. VERSELE

Le thème confié au premier atelier de travail, la criminalité classique, exigeait tout d'abord que l'on se penche sur la problématique de la crise de la justice pénale. Après avoir essayé d'en dégager certains éléments, nous avons tenté de vérifier la pertinence de nos réflexions préalables en confrontant ces divers facteurs à trois types d'infractions assez différentes, mais caractéristiques de ce que l'on peut qualifier de criminalité classique : l'homicide d'une part, les délits contre la propriété, plus particulièrement le vol à l'étalage et le vol à main armée d'autre part, que nous avons examinés aux stades successifs de la police, du judiciaire et du pénitentiaire.

I. PROBLÉMATIQUE DE LA CRISE

La justice pénale est, dans le monde entier, un sujet d'actualité. Le citoyen, les média d'information, les praticiens qui œuvrent dans les différents secteurs de l'administration de la justice, sont d'accord pour affirmer que le crime augmente de façon générale et spectaculaire, que certaines de ses formes s'aggravent alors que de nouvelles manifestations de délinquance apparaissent et se développent. Par ailleurs, devant cette recrudescence — en quantité et en qualité — de la criminalité, les divers organes de l'administration pénale chargés de contrôler les manifestations illégales du comportement humain — police, tribunaux, services pénitentiaires, etc. — sont accusés d'être incapables de remplir adéquatement la mission pour laquelle ils furent créés.

Cette inquiétude devant la montée en flèche de la criminalité, ces critiques des institutions pénales, présentent un caractère international. Rappelons brièvement comment, à l'occasion des deux dernières campagnes électorales effectuées aux États-Unis, la lutte contre le crime occupa le premier rang parmi les priorités du gouvernement ; comment, en France, certaines affaires récentes (Cestas, Ben Barka, Gabrielle Russier, Guiot, etc.) ont eu une immense répercussion, non seulement dans l'opinion publique, mais aussi dans les milieux policier et judiciaire. Au Canada, et surtout au Québec, les déclarations fracassantes de certains hommes politiques réclamant le rétablissement de la peine de mort (seul moyen, à leurs yeux, de mettre un terme à la hausse des crimes), les accusations de brutalité dont plusieurs corps de police ont été l'objet, les récents événements à caractère politique ainsi que leurs conséquences directes ou indirectes (assassinat d'un ministre, enlèvement d'un diplomate, promulgation de lois d'exception, procès tumultueux de certains individus impliqués dans ces affaires, utilisation excessive des sanctions dans les cas d'outrage au tribunal, etc.) témoignent également de cette préoccupation.

Afin de jeter un peu de lumière sur cette situation présentée comme alarmante et d'analyser l'organisation et le fonctionnement de la justice pénale dans une perspective de réforme de l'ensemble du système actuel, des commissions d'enquête furent créées récemment aux États-Unis, au Canada et au Québec. Aux États-Unis, la Commission présidentielle sur l'application de la loi et l'administration de la justice (Commission Katzenbach) fut établie par le Président Johnson, le 20 juillet 1965. Deux ans plus tard, elle publiait un rapport de synthèse d'une importance capitale (États-Unis, 1967), ainsi que neuf rapports spéciaux et un nombre considérable de travaux de recherche. Au Canada, un comité présidé par l'Honorable Roger Ouimet, juge à la Cour supérieure et à la Cour du banc de la Reine de Montréal, fut institué en juillet 1965. Il présenta le résultat de ses travaux en 1969 (Canada, 1969). Au Québec finalement, une commission d'enquête (la Commission Prévost) fut créée en janvier 1967 à la suite des demandes formulées par plusieurs organismes (Barreau, Association des chefs de police et pompiers, Ligue des droits de l'homme, centrales syndicales, etc.) en vue de procéder à l'étude approfondie des divers aspects de l'administration de la justice québécoise. Le rapport final de la Commission, formé de cinq volumes et de neuf annexes, a été rendu public entre 1969 et 1970 (Québec, 1969-1970).

L'analyse de ces trois rapports, les réflexions de certains théoriciens et praticiens de l'administration de la justice pénale, montrent que la crise dans laquelle celle-ci se débat est surtout due à un ensemble de distorsions entre le fait social et la norme juridique, d'une part, et entre les objectifs de la justice pénale et les moyens mis en œuvre pour les réaliser, d'autre part.

A. TRANSFORMATION DE LA SOCIÉTÉ ET FIXITÉ DU DROIT

Il a toujours existé un certain décalage entre le droit et la réalité sociale, en perpétuelle mutation. La sécurité des justiciables commande sans doute un cadre juridique stable, qui ne soit pas soumis à des modifications constantes. De là, un retard presque nécessaire de la norme sur le fait social. Toutefois, ce retard s'est accentué au cours des dernières décennies d'une manière tellement accélérée que le système pénal ne semble plus être en mesure de répondre, ni aux exigences sociales, ni aux indications résultant des recherches scientifiques [1]. La distorsion est surtout sensible sur les plans suivants : besoins nouveaux de protection sociale, nouvelles formes de délinquance et nombre accru des affaires à traiter.

1. Nouvelles exigences sociales

Les systèmes pénaux actuels ont été élaborés par une société qui ne ressemble pas aux sociétés contemporaines. Les anciens modes de contrôle social ne répondent plus aux transformations des relations sociales qui résultent d'une industrialisation accélérée, d'une concentration urbaine généralisée, d'une complication des rapports sociaux, d'une démocratisation des hiérarchies et d'une manipulation par les *mass media*.

2. Nouvelles formes de délinquance

Le phénomène de la criminalité se transforme également en raison : de l'utilisation, par les délinquants, de nouveaux moyens résultant des progrès techniques ; du motif politique ou social invoqué pour justifier certains crimes (séquestration de diplomates, détournements d'avions, pillages de banques, etc.) ; d'une rémanence des idéologies ayant déterminé des crimes divers relevant de la résistance au nazisme ou des luttes pour la libération d'anciennes colonies ; d'une généralisation du recours à la violence pour soutenir des revendications syndicales ou des contestations universitaires. On peut affirmer, notamment, que le recours à des actions délictueuses

---

1. Cf. le premier rapport du Conseil supérieur de la magistrature italienne (Italie, 1970) ; cf. également les travaux de la Commission Prévost (Québec, 1969-1970) ; cf. enfin les publications du Syndicat français de la magistrature dont les trois premiers congrès ont attiré l'attention du pouvoir et de l'opinion publique sur l'insuffisance des structures et équipements de la justice. Il faut noter aussi, comme particulièrement caractéristique du fossé qui peut séparer le fait social et le fait légal, la très récente constitution, à Paris, d'un groupe d'information sur les prisons. Ce groupe est une association de fait, sans rapport avec les autorités, qui mène une enquête sur le régime pénitentiaire tel qu'il est vécu par les détenus. Les témoignages directs ainsi recueillis éclairent d'une manière fructueuse des situations explosives résultant d'un défaut de parallélisme entre les objectifs visés et les moyens non adaptés au temps présent, même dans un cadre carcéral techniquement rénové.

pour faire aboutir des aspirations sociales a, en quelque sorte, « banalisé » la délinquance.

3. Accroissement quantitatif de la délinquance

Par ailleurs, le nombre des affaires à traiter par les tribunaux s'est étendu de manière anormale à cause de l'extension soudaine, due aux progrès techniques, des délits non intentionnels, surtout en matière de circulation routière, ou encore de la « banalisation » des faits de violence et de vandalisme qui caractérisent, de nos jours, les luttes sociales (par exemple, mai 1968 à Paris, affrontements dans les campus universitaires américains, manifestations syndicales et étudiantes à Montréal, etc.).

Par contre, le nombre des magistrats n'a pas été accru proportionnellement au nombre des affaires à traiter. Il en résulte 1° des difficultés de recrutement se manifestant, en ce qui concerne les pays européens : a) par un plus grand nombre de femmes-candidats, b) par un recrutement, suivant des voies anormales, dans les cadres administratifs ou militaires ; 2° des difficultés de fonctionnement s'extériorisant : a) par la nécessité d'accroître le nombre des classements sans suite, compte tenu du nombre impressionnant de dossiers à examiner [2], b) par une résignation à ne pas traiter les affaires à fond, c) par une surcharge des rôles dans les chambres correctionnelles, qui vont donner de plus en plus lieu à des réactions aussi bien de la presse judiciaire que de la presse non spécialisée.

B. APPROCHES CRIMINOLOGIQUE ET JURIDICO-JUDICIAIRE

En se fondant sur la transcendance de la responsabilité morale, le droit pénal s'écarte des enseignements que nous fournit l'observation clinique et sociologique du fait pénal, de l'homme délinquant et de la criminalité perçue globalement comme phénomène social.

---

2. Le professeur Rénato Trèves a fourni aux participants du symposium des données relatives à ce phénomène de la fuite de la justice. D'après une recherche conduite par Castellano (1968) sur l'efficacité de la justice italienne et ses aspects socio-économiques, il apparaît qu'en Italie le phénomène de la fuite de la justice ordinaire est plus sensible dans les régions métropolitaines du Nord que dans les zones agricoles du Sud. Cela est dû aux conditions économiques différentes qui règnent dans ces deux régions. Dans les centres métropolitains du Nord, où l'économie a plus de vitalité et de dynamisme, les parties intéressées ont davantage recours au règlement à l'amiable des controverses, voire à l'abandon du procès, évitant ainsi le danger d'une immobilisation potentielle et effective qui pourrait nuire sérieusement au développement de leur activité. Par contre, dans les centres agricoles du Sud, les plaideurs préfèrent suivre le chemin, plus long, de la justice ordinaire, étant donné que, bien souvent, la capacité économique des parties dépend de la solution judiciaire des affaires.

Plusieurs facteurs ralentissent l'avènement d'une justice crimi-nologique dont la justification n'est plus contestée dans les milieux scientifiques. D'où une discordance parfois criarde entre les résolu-tions des Congrès et la jurisprudence journalière. D'où des difficultés au sein des tribunaux dont certains membres tentent des approches criminologiques au risque d'engendrer des désaccords de jurispru-dence.

1. Dogmatisme du corps judiciaire

La formation actuelle des juristes conduit peut-être fatalement à des conceptions dogmatiques et à des réactions autoritaires (Versele, 1966, p. 635–697; Moriondo, 1967). En effet, l'origine sociale des juristes et des magistrats, leur formation, la sélection, le recrutement, l'affectation, les traditions du corps judiciaire amènent généralement les magistrats à une vision des choses assez dogmati-que et abstraite, qui est plus sensible à la rigueur des principes qu'aux mouvances des réalités anthropologiques et sociales. Il y a, en outre, de la part du corps judiciaire, un refus des incertitudes alors qu'il semble bien que la recherche de la vérité impose l'existence et l'admission de multiples nuances.

2. Tradition répressive

Les faits suivants montrent qu'il existe encore une tradition répressive dans nos systèmes pénaux: persistance de l'opinion que c'est un devoir de punir; la tradition de la sanction-châtiment conditionne encore, fût-ce subconsciemment, l'administration de la justice pénale; il n'y a pas de régime intermédiaire entre la répression par les peines classiques et le régime de protection de la jeunesse par des mesures éducatives et préventives; même lorsqu'un système nouveau non punitif est instauré, on tend subconsciemment à l'appliquer dans une optique de répression[3].

3. Réticences à l'égard d'une jurisprudence criminologique

On constate aussi des réticences, sinon des refus, devant une jurisprudence sociologique, évolutive. Ces réticences sont dues, à

---

3. Une recherche du Centre de sociologie du droit et de la justice de l'Institut de sociologie de l'Université Libre de Bruxelles sur l'intégration de la probation dans le monde judiciaire montre que 96 % des personnes interrogées approuvent le principe de la suspension de la peine, mais 13 % seulement se prononcent pour une suspension du type « pardon judiciaire », alors que 80 % des répondants considèrent qu'elle devrait adopter la formule « avertissement-menace » (ces résultats ont fait l'objet d'une communication au VIe Congrès international de criminologie, Madrid, septembre 1970, et ont été publiés dans la *Revue de l'Institut de sociologie*, Université Libre de Bruxelles, 1969, n° 4, p. 611-654).

notre avis, à la suprématie de la règle sur le principe, du texte sur l'esprit. En effet, nous avons déjà souligné le caractère fixe du droit et la transformation accélérée de la vie sociale moderne, qui crée entre les deux un divorce de plus en plus grand. On aurait pu croire que la jurisprudence, en appliquant d'une certaine manière les règles de droit, aurait pu combler ce hiatus, atténuer ce fossé, cette différence. Or, dans quelques pays, comme l'Italie, les échelons les plus élevés de la magistrature semblent refuser cette évolution sociologique. On observe, en revanche, dans d'autres pays, où les magistrats les plus haut placés dans la hiérarchie judiciaire donnent l'exemple, font des recommandations, que ce refus se situe plutôt au niveau des cours d'appel. La France a fourni l'exemple d'une jurisprudence qui peut paralyser une évolution voulue par le législateur. L'examen médico-psychologique et social du délinquant avait été introduit dans la législation française à la faveur d'une réforme de la procédure criminelle. Mais des arrêts de la Cour de cassation ont considéré que les textes relatifs à cette observation criminologique n'étaient pas prescrits sous peine de nullité. Cet exemple d'une justice réaction-naire allant à l'encontre de la volonté du législateur mériterait sans doute une étude plus approfondie.

4. Inadéquation des peines classiques

Les peines classiques d'emprisonnement et d'amende ne sem-blent pas, elles non plus, avoir prouvé leur efficacité. La prison notamment, non seulement n'a pas réglé les problèmes des délin-quants incarcérés, mais encore elle a créé de nouvelles difficultés, souvent insurmontables, pour les libérés. Par ailleurs, elle n'a pas assuré davantage la protection de la société, victime des innombra-bles récidives que la peine d'incarcération n'a pas su empêcher. Toutes les deux peuvent en outre, dans certains cas, paraître aberrantes parce qu'elles agissent à rebours. C'est ainsi qu'en mettant un individu en prison, on l'empêche de travailler et de consacrer son salaire à subvenir aux besoins de sa famille ; que l'emprisonnement est mal vécu par celle-ci et mal vu par l'employeur et par le voisinage, pour lesquels il représente une perte de l'estime sociale ; que l'incarcération complique les problèmes de certaines personnes, tels l'exhibitionniste ou le pédophile, dont les actes sont très souvent la manifestation d'un trouble grave de l'ensemble de leur personnalité.

Par contre, d'autres mesures pénologiques (par exemple, faire passer aux chauffards vingt-quatre heures dans un service chirurgical accueillant les blessés de la route, intervention immédiate d'un psychiatre dans les cas d'alcoolisme, prestation obligatoire de travail en ce qui concerne certains parasites sociaux et surtout les mesures probatoires) sont encore utilisées avec parcimonie.

C. DISTORSION ENTRE FINALITÉ ET MOYENS

Nous observons aussi que, d'une manière générale, il y a distorsion entre les buts que la justice pénale poursuit et les démarches de la procédure, en ce sens que nous sommes tous d'accord pour considérer que le droit pénal évolue de la sanction-châtiment vers la sanction-traitement alors que dans les codes, les paramètres n'ont pas été modifiés, les itinéraires procéduraux n'ont pas subi de changements substantiels. À l'heure actuelle, les moyens pour la réalisation des objectifs que tout le monde accepte semblent donc inadéquats.

Voici quelques exemples qui illustrent clairement cette inadéquation : la notion de responsabilité est restée métaphysique (la fiction d'irresponsabilité a pour but principal de sauvegarder la fiction de responsabilité) ; la notion de récidive est demeurée juridiciste alors que la réalité est celle du récidivisme criminologique ; la notion d'intention criminelle ou *mens rea* ne correspond pas à celle des mobiles ; l'information préalable porte exclusivement sur les faits ; on accorde très peu d'importance, tout au long de la procédure, à la personnalité de l'auteur de l'infraction ; le jugement est essentiellement formulé en termes juridiques hermétiques.

D. JUSTICE DES JUGES ET JUSTICE DES JUSTICIABLES

La justice rendue par les cours ne répond plus à la justice « vécue » par les justiciables et, en général, par l'opinion publique. La recherche criminologique a montré, par exemple, que le système pénal pour mineurs, dont le but principal est de protéger et d'assister l'enfant, est perçu par celui-ci comme faisant partie du système répressif.

La justice officielle s'entend reprocher notamment : d'être trop lente (les délais entre la commission de l'acte et la sanction finale sont parfois excessivement longs) ; d'être trop abstraite et, partant, insensible aux aspects humains et aux mobiles non juridiques ; d'être trop indulgente ou, au contraire, trop sévère (très souvent la sévérité des peines ne correspond plus à la gravité sociale de l'acte commis) ; d'être inégale à l'égard des défavorisés (on garde en détention préventive le jeune voleur d'auto et on libère, sous caution, le banqueroutier).

D'autre part, l'opinion publique comprend mal que les peines prononcées par les tribunaux ne soient pas effectivement exécutées ou, au contraire, qu'on exécute l'emprisonnement subsidiaire de celui qui ne peut pas payer l'amende à laquelle il a été condamné.

On rencontre finalement, dans certains pays, une nette opposition entre la justice et les autres pouvoirs. Tel est le cas de la France, où des incidents récents ont amené à la création d'un syndicat de la magistrature et où des accusations publiques de lâcheté ont été lancées par un politicien contre des magistrats qui ont cru opportun d'exercer leur pouvoir discrétionnaire en acquittant certains accusés dont ils avaient à juger la cause.

II. ÉLÉMENTS DE PREUVE ET D'INTERPRÉTATION

A. GÉNÉRALITÉS

Nous avons énuméré, jusqu'à présent, une série de facteurs susceptibles de montrer et d'expliquer, de façon générale, la crise de la justice pénale dans nos sociétés contemporaines. Nous avons également défini celles-ci par un ensemble de caractéristiques (industrialisation accélérée, concentration urbaine généralisée, complexité des rapports sociaux, intervention des *mass media,* recours de plus en plus fréquent à la technologie, etc.).

Or, ces caractéristiques se retrouvant surtout dans les grandes villes, il y a lieu de croire que la crise de la justice se manifeste essentiellement dans ces zones. Par ailleurs, tous les traités de criminologie, lorsqu'ils exposent les théories étiologiques de la délinquance, accordent une place importante aux facteurs écologiques. Ils affirment notamment que l'urbanisation engendre la criminalité. On pourrait dire également qu'elle entrave de façon significative le fonctionnement de l'administration de la justice.

Quelques exemples montreront comment le problème du crime et de son contrôle présente des difficultés considérables dans les zones métropolitaines. Ils ont trait à la criminalité, à l'intervention policière et à l'intervention judiciaire.

1. La criminalité

En ce qui concerne la criminalité, la Commission Katzenbach cite des chiffres éloquents. Ils prouvent que les délits commis dans 26 villes américaines de plus de 500 000 habitants, bien qu'elles ne totalisent qu'à peine 18 % de la population globale, représentent plus de la moitié des principaux crimes commis contre la personne et plus de 30 % des crimes les plus graves contre la propriété. Aux États-Unis encore, un vol qualifié sur trois et un viol sur cinq surviennent dans les villes de plus d'un million d'habitants. À l'exception du vol

TABLEAU 1

Crimes connus de la police selon les taux de la population
(Indice du FBI — Taux pour 100 000 habitants*)
(États-Unis, 1969)

	Total crimes	Crimes avec violence	Crimes contre la propriété	Meur-tres	Hom. inv.	Vols qualifiés	Viols	Assauts graves	Vols avec effraction	Vols +$50	Vols −$50	Vols d'autos
Total villes	3 140	435	2 705	9	4	21	219	186	1 180	929	1 193	471
1 million et plus	5 022	1 020	4 002	16	4	38	615	351	1 804	1 178	1 224	1 020
500 000–1 million	5 069	877	4 193	19	8	45	481	332	1 822	1 152	2 054	1 218
250 000–500 000	4 176	555	3 620	12	7	29	270	244	1 602	1 159	1 923	859
100 000–250 000	3 312	359	2 954	8	5	20	150	180	1 321	1 013	1 799	621
50 000–100 000	2 566	232	2 334	5	4	13	93	121	965	919	1 489	451
25 000– 50 000	2 121	174	1 947	4	3	11	61	98	784	843	1 277	320
10 000– 25 000	1 661	136	1 525	3	1	8	35	89	676	641	1 231	208
moins de 10 000	1 347	109	1 238	2	1	6	18	82	552	541	980	145
banlieue	1 941	163	1 778	4	3	14	50	95	805	703	960	271
rural	963	103	860	5	7	11	13	74	477	299	296	84

* Les taux ont été arrondis.

SOURCE : *Uniform Crime Reports*, 1969, p. 94-95.

avec effraction, le taux pour 100 000 habitants de chaque crime grave est au moins deux fois — souvent davantage — plus élevé dans ces villes que dans celles d'une population inférieure et surtout que dans les zones rurales. Ce taux augmente par ailleurs proportionnellement à l'importance des villes (voir tableau 1).

GRAPHIQUE 1

Répartition procentuelle de la population et des infractions réelles entre les zones métropolitaines de police et autres régions (Canada, 1969)

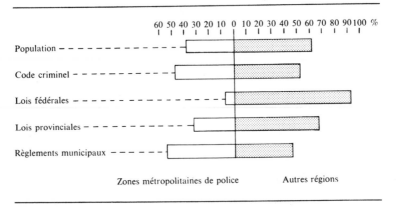

Zones métropolitaines de police   Autres régions

SOURCE: BFS, 1969, p. 47.

Au Canada, la répartition [4] pour l'année 1969 de la population et des infractions signalées aux différents corps policiers entre les zones métropolitaines de police [5] et le reste du pays constitue un premier exemple de l'importance de la criminalité dans les grandes agglomérations. En effet, alors qu'environ 38 % de la population globale du Canada habitait dans les limites des douze zones de police mentionnées, 48 % des infractions au Code criminel, 54,5 % des contraventions aux règlements municipaux et 32 % des infractions aux lois provinciales ont été signalés à la police dans les zones choisies.

Si l'on tient compte du taux pour 100 000 habitants, on constate, en ce qui concerne les infractions réelles au Code criminel, que le taux national a été, en 1969, de 4 679,2 alors que dans l'ensemble des zones métropolitaines de police, il s'élevait à 5 951,6.

_____

4. Voir graphique 1.

5. Chaque zone de police comprend une grande ville (Montréal, Toronto, Vancouver, etc.) et les localités avoisinantes.

Il convient cependant de remarquer qu'un certain nombre de grandes villes, particulièrement en Europe, n'ont pas connu, depuis les dernières années, les hausses considérables qu'on a eu à déplorer dans la plupart des grands centres urbains américains. C'est ainsi que Londres, par exemple, non seulement ne dépasse pas la moyenne nationale, mais connaît moins de criminalité violente que les autres régions du pays (McClintock, 1963, p. 23). La France présente les mêmes caractéristiques. Ceci met partiellement en cause les théories classiques sur les facteurs écologiques. Il semble bien que ce ne soient pas seulement l'urbanisation ou l'industrialisation qui sont des causes importantes de la criminalité, mais le rythme auquel se sont effectués les changements majeurs que connaissent nos sociétés contemporaines.

2. L'intervention policière

L'accroissement de la criminalité dans les grandes villes, l'augmentation et la mobilité de leur population vont aussi poser des difficultés à l'intervention policière. Au Canada, par exemple, si l'on tient compte du pourcentage des infractions au Code criminel classées par la police, on peut remarquer qu'il est de 36,2 % en ce qui concerne l'ensemble du pays et de 33,3 % pour la totalité des zones métropolitaines, ce pourcentage étant particulièrement bas dans certaines régions de police (25,2 % à Montréal) (BFS, 1969, p. 50).

Aux États-Unis, il suffit d'examiner le tableau 2 qui présente, pour l'année 1969, le nombre total d'arrestations effectuées pour les

TABLEAU 2

Nombre d'arrestations pour les dix infractions les plus fréquentes
(États-Unis, 1969)

Infraction	Nombre
1. Ivresse	1 420 161
2. Conduite désordonnée	573 503
3. Vol simple	510 660
4. Conduite en état d'ivresse	349 326
5. Voies de fait simples	259 825
6. Vol avec effraction	255 937
7. Lois sur narcotiques ˙	232 690
8. Lois sur alcool	212 662
9. Fugues	159 468
10. Vandalisme	106 892
Total des dix infractions	4 080 724
Total arrestions	5 773 988

SOURCE: *Uniform Crime Reports*, 1969.

dix infractions les plus fréquentes, pour comprendre une partie des problèmes auxquels doivent faire face les forces policières.

Une constatation capitale se dégage de l'examen de ces chiffres ; plus de 90 % des infractions les plus fréquentes aux États-Unis, tout en étant des infractions légères, voire même des formes de déviance, mobilisent les organismes de contrôle de la société américaine (police, cours, etc.). Lorsqu'on parle de surcharge des tribunaux, d'inefficacité du travail policier, en somme de crise de l'administration de la justice pénale, il faut tenir compte de cette donnée.

3. L'intervention judiciaire

Finalement, ce sont les zones métropolitaines qui connaissent le plus d'activité judiciaire. Le tableau 3 illustre bien cette situation en ce qui concerne le Canada.

TABLEAU 3

*Personnes accusées d'actes criminels et d'infractions criminelles
(Canada, trois provinces et trois districts judiciaires, 1967)*

	Actes criminels	Infractions criminelles
CANADA .	45 703	2 395 466
Québec	9 135	426 363
Montréal	4 450 (48,7 %)	282 231 (66,2 %)
Ontario	16 025	1 249 483
York	6 344 (39,5 %)	559 283 (44,7 %)
Colombie britannique	7 267	266 305
Vancouver	3 126 (43,0 %)	115 984 (43,5 %)

SOURCE: BFS, 1967, p. 30–35, 124–126.

D'après ce tableau, il apparaît que 48,7 % des personnes accusées d'actes criminels et 66,2 % des personnes poursuivies pour infractions criminelles dans la province de Québec, l'ont été dans le district judiciaire de Montréal. On constate également des pourcentages très élevés dans les districts de York (Ontario) et Vancouver (Colombie britannique).

Par ailleurs, si l'on considère, d'une part, le nombre de juges du district judiciaire de Montréal (Cour du banc de la Reine, Cour des sessions de la paix, Cour municipale), d'autre part, le nombre de jours ouvrables par année (environ 200) et finalement le total d'actes criminels et d'infractions criminelles qu'ils ont à connaître annuellement (plus de 286 000 en 1967), nous arrivons à une charge d'environ 34 causes par jour et par juge. Voici encore une illustration du problème de la crise de la justice pénale dans les grandes zones métropolitaines.

Aux États-Unis, les tribunaux inférieurs de juridiction criminelle se caractérisent par une congestion chronique due essentiellement à une disproportion entre le nombre de cas à résoudre et le
personnel nécessaire. Le rapport Katzenbach cite l'exemple de la
Court of General Sessions du district de Columbia où, jusqu'à une
réforme récente, il n'y avait que quatre juges pour s'occuper chaque
année de la phase préliminaire de plus de 1 500 cas de délits majeurs,
d'environ 7 500 cas de contraventions, de quelque 38 000 cas de délits
mineurs et d'un nombre semblable d'infractions à la circulation. Par
ailleurs, un juge de la division de Manhattan de la Cour criminelle de
New York, «la Cour la plus occupée du monde», déclarait récemment qu'il devait présider chaque jour entre 200 et 300 mises en
accusation. D'autre part, une recherche effectuée par le Federal
Judicial Center for the Department of Transportation (1970, p. 110
et 114) estime que 17 % du temps de tous les juges américains sont
consacrés aux cas de dommages corporels découlant des accidents de
la route, ce pourcentage étant beaucoup plus élevé dans certains
districts (un quart à Los Angeles, un tiers à New Jersey).

B. ÉTUDE DE QUELQUES INFRACTIONS

Les éléments invoqués ci-dessus sont, à notre avis, suffisants
pour affirmer l'état de crise. Tout laisse croire que le phénomène
criminel prendra très bientôt, dans nos sociétés évoluées, un relief
qui forcera l'attention et réclamera une priorité certaine. Dans un
rapport présenté à la Huitième Conférence européenne des direc-
teurs d'instituts de recherche criminologique qui a eu lieu à
Strasbourg en 1970, Robert (1971, p. 7) déclarait :

Le problème posé dépasse, à vrai dire, l'essoufflement classique
d'une institution ancienne devant un accroissement important
de sa tâche. L'afflux quantitatif hypertrophie présentement et
révèle des maux qualitatifs profonds. Il semble que la fonction
de justice criminelle soit lourdement chargée d'archaïsme et
d'inefficacité. Ses règles fondamentales reposent sur la stabilité,
la répétition du précédent, le rétablissement du *statu quo ante*.
Elles se marient mal avec celles d'une société dominée par la
temporéité et de profonds changements, mal donc également
avec les modifications de la criminalité.

En vue d'essayer de vérifier les hypothèses sous-jacentes avan-
cées tout au long de la section précédente, il nous a semblé utile
d'examiner plus particulièrement la réaction de l'administration de
la justice pénale face à certaines formes classiques de délinquance. À

cet effet, nous avons choisi trois infractions : l'homicide volontaire, le vol à l'étalage et le vol à main armée.

1. L'homicide volontaire

Même si son importance quantitative est assez restreinte, l'homicide volontaire a toujours été considéré comme une des formes les plus graves de la criminalité. C'est aussi un phénomène qui se retrouve dans tous les pays et à toutes les époques, mais qui est commis actuellement selon des modalités nouvelles, parfois avec un mobile politique (enlèvement et exécution de diplomates ou d'otages). Le chiffre noir en ce domaine est finalement très réduit.

La recherche criminologique a montré, par ailleurs, à maintes reprises que l'homicide criminel se produit dans les villes, notamment dans les zones les plus désorganisées, moralement et socialement (Wolfgang, 1958 ; Sarrasin, 1971). Les statistiques déjà mentionnées confirment cette caractéristique (voir tableau 1).

L'homicide volontaire ne semble pas poser de graves problèmes à la police. Le taux des affaires classées par l'arrestation des présumés coupables est, en effet, particulièrement élevé. Aux États-Unis, par exemple, ce taux est d'environ 85 %, sans que la grandeur des villes présente des différences significatives. La rapidité avec laquelle sont rapportés ces délits contribue sans aucun doute à ce haut taux d'affaires classées. La recherche effectuée par Wolfgang (1958, p. 295) sur l'homicide à Philadelphie montre que les deux tiers des présumés auteurs ont été arrêtés le jour même où l'acte a été commis et que 88 % l'ont été dans la semaine qui a suivi l'exécution du crime. Des résultats semblables ont été trouvés à Montréal par Tardif (1966, p. 57).

Par contre, les investigations de la police se cantonnent trop souvent aux éléments circonstanciels du fait, sans assez s'attacher aux éléments psychiques de l'auteur, ce qui fait que plus tard, lorsqu'on veut comprendre au-delà des simples qualifications matérielles du droit positif, on perd une série de symptômes qui auraient pu être relevés au moment même où l'infraction a été commise et l'auteur arrêté.

Au niveau de l'appareil judiciaire, la recherche de Wolfgang a permis de constater que 80 % des prévenus d'homicide criminel comparaissaient devant un magistrat un jour après leur arrestation et que 50 % subissaient leur procès dans les six mois qui suivaient le moment de leur appréhension par la police. Ces délais semblent, à première vue, assez corrects. Par ailleurs, les deux tiers des accusés qui avaient subi un procès avaient été condamnés alors que 20 % avaient été acquittés et 3,5 % libérés faute de preuves suffisantes.

Au Canada, la Commission Prévost fait remarquer l'existence de larges fluctuations dans le taux de condamnations en matière d'homicide. En effet, 75 % des accusés d'homicide involontaire coupable (*manslaughter*) ont été condamnés, tandis que seulement 33 % des accusés de meurtre ont été reconnus coupables. D'après le Comité, ceci crée l'impression qu'un bon nombre d'accusés de meurtre ont accepté de reconnaître leur culpabilité à une accusation réduite (Québec, 1969-1970, vol. 3, t. 1, p. 50). Ceci introduit également le problème de la pratique de la négociation du plaidoyer, caractéristique des systèmes de justice anglo-américains.

Parce que l'accusation et la défense savent que la « machine » est saturée, ils vont s'entendre pour une qualification de l'infraction qui sera acceptée par les deux parties à la suite d'une sorte de transaction dont l'objet principal est d'obtenir que l'inculpé se reconnaisse coupable d'une infraction moins grave que celle dont il est accusé. Dans une étude récente sur la pratique du plaidoyer de culpabilité aux États-Unis, Blumberg (1967, p. 28-29) a trouvé qu'environ 95 % des personnes accusées de crimes ou de délits optent pour un plaidoyer de culpabilité. Au Québec, une recherche effectuée en 1968 auprès des avocats criminalistes de Montréal a montré que la négociation de plaidoyer et de sentence semble une pratique courante puisqu'une majorité d'avocats de la défense (55,6 %) déclare y recourir au moins dans 3 cas sur 5 (Baudouin, Fortin et Lussier, 1969, p. 100). Par ailleurs, la statistique criminelle canadienne permet de constater qu'en 1967, 30 accusations de meurtre qualifié ont été réduites dont 17 à meurtre non qualifié et 13 à homicide involontaire coupable, 26 accusations de meurtre non qualifié ont subi le même sort (25 à homicide involontaire coupable et 1 à lésions corporelles par voies de fait), 7 tentatives de meurtre ont été transformées en lésions corporelles causées intentionnellement et 5 homicides involontaires ont été réduits à 3 accusations d'avoir causé des lésions corporelles par voies de fait et 2 inculpations pour voies de fait simples (BFS, 1967, p. 100-101).

Commentant ce système d'une justice « transactionnelle », Sutherland et Cressey (1966, p. 409-410) écrivaient :

Le procureur est satisfait quand l'inculpé plaide coupable d'une infraction moins grave, car il est écrasé de travail et ne peut pas plaider tous les procès ; la transaction lui permet de régler l'affaire très rapidement, et il est en mesure de montrer, en vue des prochaines élections, qu'il a obtenu un verdict de culpabilité. Il faut cependant reconnaître qu'accepter de laisser l'inculpé plaider coupable d'une infraction moins grave ne constitue pas nécessairement une entorse à la justice. Il serait matériellement impossible de juger toutes les affaires si certains inculpés ne plaidaient pas coupables, et la transaction permet souvent au tribunal d'appliquer officieusement la loi de la manière la plus appropriée au cas qui lui est soumis. L'avocat de la défense est satisfait, car son client a échappé à la peine sévère qu'il risquait.

Dans certains pays d'Europe, l'on trouve un système de disqualification que l'on pourrait rapprocher de la pratique anglo-américaine. Les procureurs renoncent à qualifier le fait en ses circonstances les plus graves, ou les juridictions d'instruction correctionnalisent le crime par l'admission de circonstances atté-nuantes, de manière à éviter de porter l'affaire devant la Cour d'assises.

Les études menées en France par Davidovitch et Boudon (1964, p. 111–244) tendent, pour l'essentiel, à déterminer le rôle de régulation exercé par le ministère public dans le fonctionnement d'ensemble de la justice pénale. En résumé, les auteurs font les constatations suivantes : augmentation continuelle de la criminalité apparente judiciaire ; diminution constante de la proportion des affaires orientées par les parquets vers une solution positive (mise à l'information, jugement) avec le corollaire d'une augmentation corrélative de la proportion des affaires classées ; tendance générale du système répressif à un certain économisme.

Ce dernier phénomène mérite quelques explications. Il se manifeste à travers les symptômes suivants :

a) Recherche d'une plus grande productivité de la justice pénale par le recours aux solutions les moins coûteuses en vue d'atteindre un certain objectif pénal. Il s'ensuit l'accélération et la simplification des procédures (correctionnalisation de crimes par la voie législative ou judiciaire ; utilisation maximale de la procédure de citation directe, voire de flagrant délit ; recours préférentiel à l'enquête préliminaire diligentée par le parquet plutôt qu'à la mise à l'instruc-tion de l'affaire ; contraventionnalisation de certains délits, etc.) ;

b) Prise de conscience simultanée — aussi bien dans les couches éclairées du public que dans les milieux professionnels — qu'il existe des limites, que la tendance à la simplification ne saurait franchir dans l'état de notre législation, de notre philosophie pénale et des objectifs assignés à la justice criminelle (par exemple, les crimes restent des crimes et il convient de les reconnaître comme tels, afin d'administrer des sanctions d'une certaine nature ; il faut alors suivre la voie longue qui passe par le juge d'instruction, la chambre de mise en accusation et la Cour d'assises).

Dans ces conditions, il ne serait peut-être pas excessif de dire que s'il y a crise, elle réside surtout dans la difficulté que semble

éprouver l'administration de la justice pénale de concilier les
exigences de certaines normes de qualité qui découlent principalement de l'impact de la criminologie moderne sur le droit pénal (celles
de l'examen de personnalité, par exemple) avec l'obligation de faire
face au flot montant de la délinquance que gonfle encore davantage
une certaine inflation pénale. Il y a des indications qui montrent que
cette crise se manifeste dans les villes et dans les métropoles avec
plus d'intensité qu'ailleurs.

En ce qui concerne l'homicide volontaire, la crise de la justice
pénale se manifeste finalement par les symptômes suivants : utilisation de l'expertise psychiatrique, qui pose le problème de la
responsabilité ; les enquêtes sociales et l'examen de personnalité ne
sont pas utilisables en raison de la gravité de l'acte qui postule, la
plupart du temps, une sanction exemplaire ; intervention des jurés
populaires dans des causes complexes et longues ; concentration des
condamnés dans des établissements à sécurité maximale ; pas
d'application des mesures probatoires ou restrictives de liberté ; au
cas de libération anticipée par grâce ou remise en liberté sous
condition, l'opinion publique est traumatisée par quelques cas de
récidive alors que les réussites passent inaperçues ; aucun système
d'intervention pré-délictuelle alors que la recherche criminologique a
montré l'existence de signes précurseurs de l'acte ; peu de systèmes
réels d'indemnisation aux familles des victimes d'homicide.

2. Le vol à l'étalage

Le vol à l'étalage, contrairement à l'homicide, est une forme
relativement nouvelle d'une infraction classique : le vol. Le délit est
nouveau, mais quantitativement étendu, le chiffre noir étant ici
particulièrement élevé. Il présente surtout la caractéristique, importante pour nous, d'être typique des grandes villes [6] où sont installés
des magasins à rayons multiples et à libre service, apparemment non
surveillés, qui, non seulement incitent aux achats non contrôlés et au
dépassement des moyens par les économiquement faibles, mais aussi
à s'approprier certains objets très habilement exposés.

Une recherche récente effectuée auprès de six grands magasins
(maison centrale et succursales) situés dans la zone métropolitaine
de Montréal indique : qu'en 1969, le nombre total d'appréhensions
pour vol à l'étalage s'élevait à 100 000, que les autorités des magasins
ne portent une plainte officielle devant la police que dans 1 cas sur 20

---

6. Aux États-Unis, le pourcentage des vols à l'étalage par rapport à l'ensemble
des vols simples était le suivant en 1969 : total des États-Unis (8,2), villes de plus de
250 000 habitants (7,5), zones rurales (4,5) (SOURCE : *Uniform Crime Reports*, 1969,
p. 25).

(1 cas sur 33 lorsqu'il s'agit de mineurs) [7], que 75 % des personnes inculpées sont condamnées par les cours, la plupart du temps, à une amende de peu d'importance (Normandeau, 1970). Diverses expériences prouvent, par ailleurs, que pour chaque client-voleur arrêté, de 20 à 100 échappent à la surveillance des agents de sécurité. Dans certains grands magasins américains, on a estimé que les probabilités d'un client-voleur de se faire arrêter étaient de 1 sur 139.

À la lumière de ces données et d'autres études semblables réalisées dans divers pays (Moyson, 1967 ; Gibbens et Prince, 1962), il apparaît que :

a) Le vol à l'étalage est difficile à découvrir pour plusieurs raisons : le délit n'est consommé qu'à la sortie du magasin, c'est-à-dire une fois que la caisse a été passée sans payer l'objet ; difficulté de surveiller toute la clientèle, surtout aux heures de pointe ; variété des techniques utilisées dans l'exécution du vol qui est, par ailleurs, commis par des personnes des deux sexes, de tous les âges, de toutes les classes sociales, etc. ;

b) Même si seulement une petite minorité des voleurs est surprise, elle n'est pas dénoncée à la justice, à cause notamment : de la crainte d'une mauvaise publicité ; de la perte de temps qu'aux yeux des autorités des magasins entraîne tout contact avec la justice (perte d'autant plus grande que la valeur moyenne des objets volés est minime) ; des difficultés d'identifier en Cour, hors de tout doute, certaines marchandises ne portant pas de numéro de série ou de marque particulière ; de la dilution du sentiment de propriété et de la notion de responsabilité, les magasins étant assurés contre les pertes ou pouvant même bénéficier de certains dégrèvements d'impôt ; du fait que les autorités des magasins savent par expérience que le voleur à l'étalage moyen — qui présente, par ailleurs, toutes les apparences d'un honnête citoyen — bénéficiera de la clémence du tribunal (Coderre, 1970, p. 211–219) ;

c) Les tribunaux semblent enclins à faire preuve d'une certaine indulgence à l'endroit des voleurs à l'étalage, en raison : de la valeur minime généralement impliquée ; de la personnalité de l'auteur ; de la qualité de la victime, qui est ici le grand magasin, impersonnel, puissant, riche. Cette clémence des instances judiciaires paraît être confirmée par l'attitude du public, qui ne semble pas attacher beaucoup d'importance à l'acte commis par le voleur à l'étalage. C'est ainsi que 80 % de la population québécoise favorise une peine sous forme d'amende alors que 18 % est en faveur de la prison (Fattah et Normandeau, 1969, p. 82).

---

7. Aux États-Unis, un reportage publié dans la revue *Life* (décembre 1967) indique que 24 % des personnes appréhendées étaient poursuivies.

Voici, en conclusion, un délit qui n'est presque jamais rapporté aux autorités et dont les suites policière et judiciaire sont de faible portée. La crise se situe donc moins au niveau de l'appareil officiel de réaction sociale qu'à celui d'une société d'abondance qui fabrique une variété très étendue de produits de consommation, d'une publicité soutenue qui crée l'image de l'accessibilité de ces biens pour tous, d'une technique du marketing ultra-moderne qui est absolument nécessaire pour la survie des commerces de détail, mais qui expose dangereusement la marchandise et crée des occasions favorables au vol, d'une détérioration morale des temps modernes dans des sociétés post-industrielles et, dans le cas qui nous intéresse ici, d'une ignorance de la loi et de l'indifférence du public (Chartrand, 1970).

Une dernière réflexion s'impose à partir des enquêtes sociales et des examens médico-psychologiques relatifs aux voleurs à l'étalage, réflexion qui explique également l'atténuation des sanctions et l'inadéquation des formes classiques de la répression. Dans un très grand nombre de cas, le passage à l'acte semble accompagner un moment aigu dans une situation conflictuelle d'ordre affectif. De manière telle que le vol ne constitue qu'un épiphénomène du problème social que pose son auteur. De manière telle, en conséquence, que des probations comportant une psychothérapie sont bien plus indiquées qu'un emprisonnement, même avec sursis, ou une amende (Versele, 1969, p. 65–75).

3. Le vol à main armée

Le vol à main armée connaît depuis quelques années une extension inquiétante, surtout dans certaines zones métropolitaines du continent nord-américain. C'est une forme de criminalité quantitativement et qualitativement grave, qui a été l'objet d'études approfondies dans quelques pays. Ces recherches fournissent des explications intéressantes sur plusieurs aspects de la crise de l'administration de la justice pénale à l'égard de cette infraction.

Le vol à main armée est un phénomème typique des grandes villes. Aux États-Unis, par exemple, les agglomérations de plus d'un quart de million d'habitants ont connu, en 1969, environ 75 % de tous les hold-up commis dans le pays (*Uniform Crim Reports,* 1969, p. 13). Au Canada, sur un total de 9 946 vols qualifiés commis en 1969 [8], 7 572 (soit 76 %) eurent lieu dans les douze zones métropolitaines de police. La zone de Montréal, à elle seule, a déploré cette

---

8. Comprend le vol avec violence, la tentative de vol avec violence, le vol à main armée, le vol qualifié et le fait d'arrêter le courrier.

année 3 310 vols de cette catégorie, soit le tiers de tous les vols effectués au Canada (BFS, 1969, p. 142). En France finalement, on dénombrait, en 1966, quelque 256 vols à main armée commis dans les zones rurales, contre 300 réalisés dans les villes de province et 1 738 à Paris (Tarniquet, 1968, p. 53).

En général, le pourcentage des vols à main armée classés est particulièrement bas : 27 % aux États-Unis, 32 % au Canada et 18 % dans la zone métropolitaine de Montréal.

Les travaux de recherche effectués dans le Québec pour la Commission Prévost sont d'une très grande utilité pour expliquer les difficultés que rencontre l'administration de la justice pénale dans sa lutte contre cette forme violente de criminalité (Québec, 1969-1970, vol. 3, t. II, p. 161-225). Ces éléments d'explication figurent au tableau 4, dont l'analyse nous fait tout d'abord constater que les pourcentages d'arrestations sont très différents au Québec et en Ontario (34 % contre 64 %). Les mêmes différences se retrouvent en ce qui concerne le plaidoyer de culpabilité (29 % et 87 %).

TABLEAU 4

Le vol à main armée au Canada, au Québec et en Ontario, 1966

	Canada	Québec	Ontario
Total vols à main armée	167	96	32
Forme d'attentat : bandit seul	72	13	27
groupe	95	83	5
Utilisation de masques		80	5
Arrestations (%)		34 %	64 %
Plaidoyers de culpabilité (%)		29 %	87 %
Durée du procès (en jours)		148	115
Sentence moyenne		6 ans 6 mois	6 ans 3 mois

SOURCE : Québec, 1969-1970, vol. 3, t. II, p. 166–173.

Faut-il en déduire que la police et la justice ontariennes sont plus efficaces que celles de la province voisine ? Il convient d'être prudent avant de donner une réponse affirmative à cette question. Remarquons tout de suite qu'il n'est pas indifférent qu'un vol à main armée soit commis par un bandit isolé ou par un groupe. En effet, il semble assez normal que les crimes exécutés par des bandes soient mieux organisés et échappent plus aisément à la détection policière, compte tenu, notamment, du nombre de personnes à identifier. Or, le tableau 4 montre qu'au Québec la majorité des vols à main armée sont commis par des groupes (83 cas, soit 86 %), tandis qu'en Ontario ils sont l'œuvre de bandits isolés (5 cas, soit 16 %). On constate également que les bandits québécois ont l'habitude de recourir au déguisement (83% des cas, contre seulement 16% en Ontario), ce qui constitue une grave difficulté supplémentaire pour les policiers appelés à effectuer des arrestations et à établir l'identité des coupables. Ceci explique en grande partie la différence entre les pourcentages d'arrestations des deux provinces canadiennes. Ceci peut aussi expliquer le fait que les accusés québécois reconnaissent leur culpabilité beaucoup moins souvent que les accusés traduits devant les tribunaux ontariens. On comprend aisément que les bandits groupés, organisés et masqués, estiment avoir plus de chances d'échapper aux foudres de la justice que le bandit isolé et non masqué, donc facilement identifiable. Ces circonstances permettent, par ailleurs, d'expliquer pourquoi les procédures judiciaires durent plus longtemps au Québec qu'en Ontario. Au niveau judiciaire, on peut finalement remarquer que le pourcentage des condamnations des individus inculpés est, en général, très élevé (plus de 85%), la longueur des sentences étant sensiblement la même dans les deux provinces étudiées.

Ces résultats nous permettent, à première vue, d'affirmer que les difficultés auxquelles se heurte la justice pénale en ce qui concerne la répression du vol à main armée se situent essentiellement au niveau de la détection et de l'arrestation des coupables. La recherche mentionnée a également montré comment l'organisation policière, en particulier le morcellement des forces de police dans la zone métropolitaine de Montréal, ainsi qu'une certaine négligence des institutions bancaires ne sont pas étrangères à cet état de choses.

III. PERSPECTIVES DE RÉFORME

De temps en temps, lors d'un scandale policier ou judiciaire, l'opinion publique s'en prend à la justice. À chaque tragédie, elle découvre à nouveau la crise qui la secoue et s'étonne des vices de son fonctionnement. Mais passées l'indignation d'un moment et la soudaine émotion des pouvoirs publics, revient le désintéressement général. La triste vérité, et c'est un des principaux symptômes du mal dont souffre la justice, est l'indifférence qui l'entoure. Cette désaffection est, par ailleurs, partagée par la plupart de ceux qui, dans les divers secteurs qui la composent, participent à l'œuvre de justice. Impuissance à mettre en pratique des réformes dont tous reconnaissent la nécessité et l'urgence, vieillissement de l'institution judiciaire (décors tantôt superbes, tantôt dérisoires; costumes de caricature; langage archaïque et chargé d'expressions mystérieuses;

rites étranges à l'audience dont nul, à part les initiés, ne peut comprendre le déroulement ; en somme, monde artificiel de formalités et de procédés où s'enlise la confiance des justiciables), pauvreté (le budget de la justice est un des plus pauvres de tous), lenteur, inégalité, divorce entre l'institution et son temps, sont autant de signes de la crise évidente que traverse actuellement la justice.

Cependant, avant de rechercher les remèdes à cette crise, il convient d'en déceler la véritable nature. Est-ce simplement les mécanismes qui fonctionnent mal ? S'agit-il d'une véritable remise en question ? Les institutions de justice remplissent-elles encore dans les différents pays leurs fonctions essentielles ? Pour emprunter à l'économie une distinction traditionnelle, la justice actuelle traverse-t-elle une crise de conjoncture, donc temporaire et qui peut connaître à court terme des remèdes, ou une crise de structure qui implique, à un terme plus éloigné, un véritable bouleversement (*le Monde,* novembre 1969) ?

En cette fin de XXᵉ siècle, nous nous trouvons en présence d'une civilisation hautement industrialisée, en expansion, dont la complexité, la technicité et la spécialisation croissent sans cesse et sont, dans bien des cas, et surtout dans les grandes zones urbaines, génératrices de conflits de tous ordres. D'autre part, nous avons affaire à une justice qui, en dépit d'une évolution certaine et de progrès constants, demeure relativement statique et reste unitaire en son principe. Ceci étant :

... il convient de se rendre compte que la justice demeure au cœur de tous les problèmes du monde moderne, dans la mesure où, précisément, elle est une méthode dialectique apte à résoudre des conflits de plus en plus graves et de plus en plus nombreux. Elle est, en quelque sorte, le point de convergence, le centre de cette vaste sphère en voie de constante expansion — selon l'image de certains économistes — ou plutôt de ce polyèdre aux multiples faces. Plus exactement peut-être, on pourrait la comparer à la plaque tournante d'une grande gare de triage moderne, où s'assemblent d'innombrables voies. Il reste à savoir si elle peut assurer ce rôle, si elle doit être le grand *dispatching* aux multiples commandes que nous souhaiterions, ou si elle est condamnée à n'être plus que la vieille plaque rouillée qui mène à des voies de garage abandonnées (Aydalot, 1965-1966, p. 7-8).

Pour essayer de résoudre la crise actuelle de l'administration de la justice pénale, il faudrait, à notre avis, remédier à l'inflation législative en matière pénale, à la « transcendité » juridiciste du droit pénal et à l'aliénation sociale de la justice pénale.

A. L'INFLATION LÉGISLATIVE

Outre un code criminel contenant déjà des centaines d'articles, tous les pays possèdent dans leur arsenal législatif des milliers de lois à caractère pénal. Alors que nul n'est censé ignorer la loi, personne n'est en mesure de connaître tout le droit pénal. Il faudrait, dès lors, dépénaliser, regrouper, simplifier.

Dépénaliser, en supprimant, par exemple, la sanction des comportements que la conscience sociale n'estime plus devoir relever du droit pénal (adultère, contraception, érotisme, avortement, homosexualité) ; en abolissant l'incrimination des faits dont la rareté ne justifie plus qu'ils soient qualifiés dans le Code (duel, blasphème) ; en transférant le pouvoir de connaître et de décider, en ce qui concerne certains faits de paradélinquance (alcoolisme, non-paiement de pension alimentaire, parasitisme social et vagabondage, consommation de drogues), à d'autres organismes de pression et de contrôle sociaux ; en faisant relever des autorités administratives, pour ce qui est de la sanction pécuniaire, divers délits réglementaires (code de la route, prix excessifs, infractions fiscales).

Regrouper, en fixant dans un seul texte, les conditions nécessaires pour toutes les incriminations et toutes les sanctions, en rassemblant toutes les dispositions pénales en 5 ou 6 lexiques (droit commun, économie, social, route, etc.).

Simplifier finalement, en établissant des qualifications larges mais précises, en termes simples et généraux (contrairement, par exemple, à la qualification de l'escroquerie dans les codes pénaux belge et français), en supprimant les distinctions pratiquement inutiles pour un même type de délit (par exemple, délits sexuels dans le Code pénal de la République fédérale allemande), ou pour les sanctions (par exemple, travaux forcés à perpétuité, réclusion majeure ou mineure, détention majeure ou mineure ; dosimétrie du Code pénal espagnol avec le jeu quantitatif des circonstances aggravantes et atténuantes).

B. LE CARACTÈRE TRANSCENDANT DU DROIT PÉNAL

La plupart de nos codes pénaux ont été élaborés à partir, d'une part, du concept métaphysique de la responsabilité morale, très éloigné de la vérité anthropo-psychique, d'autre part, d'un technicisme juridique fondé sur une logique cartésienne, mais qui ne tient aucun compte de la réalité sociale. On a semblé oublier que le droit pénal est fait pour les justiciables et non pas pour les juristes. Il en résulte un manque de parallélisme avec les indications de la recherche criminologique et les aspirations de la collectivité.

1. Des assises objectives

La base d'un système pénal étant le phénomène social de la délinquance et non des impératifs de moralité, il est aussi nécessaire de l'élaborer à partir d'une observation méthodologique des faits et des hommes criminels que de subordonner la norme juridique à une évaluation constante des besoins, des moyens et des résultats. Il existe, en effet, une dialectique observable entre la norme, son application et la criminalité, comme entre la loi, la justice et l'opinion. Les divers secteurs de l'administration de la justice pénale devraient, par conséquent, être associés, et même impliqués dans la recherche criminologique.

2. Définition sociologique du délit

Nos codes classiques ou néo-classiques ne définissent pas le délit, ou pas autrement que par la peine qui lui est imposée, ce qui conduit à des perspectives morales plutôt que sociales. La définition du délit devrait être sociologique et se fonder sur la perturbation de l'ordre social. De la même façon, l'incrimination et la sanction relèvent du contrôle social et non d'un jugement de valeur morale. Il conviendrait de rendre « opérationnel » le concept d'éthique sociale.

3. Objectifs sociaux de la sanction

Par ailleurs, nos codes n'indiquent pas les objectifs des sanctions pénales, sauf pour certaines catégories de délinquants (enfants anormaux, malades mentaux). Il serait bon que le législateur précisât de manière expresse : a) que la finalité des peines et mesures de sûreté est sociale et non de rétribution morale ; b) que la sanction pénale est une mesure de protection de la collectivité en même temps qu'une mesure de pédagogie sociale ; c) que toutes les sanctions doivent être un traitement, c'est-à-dire des mesures aptes à éviter de nouveaux faits, à brève comme à longue échéance.

Il est historiquement explicable, mais scientifiquement erroné, de croire que le châtiment répressif doit nécessairement être la conséquence d'une infraction. Le chiffre noir de plusieurs délits, dont les auteurs s'en tirent sans la moindre sanction et même sans la moindre intervention de la justice, le prouve amplement.

4. Individualisation judiciaire

L'individualisation des sanctions est née pour combattre la justice de « tarif » de l'ancien régime. Actuellement, il est nécessaire d'imposer impérativement des enquêtes sociales et des examens médico-psychologiques de personnalité. Cependant, le corps judiciaire hésite encore à y recourir pleinement parce que la procédure devient, de ce fait, ralentie et compliquée en plus d'être plus coûteuse et parce que les résultats des recherches posent, jusqu'à présent, des interrogations sans pouvoir toujours indiquer des solutions.

La pratique des recherches de personnalité conduit cependant à observer qu'une réelle individualisation est chose utopique et souvent non nécessaire. Nous avons déjà mentionné comment les dossiers d'homicide contiennent des renseignements sur la personnalité de l'auteur qui ne sont pas utilisables eu égard aux impératifs sociaux. L'effort devrait, par contre, être centré sur la correspondance entre, d'une part, certains types de délinquants ou de délits et, d'autre part, certaines modalités de réaction sociale.

Finalement, les enquêtes et examens de personnalité devraient être réalisés systématiquement dans certains cas. Ils devraient être rendus obligatoires lorsqu'un inculpé est mis en détention préventive alors qu'il n'a pas encore fait l'objet d'un examen de personnalité lorsque le juge envisage de statuer soit une probation assortie de conditions particulières, soit un emprisonnement ferme à l'égard d'un délinquant primaire.

5. Rationalisation de la procédure

Il a déjà été dit que les buts de la justice pénale ont été rénovés alors que les cadres et les itinéraires de la procédure pénale ne l'ont pas été. De très nombreux problèmes se posent donc à cet égard. La matière des homicides et des vols à l'étalage suggère particulièrement de reconsidérer : a) la communicabilité aux juridictions de droit commun des dossiers de personnalité établis par les tribunaux de la jeunesse ou les services des parquets ; b) la publicité des audiences, voulue comme une garantie et qui constitue aussi bien un handicap pour le dialogue judiciaire qu'un danger pour le droit à l'intimité des délinquants (huis-clos dans l'intérêt de la vie privée des parties)[9].

C. L'ALIÉNATION SOCIALE

La justice pénale s'est progressivement détachée du sens de la justice qui anime l'opinion : 1) en adoptant des critères différents, plus abstraitement théoriques, plus techniques, trop hermétiques ; 2) en étant exercée exclusivement par des personnes dont l'idéologie débouche sur un corporatisme d'isolement.

---

9. L'article 6 de la Convention européenne de sauvegarde des Droits de l'homme et des libertés fondamentales prévoit expressément qu'il peut être dérogé à la publicité des audiences lorsque le huis-clos s'impose dans l'intérêt de la vie privée des parties.

1. Le technicisme juridique

Il faut éviter les constructions juridiques qui ne sont que des fictions sans rapport avec la réalité vécue par les hommes. Il en est ainsi — nous l'avons déjà mentionné — de la présomption absolue de la responsabilité pénale, de l'irresponsabilité pénale présumée chez les mineurs et chez les délinquants anormaux, de l'intention criminelle étrangère aux mobiles, de la responsabilité pénale par préterintentionnalité, etc.

On note comme exemple de construction fictive pour les infractions examinées : *a*) en ce qui concerne l'homicide, l'*aberratio ictus* et l'emprunt de criminalité pour le vol avec meurtre ; *b*) dans le domaine du vol à l'étalage, la participation par omission d'intervenir pour empêcher le vol, l'emprunt de criminalité pour le vol commis avec violence.

2. Le corporatisme d'isolement

L'administration de la justice pénale appliquée par les magistrats se place encore sous le double signe de la sacralisation et de la dramatisation. Plusieurs modifications peuvent être envisagées pour remédier à cette situation qui éloigne les juges des justiciables :

a) Au niveau de la formation et du recrutement des magistrats, à côté de la formation en droit, on devrait également prévoir une formation à la psychosociologie de la judicature. Une vérification, non seulement du bagage juridique du futur juge, mais aussi et surtout de son aptitude à comprendre et à juger devrait être faite avant toute nomination définitive ;

b) Au niveau de l'organisation judiciaire, il faudrait : « relativiser » les grades (juger en premier degré est aussi grave et responsable qu'en dernier degré) ; affecter les magistrats suivant leurs aptitudes spécifiques et non selon le rang ou le simple plaisir des gouvernements ; faire assister les juges juristes par des assesseurs populaires ; en même temps, supprimer le jury au criminel, sauf peut-être en matière de délits d'opinion, ou pour le moins, ne plus le laisser statuer seul ;

c) Au niveau de la pratique judiciaire, il serait nécessaire : de « désolenniser » les locaux de justice (plus de « palais », mais des « locaux ») ; de dédramatiser le procès (robe, gendarmes, menottes) ; de renoncer aux termes hermétiques, de familiariser la langue juridique comme aussi l'interpellation judiciaire ; de motiver les décisions de manière sociologique, c'est-à-dire, convaincante et non plus formelle.

3. La consultation et la mobilisation de l'opinion

Le droit social ne doit point soutenir ni une quelconque morale ni l'intérêt d'une partie de la population, mais le bien-être collectif. Faite pour les justiciables, la justice pénale doit répondre à leurs aspirations. Il importe donc de consulter l'opinion publique sur les actions ou omissions qui doivent être incriminées ainsi que sur les sanctions qui peuvent être envisagées à leur égard.

La volonté populaire se trouve souvent déformée, au niveau du Parlement, par des opportunismes d'électoralisme politique comme par des groupes de pression; au niveau de la justice, par un conservatisme qui aboutit trop fréquemment à un immobilisme. Pour que le droit s'adapte aux transformations de la vie sociale, il faut donc consulter l'opinion publique sur les points à modifier et sur le sens à donner aux changements [10].

La collectivité ne peut se décharger sur ses juges pour lutter contre la criminalité et traiter les délinquants. Le temps des peines d'ostracisme, de vengeance et de sécurisation matérielle est révolu. L'opinion doit considérer la justice pénale comme un des aspects de la promotion sociale. La prévention et la répression-traitement constituent un investissement social bénéfique pour l'ensemble de la population. Il convient, dès lors, de mieux informer la collectivité sur ce qu'est le délit, sur les causes profondes de la criminalité et sur les moyens efficaces à longue échéance. Il convient aussi de sensibiliser et de mobiliser l'opinion de manière à la faire participer à cette œuvre commune qu'est la politique criminelle.

---

10. Cf. à cet égard les travaux de recherche effectués au Québec (1969-1970) par la Commission Prévost (annexes 2 à 6), et aux États-Unis par la Commission Katzenbach (« Public Attitudes Toward Crime and Law Enforcement », dans *Crime and Its Impact: An Assessment*, chap. 6, p. 85-95) et par le Joint Commission on Correctional Manpower and Training (*The Public Looks at Crime and Corrections*, 1968).

BIBLIOGRAPHIE

AMERICAN BAR FOUNDATION (1969): «Criminal Justice in Extremis», *The University of Chicago Law Review*, **36** (3): 455-613.

AUBÉNAS, R. *et al.* (1961): *la Justice*, Paris, Presses Universitaires de France.

AYDALOT, M. (1965-1966): «La prospective judiciaire», dans *La Justice dans le monde moderne. Actes du Premier colloque international de l'Association de la magistrature*, Paris et Melun.

BAUDOUIN, J.-L., J. FORTIN et J.-P. LUSSIER (1969): *Sondage auprès des criminalistes de Montréal sur la justice criminelle au Québec*, Québec, Éditeur officiel du Québec.

BLUMBERG, A. S. (1967): *Criminal Justice*, Chicago, Quadrangle Books.

BUREAU FÉDÉRAL DE LA STATISTIQUE (1967): *Statistiques de la criminalité*.

BUREAU FÉDÉRAL DE LA STATISTIQUE (1969): *Statistiques de la criminalité (police)*.

CALDUS (1969): *Pour une réforme de la justice*, Paris, Éditions ouvrières.

CANADA (1969): *Justice pénale et correction: un lien à forger*, rapport du Comité canadien de la réforme pénale et correctionnelle, Ottawa, Imprimeur de la Reine.

CASAMAYOR (1953): *Où sont les coupables?*, Paris, Seuil.

CASAMAYOR (1960): *le Bras séculier*, Paris, Seuil.

CASAMAYOR (1964): *la Justice, l'homme et la liberté*, Paris, Arthaud.

CASAMAYOR (1968): *Combats pour la justice*, Paris, Seuil.

CASAMAYOR (1969): *la Justice pour tous*, Paris, Flammarion.

CASAMAYOR (1970): *Si j'étais juge...*, Paris, Arthaud.

CASTELLANO, C., C. PACE et G. PALOMBA (1968): *l'Efficienza della giustizia italiana e i suoi effetti economico-sociali*, Bari, Editori Laterza.

CHAMBLISS, W. J. (1969): *Crime and the Legal Process*, New York, McGraw-Hill.

CHARTRAND, G. (1970): *le Vol à l'étalage*, communication présentée au Colloque sur le vol à l'étalage, organisé par la Société de criminologie du Québec, Montréal.

CHAZELLE, R. (1969): *Pour une réforme des institutions judiciaires*, Paris, Librairie générale de droit et de jurisprudence.

CODERRE, J. (1970): «Le vol à l'étalage», *Revue du Barreau du Québec*, **XXX** (3): 211-219.

DAVIDOVITCH, A. et R. BOUDON (1964): «Les mécanismes sociaux des abandons des poursuites», *l'Année sociologique*, p. 111-244.

DUHAMEL, J. (1955): *la Justice discutée*, Paris, Sirey.

ÉTATS-UNIS (1967): *The Challenge of Crime in a Free Society*, rapport de la President's Commission on Law Enforcement and Administration of Justice, Washington (D. C.), U.S. Government Printing Office.

FATTAH, E. A. et A. NORMANDEAU (1969): « Sondage d'opinion publique sur la justice criminelle au Québec », dans *la Société face au crime*, Québec, Éditeur officiel du Québec, annexe 4.

FEDERAL JUDICIAL CENTER FOR THE DEPARTMENT OF TRANSPORTATION (1970): dans *Fortune*, août 1970.

FRANCE (1966): *la Justice dans le monde moderne. Actes du Premier colloque international de l'Association de la magistrature*, Paris et Melun.

GARÇON, M. (1966): *Lettre ouverte à la justice*, Paris, Albin Michel.

GIBBENS, T. C. N. et J. PRINCE (1962): *Vol à l'étalage*, Londres, JSTD Publications.

HAMELIN, J. (1970): *Entretiens sur la justice contemporaine*, Paris, Dalloz.

ITALIE (1970): *Relazione annuale sullo stato della giustizia. Realtà sociale e amministrazione della giustizia*, premier rapport du Conseil supérieur de la magistrature italienne, Rome.

LAROCHE-FLAVIN, Ch. (1968): *la Machine judiciaire*, Paris, Seuil.

LE MONDE (1969): « La justice en question », *le Monde*, sélection hebdomadaire du 6 au 12, et du 13 au 19 novembre 1969.

McCLINTOCK, F. H. (1963): *Crimes of Violence*, Londres, Macmillan.

MORIONDO, E. (1967): *l'Ideologia della magistrature italiana*, Bari, Editori Laterza.

MOYSON, R. (1967): *le Vol dans les grands magasins*, Bruxelles, Éditions de l'Institut de sociologie, Université Libre de Bruxelles.

NORMANDEAU, A. (1970): *Quelques faits sur les vols dans les grands magasins à Montréal*, communication présentée au Colloque sur le vol à l'étalage, organisé par la Société de criminologie du Québec, Montréal.

QUÉBEC (1969-1970): *la Société face au crime*, rapport de la Commission d'enquête sur l'administration de la justice en matière criminelle et pénale au Québec, Québec, Éditeur officiel du Québec.

QUESTER-SÉMÉON, V. et M. (1969): *Réquisitoire contre la justice*, Paris, Nouvelles éditions Debresse.

QUINNEY, R. (1969): *Crime and Justice in Society*, Boston, Little, Brown and Co.

QUINNEY, R. (1970): *The Social Reality of Crime*, Boston, Little, Brown and Co.

RAYNALD, J. (1966): *la Justice de demain*, Paris, Denoël.

ROBERT, Ph. (1971): « La recherche opérationnelle dans le système de justice criminelle », *Études relatives à la recherche criminologique*, Strasbourg, Conseil de l'Europe, vol. VIII, p. 55-144.

SARRASIN, M. (1971): *les Homicides criminels à Montréal*, thèse de maîtrise, Université de Montréal.

SUTHERLAND, E. H. et D. R. CRESSEY (1966): *Principes de criminologie*, Paris, Cujas.

TARDIF, Guy (1966): *la Criminalité de violence*, thèse de maîtrise, Université de Montréal.

TARNIQUET, H. (1968): « Note sur la criminalité en milieu urbain à industrialisation rapide », *Revue internationale de criminologie et de police technique*, **XXII** : 53.

THORP, R. W. (1962): *Vues sur la justice*, Paris, Julliard.

VERSELE, S. C. (1966): « Une tentative d'approche psychosociologique de la magistrature belge de première instance », *Revue de l'Institut de sociologie*, 4 : 635-697.

VERSELE, S. C. (1969): « Quelques observations sur les voleurs de grands magasins »,
    Revue internationale de police criminelle, n° 226 (mars): 65–75.
VERSELE, S. C. (1970): *Sociologie du droit et de la justice,* Bruxelles, Éditions de
    l'Institut de sociologie, Université Libre de Bruxelles.
WOLFGANG, M. E. (1958): *Patterns in Criminal Homicide,* Philadelphie, Univer-
    sity of Pennsylvania Press.

Deuxième partie

Les nouvelles formes
de déviance et de criminalité

Protestation de groupes, violence et système de justice criminelle

ANDRÉ NORMANDEAU, PHILIPPE ROBERT et ALFRED SAUVY

Encore que les manifestations de protestation soient de toutes les époques, à chaque moment de l'histoire elles ont un sens spécifique compte tenu de l'état de la société de référence. On ne peut donc se contenter de classer celles qui se multiplient présentement sous nos yeux sous une explication à connotation historique. Elles méritent une étude particulière. Mais on peut se demander, à priori, en quoi nous, criminologues, sommes concernés et par où ce mouvement de protestation contribuerait à la crise du système de justice criminelle dans les aires métropolitaines. C'est la violence qui constitue l'occasion ou le mode des relations nouées entre certaines manifestations de protestation et le système de justice criminelle. Encore ce terme est-il essentiellement ambigu. Et il faudra en éclaircir la portée de même qu'on devra parler des acteurs en cause, les groupes qui protestent et la machine de justice criminelle.

Fréquemment, on désigne les groupes qui protestent sous le terme de « minorités », sous-entendant que leur protestation vient du statut défavorisé qui est fait à un groupe minoritaire dans une société. Il s'agit, en effet, de groupes différenciés et qui font l'objet de connotations négatives — nous reviendrons plus loin sur ce point. On doit noter également leur manque relatif de pouvoir, enfin souvent des discriminations et exclusions à leur égard. Encore convient-il d'ajouter que la protestation en groupe n'est pas toujours limitée à des minorités défavorisées. D'une part, on note que les phénomènes de protestation apparaissent non pas quand un groupe est au plus bas de l'échelle sociale et quand il est très maltraité, mais plutôt quand son sort commence à s'améliorer (au moins en valeurs absolues, sinon toujours en valeurs relatives). D'autre part, les mouvements de protestation peuvent venir des groupes à statuts socio-économique et psycho-social favorisés (comme dans les mouvements contre la guerre au Viêt-nam). Enfin il est des cas où le groupe protestataire n'est pas une minorité réelle — encore qu'il en possède certains caractères sur le plan psycho-social et que seule une fraction participe activement à la protestation (francophones au Québec ; Palestiniens dans les territoires occupés par Israël).

Ces précisions étant données, on peut tenter de classer les groupes protestataires selon qu'ils se caractérisent au point de vue : de la langue, de la nationalité, de la religion, de la race, des opportunités socio-économiques, de la vision du monde, du sexe ou de l'âge. Mais toute classification n'a qu'une valeur très relative dans la mesure où plusieurs critères sont généralement mélangés. On sait combien les conflits raciaux (Noirs aux États-Unis), religieux (catholiques en Irlande du Nord), de langue (en Belgique, au Canada, dans le Jura suisse, etc.), sont mélangés de motifs tenant aux différences de statuts et d'opportunités socio-économiques. Ajoutons encore que la différence de *weltanschauung* devient de plus en plus importante, notamment quand le groupe protestataire est celui des jeunes (ici, le traditionnel conflit des générations doit être connoté des acquis de la sociologie de la jeunesse sur la constitution d'une classe d'âge autonome et sursitariste et sur l'effondrement de l'archétype d'adulte achevé : cf. Robert, 1966).

Quant à la violence, le problème est encore plus chargé d'ambiguïté. On ne le résout pas en disant que tout groupe protestataire n'est pas un groupe violent et qu'il faut distinguer. À l'expérience, la violence ne paraît pas être une caractéristique fixe et comme ontologique de certains groupes. La violence est une donnée pérenne de l'organisation sociale (et pas uniquement négative comme on sait). À vrai dire, le dialogue social en termes de violence apparaît quand les issues légales ou institutionnelles paraissent fermées, *i.e.* dans une société bloquée. Au point de vue macrosociologique, elle annonce une situation de changement (mais n'aide pas toujours à l'émergence directe d'une nouvelle situation soit que le mouvement se perde dans les sables, soit qu'une brutale répression l'inhibe, du moins à court terme, soit encore qu'aucune structure d'accueil ne permette à une protestation diffuse de se transmuter au niveau des réalisations politiques). En bref, la violence est le prix d'un trop long désintérêt de la majorité (*i.e.* des groupes qui contrôlent le pouvoir) envers les problèmes de leurs partenaires sociaux. Le conflit — donnée sociale habituelle et positive (Simmel) — n'a plus alors d'autre issue que la violence.

Mais, au fond, qu'est-ce que la violence ? Tout un cheminement a été suivi par les sociologues à l'occasion des diverses commissions présidentielles d'enquêtes aux États-Unis (Tumin, Garver, Wolfgang, Marx). D'une définition classique (dommages causés aux personnes, biens ou libertés, par force), on en est venu à y inclure toute violation des droits de la personne et même de ses besoins.

Enfin, Wolfgang a montré qu'une des fonctions de la dénonciation de la violence est de dissuader les attaques directes contre l'*establishment*.

Car l'organisation sociale agit aussi avec violence. Dans les rapports qu'elle entretient avec les groupes de protestation, le monopole de la violence n'appartient pas à ces derniers. Il est même souvent difficile de dire qui a commencé et, parfois, on peut montrer qu'un mouvement tranquille a été brutalement agressé par les forces de contrôle social qui ont pris l'initiative de porter le « dialogue » sur ce terrain.

Tout vient du fait que la violence est une étiquette à contenu variable. La légitimité, en outre, est une notion difficile à cerner, mais quand le consensus qui la fonde se trouve contesté et remis en cause par des groupes relativement nombreux, alors risque de vaciller toute l'organisation sociale qui est la stratification de conflits autour de la possession de ressources relativement rares en proportion des besoins.

Voyons alors comment réagit le système de justice criminelle. On a dit que la violence n'est pas une caractéristique propre à certains groupes protestataires. C'est une constante de la vie sociale et tout le monde en use. Mais c'est aussi une étiquette dont une organisation sociale donnée va recouvrir l'action des groupes qui, quittant les voies institutionnelles qu'ils jugent bloquées à tort ou à raison, protestent et contestent la légitimité de la stratification du moment.

Or, les groupes qui protestent ainsi sont ces « minorités » dont il a été parlé plus haut — minorités psycho-sociales, sinon toujours réelles. Comme telles, elles sont en butte à un mécanisme de ségrégation de la part des groupes sociaux en place (par exemple, les jeunes dans une société malthusienne : cf. Sauvy, 1971). Ainsi comprend-on que le système de justice criminelle soit fréquemment saisi d'actions venant de groupes tenus pour marginaux. Le processus de violence se développera ainsi entre lui et ces groupes, mais de manière dialectique.

Au niveau de la police, il se pose un problème classique de calculer la réaction opportune entre un contrôle insuffisant qui favorise les désordres sociaux (par exemple, contre les activités des *poor white* dans le Sud des États-Unis) et un contrôle exagéré qui transforme la protestation en manifestation violente... À la limite, on a vu la police susciter elle-même et réaliser l'émeute et — comme le dit G. Marx — qui, alors, gardera la garde ?

Il semble qu'une meilleure professionnalisation et un contrôle plus rigoureux de l'emploi des forces de police ne résolvent pas automatiquement les problèmes. Une police moins permissive sera encore pire si sa légitimité est mise en doute par beaucoup. Et même ses violences manifestes amèneront beaucoup à douter de sa légitimité, ce qui peut, non seulement aggraver les désordres, mais encore rejaillir sur toute la stratification d'organisation sociale que représente la police. Ou alors, une très grande brutalité peut juguler le mouvement de protestation, mais au prix d'une irréparable cassure entre groupes sociaux et cette ségrégation ressortira un jour ou l'autre.

Au niveau de la justice *stricto sensu,* on remarque trois attitudes : avoir recours à des tribunaux d'exception militaires ou politiques (dont on a dit qu'ils sont à la justice ce que la musique militaire est à la musique), avoir recours à des lois et juridictions de droit commun, et avoir recours à des juridictions de droit commun avec des lois d'exception. Dans tous les cas, l'action de la justice peut apparaître très manipulée. C'est évident dans le premier cas, mais le même risque existe aussi dans les autres. Alors, sa légitimité risque d'être sérieusement entamée et le consensus qui lui est très nécessaire peut s'en trouver durablement affecté.

Néanmoins, l'intervention de la justice peut jouer dans un sens de garantie des droits des groupes protestataires contre les violences qu'ils subissent : ainsi en a-t-il été de la Cour suprême des États-Unis dans les *sit-in cases* (Grossman et Tanenhaus, 1969). Mais le caractère délibérément « non violent » de ces groupes antiségréga-tionnistes était très affiché. Quoi qu'il en soit dans la plupart des cas, l'intervention du système de justice criminelle conduit à orienter la démarche d'étiquetage de l'action de minorités ségréguées par les groupes sociaux au pouvoir dans les voies de la stigmatisation comme criminel de droit commun. Et c'est au fond souvent ce que les groupes sociaux en place attendent de la justice.

Certaines mesures ont voulu montrer que cette assimilation était illégitime car les groupes qui protestent — fût-ce violemment — se distinguent des criminels par trois traits : contenu idéologique, action désintéressée, action collective. Il faut bien dire que le partage entre certaines manifestations de criminalité et de protestation n'est pas toujours très difficile à faire.

Mais nous devons mettre l'accent sur quelques points complé-mentaires : le consensus qui fonde la légitimité de l'interaction du système de justice criminelle court les plus grands risques de se briser — quoique non nécessairement à court terme — s'il apparaît que les deux parties en cause agissent de la même manière, notamment si police et justice paraissent à beaucoup s'écarter de leurs propres règles de jeu officielles (provocations, brutalités, irrégularités procédurales, atteintes aux droits de la défense, partialité) quelle que soit l'agressivité de leurs vis-à-vis.

En fin de compte, même s'il parvient à paraître fonctionner correctement, le système de justice criminelle semble assez démuni face à un problème qui met en cause la légitimité d'une certaine stratification des relations sociales. Nous ne voulons pas signifier que ce système est dénué de sens politique (tous les travaux de *judicial research* sont là pour prouver le contraire) mais il n'est sur ce plan qu'un rouage relativement secondaire. En effet, la violence se manifeste quand un blocage de la société rend toute autre voie de communication impossible pendant que des groupes importants jugent insupportable le maintien du *statu quo*. Il s'agit donc d'une situation dégradée depuis longtemps, tant au niveau de l'organisation globale qu'à celui des canaux de dialogue... et la justice criminelle n'est guère un organe de dialogue. Le slogan *Law and Order* facilite peu la solution des problèmes fondamentaux d'une organisation sociale contestée.

Donc, le problème est d'éviter que l'intervention du système de justice criminelle soit nuisible, soit en limitant la violence, soit en réagissant par des « adaptations » qui sont seulement des déformations et qui ne contribuent guère au règlement des problèmes, mais risquent seulement d'accroître la crise de légitimité.

Enfin, le thème « protestation en groupe, violence et système de justice criminelle » se situe dans le champ de la criminologie seulement si nous consentons à intégrer dans nos démarches une approche de science politique déjà utile pour l'étude structuraliste du système (Grossman et Tanenhaus, 1969). Alors il nous permet, comme problème limité, de mettre l'accent sur les vices et les déformations de la machine et d'avancer l'examen du mécanisme d'étiquetage social vis-à-vis même de la clientèle habituelle — à ceci près qu'elle est plutôt composée d'individus isolés que de groupes ou de membres agissant comme tels.

DÉFINITION ET PROBLÉMATIQUE

Depuis une dizaine d'années et tout particulièrement dans les grandes villes, on assiste à une augmentation sensible de la protestation de groupe et plus précisément de la protestation violente. Si ce phénomène n'est pas entièrement nouveau, son récent développement contribue d'une manière certaine à la crise de l'administration de la justice dans les zones métropolitaines.

Il y a toujours eu, dans l'histoire, des révoltes de la part de minorités (ne parlons pas des minorités soumises), des complots ou des actions collectives, en marge de la légalité. Mais depuis quelques années, se sont introduites dans de nombreux pays, des pratiques spéciales — nous n'oserons pas dire des coutumes — comportant, de la part de groupes minoritaires plus ou moins organisés, des actions utilisant la violence sur des personnes ou sur des biens publics ou privés (Sauvy, 1971, p. 1).

Des événements récents se sont produits dans cette perspective un peu partout dans le monde. Citons, pour mémoire, quelques-uns des plus marquants: Paris (ouvriers et étudiants, mai-juin 1968), Berkeley (étudiants du mouvement *Free Speech*, 1964), Milan (ouvriers, 1969), Washington (démocratiques contre la guerre du Viêt-nam, 1968), Montréal (terrorisme, affaire Cross-Laporte, 1970), Belfast (Irlandais catholiques et protestants), Los Angeles (émeutes raciales, 1965).

On voit immédiatement, à cette énumération, la grande disparité à la fois des groupes protestataires, des mobiles de leur protestation et des formes de celle-ci. Il apparaît donc d'emblée que toute tentative de classification sur la base d'un seul critère serait artificielle et partant, inexacte, et que ce ne serait que par le croisement de plusieurs variables que l'on pourrait tenter d'établir une typologie des groupes de protestation violente.

La première tâche de l'atelier n° 2 était de tenter une délimitation et une définition du sujet proposé en précisant ce que l'on entend par groupe, par protestation et par la forme de protestation qui nous intéresse: la violence. La seconde tâche du groupe de travail — tâche qui rapprochait ses travaux du thème général du symposium — consistait en l'étude des interactions entre ces formes de protestations violentes et, d'une part, l'opinion publique, d'autre part, le système de justice criminelle.

Système policier, système judiciaire et système correctionnel furent tour à tour étudiés et comparés par les participants d'horizons très différents et les amenèrent à un fructueux débat dont on a pu tirer, d'une part, certaines propositions de solutions — ou d'adaptation des solutions d'un pays à un autre — et, d'autre part et surtout, des axes de recherches particulièrement souhaitables.

I. GROUPES DE PROTESTATION, VIOLENCE
ET RÉACTIONS DE L'OPINION PUBLIQUE

À l'origine, les travaux de l'atelier n° 2 devaient porter sur les minorités violentes. Cependant, un examen plus sophistiqué du sujet a permis de confronter diverses opinions et de rejeter finalement le terme de « minorités violentes » pour ce qu'il avait d'ambigu, voire d'inexact.

Something might be gained by a different title: « violent minorities in the metropolis » seems too narrow to me since it deals with only one aspect of the problem ; on the other hand it is too broad since it seems to encompass all violence by minorities including, individualistic crime, rather than the phenomena we are interested in. With respect just to minorities, particularly those of an ethnic, racial or religious nature, the real problem is minorities and the criminal justice system. Sometimes this involves their violence and crime, as often their non cooperation with police and sometimes violence against them by police, unfair treatment by the courts and a lack of protection from the police... It seems to me that what many people now are concerned with are illegal acts which are politically inspired. *Here the issue of minority is less important* (Marx, 1971, p. 1).*

La protestation en groupe n'est pas toujours limitée à des minorités défavorisées... Les mouvements de protestation peuvent venir de groupes à statuts socio-économique et psycho-social favorisés... Il est des cas où le groupe protestaire n'est pas une minorité réelle — encore qu'il en possède certains caractères sur le plan psycho-social et que seule une fraction participe activement à la protestation (Robert *et al.,* 1971, p. 3).

Il apparaît donc que le phénomène sur *lequel* portent les débats ne peut être qualifié de minorité — car il ne s'agit pas toujours de minorité numérique à statut social défavorisé ni de minorité *violente* ce qui sous-entend que la violence est une donnée inhérente aux dites minorités, hypothèse nettement rejetée par la Commission Eisenhower. La violence peut en effet être extérieure au groupe, réponse à une situation au seul fait d'une fraction de ce groupe. Mais nous reviendrons sur ce point en parlant de la violence.

Violence may be committed by groups opposed to the aims of the protesters (as in the Southern murders of civil rights workers by groups of white militants); excessive force may be used by the public authorities, as is Selma in 1965 ; violence may be committed by some within the protesting group itself (as in the case of the Weatherman faction of the SDS). But the widely held belief that protesting group usually behave violently is not supported by fact. Of the multitude of occasions when protesting groups exercise their rights of assembly and petition, only a small number result in violence (États-Unis, 1969, p. 50).

Avec Gary Marx (1971), nous ne parlerons donc pas de minorité violente, mais de groupe de protestation dont la violence a une origine politique.

A. LE GROUPE

On peut définir le groupe par opposition à l'individu ou par opposition à la foule. En effet, pour qu'il y ait groupe, il faut qu'il y ait agglomération de plusieurs individus ayant conscience de former un groupe aux finalités duquel ils adhèrent. Au sens où nous l'entendons, le terme « groupe » signifie la volonté d'agir ensemble. Ce qui, par définition, oppose le concept de groupe à celui d'individu agissant seul. Au demeurant, on peut considérer — avec R. Smith — que le groupe n'agit pas en tant que tel mais que ce sont les individus qui le composent qui agissent au nom de l'ensemble. Il ne faut cependant pas perdre de vue qu'à l'intérieur d'un groupe l'individu agit d'une façon toute différente de celle qui serait la sienne en tant qu'individu isolé.

Distinguer le groupe de la foule est essentiel. Sur la notion de foule, on aura tout intérêt à se reporter aux ouvrages de base de Le Bon (1903), Tarde (1904) et Freud (1966). Toutefois, si ces trois ouvrages parlent de comportements analogues à l'intérieur d'une foule, vécus sur un mode de grande affectivité, voire régressifs pour Le Bon et Freud, ces auteurs n'apportent pas d'éléments qui permettent de différencier foule et groupe. Il faut attendre Mayo (1933), Moreno (1934) et surtout Lewin (1966) pour aborder les problèmes de groupe de façon plus structurelle.

Pour l'atelier n° 2, les deux critères qui vont permettre de différencier groupe et foule seront : la conscience d'appartenir à un groupe et le minimum d'organisation du groupe. C'est essentiellement la volonté d'« agir ensemble » dans un même but qui délimitera notre sujet, quelle que soit l'importance numérique du groupe envisagé.

Ainsi défini, le groupe est toujours partie d'une société donnée : on pourra le dire minoritaire ou majoritaire dans ses buts, suivant qu'il rejette ou, au contraire, qu'il adhère au consensus de la « majorité », c'est-à-dire de ceux qui — quelle que soit leur importance numérique — détiennent la légalité au moment étudié. Le thème de travail de l'atelier n° 2 concerne le cas où il y a rejet de la légalité et donc protestation d'inspiration politique.

B. LA PROTESTATION

Le libre exercice de la protestation est une garantie de liberté et les manifestations de protestation doivent être une donnée du système démocratique. Les groupes que nous étudions sont ceux qui protestent — et dans la mesure où leur protestation est pacifique, qui protestent légalement — contre l'idéologie des institutions. Ce libre exercice de la protestation est un droit reconnu par la Constitution américaine et sur lequel insiste longuement le rapport Eisenhower de la Commission présidentielle sur la violence :

> *The right to protest is an indispensable element of a free society; the exercise of that right is essential to the health of the body politic and its ability to adapt itself to a changing environment. In this country, we have endowed the right of protest with constitutional status. The very first Amendment to the Constitution protects freedom of speech and press and « the right of the people peaceably to assemble and to petition the government for a redress of grievances ». The Amendment protects much more than the individual right of dissent; it guarantees the right of groups to assemble and petition, or, in the modern phrase, to demonstrate* (États-Unis, 1969, p. 50).

Le problème est de savoir quels sont les moyens permis par les institutions pour exprimer légalement la protestation :

> *Keeping open the channels of peaceful protest: obstructions to peaceful speech and assembly-whether by public officials, policemen, or unruly mobs-abridge the fundamental right to free expression. Society's failure to afford full protection to the exercise of these rights is probably a major reason why protest sometimes results in violence* (États-Unis, 1969, p. 66).

> Terrorisme et guérilla [...] expriment toujours la frustration profonde d'une minorité qui désespère de faire aboutir, par les moyens légaux, des aspirations identifiées dans son esprit à la justice la plus élémentaire [...]. Au prix de longues luttes, les pays occidentaux avaient fini par se doter [...] d'institutions qui offraient au mécontentement et à la volonté de changement d'autres voies que la violence (A. Fontaine, *in* Robert *et al.,* 1971, p. 8).

En effet, protestation ne veut pas dire violence et des groupes peuvent protester très pacifiquement (comme on l'a vu en Inde ou durant les *sit-in* américains) et devraient pouvoir se faire entendre sans avoir à recourir à des méthodes violentes.

> *We have pointed out the fundamental distinction between protest and violence, the fact that there is no necessary*

connection between them, and the need to vindicate the former while opposing the latter. As we have noted, the First Amendment to the Constitution protects freedom of speech, freedom of the press, and the « right of the people peaceably to assemble and to petition the government for a redress of grievances ». In the Supreme Court's words, the First Amendment entails a « profound national commitment to the principle that debate on public issues should be uninhibited, robust and wide open » (États-Unis, 1969, p. 65).

La protestation peut cependant devenir violence, comme il sera dit plus bas:

Group violence, on the other hand, is dangerous to a free society. All too frequently, it is an effort not to persuade, but to compel. It has no protected legal status; indeed, one purpose of law is to prevent and control it. Nor is group violence a necessary consequence of group protest (États-Unis, 1969, p. 50).

Afin de tenter d'en opérer un regroupement, on peut distinguer les protestations selon différentes variables. Il faut tout d'abord distinguer, dans les protestations, leur but avoué et leur but réel: il n'est pas rare, en effet, de voir une protestation idéologique en profondeur revêtir la forme d'une protestation matérielle ou d'une idéologie de moindre portée (ainsi, de nombreux séparatistes québécois revendiquent, en fait, l'abolition du capitalisme, mais n'expriment que leur volonté d'indépendance territoriale). Ce but inavoué peut être inconscient et la protestation pour une revendication précise être, en fait, l'expression d'un malaise plus profond et mal défini. Ce sera souvent à ce type que se rattachera la protestation de la jeunesse. On pourra se référer, sur ce point, à l'étude qui a été faite par le Service d'études pénales et criminologiques (Robert *et al.,* 1971, p. 10). « L'individu cherche la « retotalisation », la libération, la communication dans le brouillage des pistes anciennes et dans l'anticipation instantanée du bonheur utopique » (A. Willener, *in* Robert *et al.,* 1971, p. 12).

Il faut également séparer les différentes protestations en deux catégories, suivant qu'elles deviennent caduques après satisfaction d'une revendication précise ou, au contraire, que leur objet soit beaucoup plus vaste. En effet, tous les protestataires, il s'en faut, n'ont pas pour but de changer le régime, et, en France par exemple, les commerçants mécontents ne veulent que changer la loi. La plupart se refusent à recourir à la violence; d'ailleurs, dans le cas contraire, il ne s'agirait plus d'une protestation de groupe, mais d'une véritable insurrection.

Dans tout groupe ayant quelque raison de se plaindre ou de se détacher du pouvoir, il y a des partisans d'une négociation directe ; mais l'ensemble est prêt, dans certains cas, à s'unir et à faire front. De toute façon, les modérés utilisent, dans leurs revendications et leurs débats, l'argument de la violence en faisant ressortir que la non-reconnaissance de leurs droits risque d'entraîner des réactions regrettables des autres [...]. Du reste, il peut y avoir des gradations, des positions diverses, allant des modérés purs, adversaires de toute violence, aux extrémistes sans contrôle (Sauvy, 1971, p. 4).

On pourrait schématiser idéalement en disant que si une revendication précise est accordée, le groupe, dont c'était le but, n'a plus de raison·de protester et, s'estimant satisfait, pour un temps au moins, se dissout. Mais un tel schéma supposerait l'existence de structures de négociations opératoires et largement ouvertes. Or, souvent une partie de l'opinion publique semble avoir perdu confiance dans les canaux de négociations actuellement possibles. « Dialoguer, c'est parler dans le vide, et il n'y a pas d'autre moyen de se faire entendre que l'affrontement direct » (A. Bigorne). « La violence seule est efficace ; la négociation est un moyen de dupes » (A. Geismar, in Robert et al., 1971, p. 11). En tout état de cause, il ne faut pas perdre de vue que, même dans ce schéma idéal, l'obtention, pour certains, d'une satisfaction pourra entraîner la protestation d'autres couches de population s'estimant, à leur tour, lésées.

La seconde catégorie de protestation pose plus de problèmes en ce qu'elle ne représente pas une revendication précise et limitée, pouvant éventuellement être accordée sans modification profonde du système politico-social ou socio-économique. Il s'agit de la protestation de groupe voulant remettre, pacifiquement ou non, la société en question. Par hypothèse, cette forme de protestation ne peut pas connaître de fin dans le système existant et si l'on peut qualifier les premiers de réformistes, ce sera véritablement de révolutionnaires qu'il faudra qualifier les seconds.

C'est cette dernière forme de protestation, à la fois globale et idéologique, qui a revêtu, ces dernières années, une acuité nouvelle, et ceci, sur un plan mondial et qui constitue le cœur même de notre sujet : la protestation de groupe violente.

C. LA VIOLENCE

En première approche, il est proposé une définition de la violence en groupe, qui a le mérite de se placer d'emblée à un plan opératoire. Est qualifiée de violence en groupe : « Toute utilisation de menaces illégales ou de la force par un groupe d'individus qui avaient l'intention, ou ont, de fait, blessé ou séquestré de force, ou intimidé des personnes, ou détruit ou saisi des biens. [*The unlawful threat or use of force by any group that results or is intended to result in the injury or forcible restraint or intimidation of persons, or the destruction or forcible seizure of property.*] » (États-Unis, 1969, p. 57).

Une telle définition a l'avantage de mettre l'accent sur l'usage de la force (vol d'objets ou de valeurs, dégradations, dommages, destruction de biens publics ou privés, enlèvements, molestations, etc. Elle n'en laisse pas moins subsister quelques anbiguïtés, en particulier en ce qui concerne le lien de cette violence en groupe avec les groupes de protestation dont il a été précédemment question. En effet, tout groupe protestataire n'est pas nécessairement violent, comme il est dit dans le rapport Eisenhower : « *Of the multitude of occasions when protesting groups exercise their rights of assembly and petition, only a small number result in violence* » (États-Unis, 1969, p. 59) ; à l'inverse, tout groupe violent n'est pas, de ce fait, protestataire. Et à fortiori, « la violence ne paraît pas être une caractéristique fixe et comme ontologique de certains groupes » (Robert *et al.*, 1971, p. 4).

Ces remarques vont conduire le groupe de travail à tenter d'éclaircir plusieurs points : la différenciation entre la violence des groupes de protestation et les autres formes de violence ; la morphologie de la violence des groupes de protestation ; la mise en évidence des processus qui peuvent conduire un groupe à l'utilisation de la force.

L'étude de ces processus doit amener à se poser la question de la légalité ou de l'illégalité de l'usage de la force. En effet, certaines actions sont dites violentes lorsqu'elles sont commises dans certaines occasions, alors que les mêmes conduites seront dites légitimes dans d'autres circonstances. Comme il est écrit dans l'un des travaux préparatoires au symposium :

> L'organisation sociale agit aussi avec violence. Dans les rapports qu'elle entretient avec les groupes de protestation, le monopole de la violence n'appartient pas à ces derniers. Il est même souvent difficile de dire qui a commencé et parfois on peut montrer qu'un mouvement tranquille a été brutalement

agressé par les forces de contrôle social qui ont pris l'initiative de porter le « dialogue » sur ce terrain (Robert *et al.*, 1971, p. 4).

Il devient alors nécessaire de se servir du critère de légitimité/non-légitimité pour distinguer ce qui peut être considéré comme la violence de l'organisation sociale et la violence des groupes de protestation. Le problème se complique du fait que la légitimité de l'action des autorités est fondée sur un consensus, et que ce consensus risque d'être remis en cause de par l'extension de la protestation, violente ou non. La négation de la légitimité du pouvoir est d'ailleurs le fondement de l'argumentation des théoriciens protestataires.

Dans cette relation légitimité/négation de la légitimité, la fonction d'étiquetage, de marquage social dévolu au système de justice criminelle par les groupes dominants peut arriver à être remis en question par des groupes de plus en plus nombreux, et l'équilibre de la structure sociale est en grand danger d'être rompu. Cette réflexion conduira le groupe de travail à poser quelques interrogations sur le seuil de tolérance d'une société à la violence, seuil au-delà duquel elle risque d'être détruite.

Un quatrième point abordé sera celui de la signification fonctionnelle de la violence et des conditions institutionnelles, voire familiales, de son émergence et de sa généralisation. Ceci est soustendu par le constat que les conduites violentes en groupe sont de plus en plus répandues dans nos sociétés occidentales, et qu'elles paraissent caractériser une classe d'âge. Le dernier point concerne les réactions de l'opinion publique à la violence, réactions caractérisées par leur ambivalence et leur versatilité. L'étude de l'opinion publique peut permettre de développer ce qui a trait à la notion de consensus abordée plus haut.

D. LES DIVERSES FORMES DE VIOLENCE

Une telle distinction peut être opérée par voie d'éliminations successives. En se référant à la note de A. Sauvy (1971), on écarte ainsi les actions suivantes :

1. *Les révoltes déclarées :* la révolte de Hongrie en 1956, celle du Biafra dans les années 1960 et celle du Pakistan oriental en 1971 ne doivent pas être considérées comme des actions de minorités violentes ;

2. *Les complots :* il s'agit là d'une pratique assez ancienne qui peut avoir divers objectifs (assassinat d'un homme politique, coup d'État, etc.). Bien qu'elle soit toujours le fait d'une minorité et qu'il s'agisse de violence, nous ne pensons pas devoir faire entrer une telle action

dans notre sujet, s'il s'agit d'un complot unique, clandestin, bien entendu, et ne visant qu'un seul objectif précis ;

3. *Toute action d'un seul individu* (ou d'un nombre très réduit) ne déclarant pas de façon expresse relever d'un groupe minoritaire ou bien non reconnu par le groupe dont il se dit le mandataire. Par exemple, l'assassinat de Paul Doumer par Gorgulov (1932) ne relevait pas d'une minorité violente ; celui de J. Kennedy lui-même ne peut être classé dans cette catégorie, même s'il a été effectivement commis sous l'action d'un groupe. Il s'agit, dans ce cas, d'un complot, car aucun groupe n'a expressément reconnu avoir préparé l'attentat. Le détournement d'un avion ne peut être classé comme action d'une minorité violente que s'il est revendiqué par un groupe, clandestin ou non, national ou non. Ce qui sépare le phénomène contemporain des complots classiques, c'est précisément cette action ouverte ;

4. *Les actions de droit commun* n'ayant pour mobile que le vol, la vengeance, la captation d'un héritage, la rançon d'un rapt, etc.

Ce sont les actions de droit commun qui posent les problèmes de différenciation les plus délicats, et ceci pour les raisons suivantes : la parenté de forme de certaines actions commises aussi bien par des groupes de protestation que par des groupes relevant du droit commun. Ainsi, par exemple, les enlèvements de personnes contre rançon, ou les pillages de banque revendiqués par les Tupamaros, ou certains groupes extrémistes FLQ au Canada. Ceux-ci ont d'ailleurs été condamnés pour vols. Le fait que « parmi les acteurs désintéressés d'une manifestation criminelle se glissent des individus relevant du droit commun ». La dernière raison tient à la forme de la réaction du système de justice criminelle, qui tend à assimiler tout acte violent à des délits de droit commun.

STATISTIQUES DES PROCÈS « GAUCHISTES »
RELEVÉES DANS LE JOURNAL *LE MONDE*
1er JANVIER 1970 / 31 MARS 1971

Âges			Professions			
18 – 21 ans	200	} 337	Étudiants	195	} 230	} 333
22 – 25 ans	137		Lycéens	35		
26 – 30 ans	51		Ouvriers	70	} 103	
31 – 35 ans	15		Employés	33		
36 – 40 ans	4		Instituteurs	8		
41 ans et plus	5		Professionnels,			
Moins de 18 ans	1		cadres, ing.	36		
Inconnus	57		Sans profession	20		
Total	470		Autres	6		
			Inconnues	67		
Filles	80		Total	470		
Garçons	390					

Inculpations

Ligue dissoute	59	
Article 314	35	
Dégradations diverses	63	
Violences, rébellion c. agents	198	
Violences privées	31	
Provocation incendie	17	
Complot c. État	8	
Législation et port d'armes	83	
Id. par destination	13	
Antimilitarisme	7	
Bris de clôture	29	
Presse	11	
Divers	37	
Total	591	

Non-lieu certain

Ligue dissoute	8	} 23
Divers	15	

Sans suite connue pour l'instant

Ligue dissoute	31	
Article 314	28	} 111
Rébellion	16	
Autres	36	

Comparutions devant les tribunaux correctionnels

Villes ou régions		Dont F.D.	Villes ou régions		Dont F.D.
Paris	207	124	Amiens	6	3
Toulouse	22	17	Montpellier	5	3
Nantes	18	5	Bordeaux	8	2
Lille	12	4	Strasbourg	1	
Rouen	17		Tours	2	2
Marseille	7	1	Besançon	13	4
Nice	4		Autres	10	
Grenoble	15	3	Total	347	168

Cour de sûreté de l'État	30	Cassation		14 + 3 pourvois
T.P.F.A.	4			
Total des comparutions	381	Cassés venant de la Cour de sûreté de l'État		13

Nature des condamnations

En première instance

Ferme ou sursis	183	
Ferme et sursis	34	
Amendes	25	} 381
Amendes + prison	103	
Relaxe ou acquittement	36	
Frais et dommages-intérêts	18	
Article 42	13	
Mise à l'épreuve	11	
Prison ferme	127	} 290
Prison avec sursis	163	

En appel

Ferme ou sursis	31	
Ferme et sursis	14	
Amendes	2	} 73
Prison + amendes	21	
Relaxe ou acquittement	5	
Prison ferme	15	} 45
Prison avec sursis	30	
Aggravant	19	
Modérant	26	} 73 (dont 3 a minima)
Confirmant	28	

Niveau des peines de prison

En première instance	Ferme	Sursis	En appel	Ferme	Sursis
Moins de 15 jours	10	30	Moins de 15 jours	2	3
16 jours – 1 mois	15	30	16 jours – 1 mois	1	0
1 – 3 mois	59	73	1 – 3 mois	13	8
3 mois – 1 an	66	60	3 mois – 1 an	16	32
1 – 3 ans	5	5	1 – 3 ans	1	4
3 ans et plus	1	0	3 ans et plus	0	0

Un exemple en est donné par P. Boucher dans son étude sur les relations de la justice et des gauchistes (*in* Robert *et al.,* 1971, p. 48) :

Dans le courant de l'année 1970, sur 381 comparutions pour participation à des activités gauchistes, 347 ont eu lieu devant des tribunaux correctionnels contre 30 devant la Cour de sûreté de l'État. Il faut noter ici que cette assimilation est réclamée par certains secteurs de l'opinion publique (cf. *infra*), et qu'on en trouve la traduction juridique dans l'article 314 du Code pénal français, qui permet de réprimer comme ayant commis un délit autonome : tous ceux qui ont « volontairement fait partie » d'un groupe de manifestants dès lors que des violences ou dommages auront été commis et même s'ils ne sont pas poursuivis à titre personnel pour ces violences ou dommages. On voit qu'une telle disposition du Code pénal tend à ranger sous le même habit du droit commun toute action ou présomption d'action violente quel qu'en soit le contexte.

Pour lever ces ambiguïtés, il apparaît nécessaire d'introduire deux notions complémentaires à la définition de la violence donnée précédemment.

L'intention. Il y a lieu de tenir compte des intentions des acteurs. Ainsi, selon A. Sauvy (1971, p. 5) :

Lorsque de telles actions (violentes) n'ont été commises que dans le but de procurer de l'argent à des individus, même organisés, il ne s'agit pas d'une action de minorité violente. Cependant, l'enlèvement d'une personne contre rançon peut avoir pour objet, non le lucre personnel, mais le souci du groupe de poursuivre son action collective. Il entre alors dans notre sujet, ainsi que toute action violente ayant pour objet d'obtenir un relèvement légal de la rémunération d'un groupe profession-nel ou une amélioration de ses conditions d'existence.

Par conséquent, dans le cas du délit de droit commun, l'obtention d'argent est une fin en soi, alors que, lorsque l'acte violent est commis par un groupe de protestation, il a valeur de

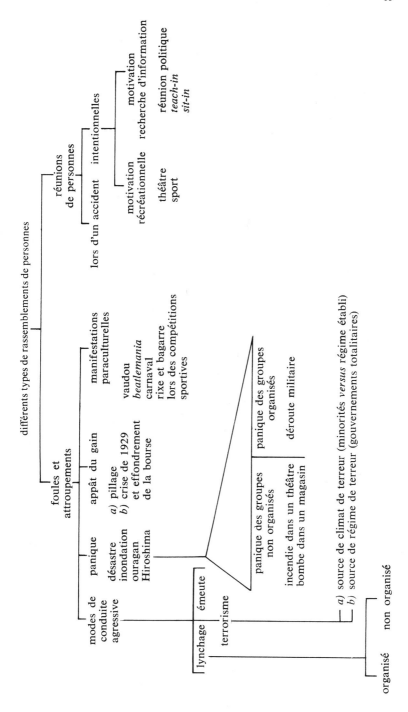

moyen pour arriver à des fins relevant d'une détermination collective. En fait, on ne peut pas considérer ces actions comme désintéressées en elles-mêmes ou gratuites, mais plutôt comme des actions intermédiaires.

La revendication. Ne peuvent être considérées comme faisant partie du champ de cette analyse que des actions revendiquées par des groupes de protestation se définissant comme tels. Ceci permet d'écarter les comportements violents mettant en jeu de façon massive l'affectivité des sujets, comme les manifestations spontanées pouvant se produire dans les foules ou les actes instinctifs du type *raptus.*

Encore qu'il soit nécessaire d'introduire ici une certaine restriction, ainsi que l'a fait remarquer G. Marx au cours de la discussion. En effet, des comportements violents qui peuvent apparaître comme émergeant spontanément, comme cela s'est produit lors de manifestations noires aux États-Unis, sont ensuite revendiqués, réintroduits dans la stratégie des groupes de protestation. C'est une intentionnalité qui vient, en quelque sorte, après coup.

On voit donc que la violence des groupes de protestation est définie par la signification que les acteurs donnent à leur conduite. Et, dans la mesure où l'intentionnalité de leurs comportements est dirigée contre tout ou partie du système social (cf. *supra* la protestation), il s'agit d'une signification essentiellement politique comme le souligne J. Fortin. Cette politisation de la protestation va donner naissance, de ce fait, à la violence ; la violence va être érigée en doctrine révolutionnaire par les différents meneurs de groupes, comme en témoignent les déclarations suivantes, extraites d'une revue de presse :

A. Krivine. Quitte à chagriner le bourgeois, la violence révolutionnaire est la seule méthode pour accoucher d'une société socialiste dans ce pays... Il faut qu'une nouvelle lutte se manifeste derrière les drapeaux rouges et aussi derrière les mitraillettes et les fusils.

A. Geismar. Pour qu'une révolution prolétarienne soit victorieuse, il faut qu'elle soit faite par le peuple : toute action qui ne correspond pas au niveau de conscience et de combativité des masses est vouée à l'échec... Ce n'est pas nous qui avons inventé la violence : c'est le peuple. Nous ne faisons que les encourager à systématiser leur action. Il faut une action de longue durée sous forme de guérilla populaire (10–20), pas *putschiste.*

J.-P. Sartre. Nouvelle résistance contre nouvelle occupation (*in* Robert *et al.,* 1971, p. 13 et 15).

En réponse à cette systématisation de la violence, les tenants de la légalité ou du régime contre lequel ces groupes se manifestent vont tendre à en déplacer la signification à une crise d'originalité juvénile ou à des pratiques relevant du banditisme.

E. POLYMORPHISME DE LA VIOLENCE

On constate qu'il y a peu d'études faites sur les comportements et la morphologie des groupes violents, et qu'on pourrait trouver là de nouvelles directions de recherches fructueuses. Toutefois, un certain nombre de réflexions des participants permettent d'envisager que la violence des groupes de protestation peut s'organiser selon les trois dimensions suivantes: parcellaire *versus* totale, mature *versus* immature, accidentelle *versus* fondamentale.

1. Parcellaire versus totale

Cette dimension reconnaît l'étendue que peut prendre la participation à des actes violents à l'intérieur même d'un groupe. Pour explorer cette dimension, il est nécessaire de pouvoir répondre à la question: s'agit-il d'un sous-groupe violent faisant partie d'un groupe mécontent mais moins actif, ou doit-on considérer le sous-groupe comme un groupe en soi, même s'il se réfère à une minorité contestataire, mais encore pacifique? La réponse à cette question exige une exploration délicate des liens de solidarité qui peuvent unir le groupe et le sous-groupe. Elle exige également de recourir à une analyse diachronique du phénomène. Un exemple de cette difficulté est donné par la présence, aux Indes, dans des ensembles de population minoritaires voulant faire sécession pour former des États indépendants, de groupes actifs faisant un travail souterrain, et ensuite rejoints par des groupes pacifistes. On note à ce propos que l'évolution ultérieure peut aller soit vers une récupération des groupes actifs par le groupe pacifique, soit vers une activation de l'ensemble qui devient un groupe révolutionnaire.

2. Mature versus immature

L'introduction de cette dimension paraît nécessaire pour replacer le problème de la violence dans son contexte psycho-sociologique. Il importe en effet de distinguer le cas où la violence est une réponse à une carence d'autorité de celui où elle est réactionnelle à un abus d'autorité. Dans le premier cas, il s'agirait d'une violence de type immature, infantile, auquel la seule réponse possible est d'ordre pédagogique. Le deuxième cas est un type de violence mature, qui s'organise autour d'un projet. À la limite, dans le

premier cas, on quitte le domaine de la violence de groupe de
protestation telle qu'elle a été définie plus haut comme ayant une
signification politique. Mais il peut aussi arriver que les deux types
de violence coexistent à l'intérieur d'un même groupe, les violents
matures, avec une intention, un projet de changement de tout ou
partie du système social attirant autour d'eux des violents de type
immature, pour lesquels la signification de la violence ne réside pas
dans le projet, mais dans le passage à l'acte.

3. Accidentelle versus fondamentale

Cette dimension se réfère à l'idée que, dans la problématique du
groupe de protestation, le noyau de violence peut faire partie de
façon quasi ontologique de son projet, être le mode d'expression
autour duquel va s'organiser sa structure (ex. les Tupamaros, le Ku-
Klux-Klan), ou bien se trouver surajoutée à ses activités de
protestation de façon accidentelle. Plusieurs raisons de cette évolution violente des groupes de protestation ont été évoquées au cours
de la discussion. La première a trait au fait que les autorités peuvent
ne pas faire de distinction entre groupes pacifiques et groupes
violents, et recourir aux mêmes moyens de répression contre les deux
sortes de protestation. En un tel cas, dans l'impossibilité de se faire
entendre, et en réponse à des activités répressives qui sont toujours
ressenties comme des provocations, l'évolution violente est à craindre. Une autre raison tiendrait à ce que la police ne saurait garder
son sang-froid. On a cité en exemple les précautions du gouvernement anglais désarmant la police en Irlande du Nord. Enfin, le
passage à l'acte peut être délibérément voulu par les autorités qui
font agir des agents provocateurs, de telle sorte que l'on puisse
utiliser la répression avec l'accord de l'opinion publique. Des
exemples d'intervention d'agents provocateurs s'infiltrant dans les
milieux étudiants américains, ou chez les Panthères noires, sont
donnés à l'appui de cette thèse. Ce qui fait dire à l'un des participants
(G. Marx) que la police étant une buraucratie, elle doit justifier son
existence et que, parmi les nombreuses causes de violence, il est
nécessaire de chercher ce qui revient à l'action même des autorités.

En tout état de cause, et que la violence soit fortuite ou qu'elle
soit inscrite dans le fonctionnement du groupe, il n'en reste pas
moins qu'on ne peut comprendre le phénomène qu'en fonction d'une
étude diachronique. Tout d'abord parce que tout au long de son
évolution, le groupe peut osciller entre les deux pôles, violence
accidentelle — violence fondamentale, ce qui se produit en particulier dans le processus de réaction en chaîne, la provocation de
quelques-uns attirant la réponse violente d'un plus grand nombre, et

ainsi de suite. De plus, cet aspect du problème semble fondamental, parce que tout groupe de protestation, même s'il se donne ontologiquement comme violent, ne s'est jamais trouvé fondé d'emblée de la sorte. Il s'agit, en fait, de l'état final d'un processus de ségrégation réciproque. On sait, d'après les travaux sur des groupes et bandes d'adolescents (Robert, 1966), que ce processus de ségrégation est fondé sur un double mouvement de valorisation-dévalorisation. Le groupe constitue autour de ses propres valeurs un noyau d'identification. C'est ce partage des mêmes valeurs conçues comme incarnant la « justice », qui permet aux membres du groupe de se reconnaître comme tels. Cette identification s'accompagne d'une schématisation des valeurs de l'*out-group*, accompagnée de stéréotypes agressifs.

À l'inverse, l'environnement réagit par des mécanismes de stigmatisation du groupe, analogues à ceux décrits par Shoham (1968) comme « *a rejection and counterrejection relationship with the socializing agency* ». À la limite d'un tel processus de stigmatisation réciproque, toute possibilité de dialogue finit par s'exclure et le passage à l'acte violent est la seule issue qui reste aux deux parties. La violence devient alors un moyen d'expression, le seul possible lorsque les autres canaux de communication sont fermés. Il importe donc de restituer au phénomène son aspect de relation entre groupes sociaux en situation de rapport de force.

F. DIALECTIQUE DE LA VIOLENCE: ÉTUDE DES RAPPORTS GROUPES DE PROTESTATION/SOCIÉTÉ

On a vu plus haut (cf. protestation) que le conflit était une donnée sociale habituelle et positive (Simmel). Dans la mesure où la violence n'est que le résultat d'une évolution conduisant au blocage des formes habituelles de communication, on ne peut la considérer comme une forme d'expression anormale, pathologique. Comme il est écrit dans le rapport Eisenhower (États-Unis, 1969, p. 49):

> In man's political history, group violence has accompanied periods of serious social stress from Homer to this morning's newspaper. Group violence runs through the American experience, as it always has, in varying degrees and manifestations, for every society. Violence has been used by groups seeking power, by groups holding onto power, and by groups in the process of losing power. Violence has been pursued in the defense of order by the satisfied, in the name of justice by the oppressed, and in fear of displacement by the threatened.

Si la violence apparaît comme une donnée normale (au sens de Durkheim) de la vie sociale, il n'en reste pas moins qu'elle n'est pas liée de fait à la protestation, et que l'on peut se demander quelles sont, actuellement, les conditions de la structure sociale qui poussent les groupes en situation conflictuelle à s'exprimer par des actions violentes.

Plusieurs remarques peuvent aider à une meilleure compréhension du phénomène : tout d'abord, peut-on et doit-on distinguer les protestations violentes dans les pays pauvres et les pays riches ? On pense à ce propos qu'il est nécessaire de distinguer les groupes selon que les motifs de leur protestation concernent une amélioration directe de leur niveau de vie, ou recouvrent des arguments plus intellectuels ou généralisants. Mais on constate aussitôt (Marx, 1971) que, d'une part, dans les pays les plus développés, il existe des groupes en état de paupérisation relative et que, d'autre part, les formes que prend la protestation chez les étudiants ne sont pas fondamentalement différentes d'un pays à l'autre. Le problème se situerait donc davantage dans une relativisation du contexte socio-culturel que dans une différenciation entre protestation de société riche ou de société pauvre.

Une deuxième remarque est faite sur les classes d'âge les plus concernées. Comme le constate McClintock, c'est dans le groupe des 18-25 ans que sont recrutés les militants les plus actifs des groupes de protestation. On peut citer à ce propos le portrait type du « gauchiste moyen » dans l'étude de P. Boucher (*in* Robert *et al.*, 1971, p. 42-45). Jeune, il l'est, bien sûr, puisque sur les 413 personnes dont l'âge est connu, 200 ont entre 18 et 21 ans, 137 entre 22 et 25 ans, et, qu'au-delà de 35 ans (9 cas), on « n'est plus » pratiquement ou « on ne devient plus » gauchiste.

Mais il faut noter aussi que ce sont ces classes d'âge qui fournissent le plus grand nombre de criminels de droit commun et aussi de protestataires de type pacifique et non violent. Il y a donc là une donnée supplémentaire à intégrer dans l'analyse du phénomène de protestation. On peut se demander s'il n'y aurait pas des caractéristiques spécifiques à ces classes d'âge, tant au niveau de leur situation dans la société que dans leur propension à passer à l'acte ou à se retirer de la vie sociale. Ces deux dernières formes n'étant, pour certains, que les modes d'expression différents d'un même phénomène.

On fait observer, enfin, que la violence n'est pas l'apanage des groupes de protestation, mais qu'il faut réintroduire dans l'analyse de la violence institutionnalisée, celle des autorités (Marx, 1971). Il est d'ailleurs frappant de constater combien l'argumentation des groupes de protestation tourne autour de l'idée d'une violence révolutionnaire, réponse à une violence instituée (*in* Robert *et al.,* 1971, p. 11):

Gauche prolétarienne. L'escalade de la violence populaire correspond à l'escalade de la violence réactionnaire.

A. Krivine. La violence pour les travailleurs est un acte de légitime défense contre la violence permanente de la bourgeoisie. La violence s'exerce dans toute société capitaliste: aux ouvriers de se donner le moyen de la contenir et de la combattre.

La cause du peuple: avril 1970. Grèves sauvages, séquestration de patrons routiers bloquant les routes, commerçants refusant de crever sans lutte sauvage contre le capital, petits agriculteurs français faisant bloc contre une poignée de suceurs de terres. La violence contre l'appareil répressif vient de la violence subie depuis toujours par les masses laborieuses. La violence du travailleur sabotant son travail est la réponse normale à la violence de l'augmentation infernale des cadences.

Richard Deshayes in « Tout »: février 1971. Nous sommes devenus particulièrement violents — pas par nature — on ne nous a pas laissé le choix [...] pensez à la violence qui s'exerce sur un type pendant 20 ans pour que du bébé nu et souriant [...] on arrive à cet étudiant, creux, blafard et cravaté ou à ce jeune prolo super crevé qui somnole dans le métro qui l'emmène travailler: la paix, dans ces conditions, plutôt crever.

On peut rappeler à ce propos la distinction que fait H. Camara (1970) entre trois types de violence: la violence no 1, dont pâtissent tous les dominés de la part des nations ou groupes dominants, la violence no 2, ou révolte réactionnelle contre la précédente, et la violence no 3, qu'emploient les dominants pour répondre à la révolte.

Dans une certaine perspective, la violence apparaît comme la seule voie possible lorsque les moyens légitimes de régler les conflits ne sont plus utilisables. Mais alors, il est permis de se poser la question suivante: comment se fait-il que l'on observe actuellement une extension de la violence dans les pays démocratiques, qui sont ceux justement où les conflits ont davantage de chances de pouvoir être réglés par des voies institutionnelles? Plusieurs hypothèses sont émises pour tenter de répondre à cette question.

Dans les pays totalitaires, les groupes de protestation sont étouffés avant d'avoir eu le temps de s'exprimer. L'extension des mouvements violents traduirait le laxisme de l'organisation sociale. Les pays démocratiques sont bureaucratisés. De ce fait, l'organisation sociale résisterait au changement, et les voies institutionnelles d'expression de la protestation seraient fallacieuses. On retrouve là l'idée d'une société bloquée, dans laquelle la diffusion des organismes de décision empêche, en fait, l'évolution des structures.

Enfin, on peut se demander, en se référant à l'observation précédente sur les classes d'âge prédominantes dans les groupes de protestation, si l'on n'a pas affaire, dans ces pays démocratiques, à des sociétés de type malthusien telles que les a décrites A. Sauvy. Dans ce genre de société, qui tend à augmenter le nombre des inactifs par rapport au nombre des emplois, les classes d'âge dont il est question sont traitées comme des minorités et maintenues en état de dépendance économique et politique.

Il faut ajouter à cet état de domination des non-producteurs par les producteurs, l'idée d'un conflit de valeurs entre ces classes d'âge et les précédentes. Dans un monde dominé par l'émergence de valeurs néotènes, c'est-à-dire poussant au changement, le conflit entre les générations les plus jeunes porteuses de ces valeurs et les générations plus âgées résistant à cette intrusion au nom de schémas de pensée plus traditionnels, peut prendre la forme d'une incompréhension radicale. Au-delà des rapports dominants-dominés, se trouve un renversement de l'équilibre des modèles culturels, les jeunes générations ne se reconnaissant pas dans l'image que leur proposent leurs aînés.

G. FONCTIONS DE LA VIOLENCE

Sans vouloir opérer une extrapolation des données individuelles à l'ensemble du corps social, on sait que, au plan de l'individu, la violence remplit des fonctions psychologiques : régression, catharsis, décristallisation d'une situation devenue insupportable, etc. La dynamique des conduites agressives a fait l'objet de nombreux travaux et il n'est pas nécessaire de revenir dessus. Si donc il n'est pas douteux que le passage à l'acte procure à l'individu des bénéfices secondaires, quelle est la signification fonctionnelle de la violence dans une société donnée ? Plusieurs hypothèses sont possibles à ce propos : la violence comme un para-langage. Cette idée s'inscrit dans ce qui a été précédemment décrit comme un processus de détérioration de la communication, un dialogue rompu. Si tant est que la communication ne peut avoir lieu qu'en vertu du partage par les acteurs sociaux d'un même fond de valeurs et de normes, portées et transmises par l'intermédiaire d'un discours commun aux différents groupes sociaux, on comprend que, dans un univers anomique où le langage ne véhicule plus les mêmes significations, la violence soit donnée comme un substitut de ce discours impossible.

La portée émotionnelle et la valeur régressive de la violence sont soulignées à plusieurs reprises. En particulier, M. Colin demande si les manifestations violentes ne correspondraient pas dans une certaine mesure à la dégradation de la « fête » dans nos sociétés contemporaines et n'en assumeraient pas la fonction perdue.

Enfin, on constate que certaines sociétés sont plus catabolisantes que d'autres et que, en particulier, nos sociétés bourgeoises sont susceptibles de supporter des troubles divers. Dans ces sociétés, peut coexister, à côté d'un certain gaspillage de biens, un gaspillage d'individus. On aurait là l'explication des comportements suicidaires de certains groupes violents.

Cette réflexion conduit à se demander quelle dose de violence (et/ou de folie) une société peut-elle supporter sans « mettre en jeu la survie de l'espèce » (Géraud, 1971, p. 24)? Cette question est posée dans le cadre d'une interprétation qui rapporte l'extension actuelle des comportements violents à une dysfonction de la cellule familiale. Dans nos sociétés contemporaines, cette cellule n'est plus capable d'assurer le jeu des identifications nécessaires à la constitution de la personne : « C'est au niveau de la relation au père que le jeune minoritaire violent dit de gauche, consomme le plus dur et plus pur de ses contradictions. » Puisqu'il s'agit alors d'une « maladie générale de génération, dans une forme de société donnée aux structures économiques défensives, la famille étant dans cette société une structure élémentaire (où se préforme la personnalité), les réactions à ces structures ont peu de chances d'être transformées spontanément ». Il faut alors que la violence soit « intégrée de fait à cette société », puisqu'elle s'y trouve obligatoire. On voit alors émerger l'idée d'une domestication, d'une « institutionnalisation » de la violence, afin d'éviter que les équilibres sociaux ne se rompent, et que le comportement suicidaire dénoncé chez quelques-uns ne s'étende à l'ensemble du corps social.

H. L'OPINION PUBLIQUE ET LA VIOLENCE

Le problème des attitudes de l'opinion publique vis-à-vis de la violence revêt une importance d'autant plus grande que les groupes de protestation disent agir au nom d'une partie habituellement négligée de l'opinion. L'argument du pouvoir est naturellement à l'inverse : légitimé par le consensus de l'opinion publique, il agit au nom de celle-ci.

Assez facilement, l'opinion publique approuve, dans la plupart des pays, l'action gouvernementale de répression. Par exemple, au Canada, des sondages ont montré que 90 % des personnes interrogées appuyaient le gouvernement. D'autres exemples pris aux États-Unis montrent des résultats convergents, en particulier après les manifestations de Chicago. Mais il est bon de souligner que dans ce cas, l'opinion publique n'est pas tellement contre des formes de protestations particulières que contre la protestation en général, et que, de ce fait, elle appuie aussi bien la répression contre les groupes violents que contre les groupes pacifiques, sans d'ailleurs être parfaitement consciente de ce que son attitude, favorisant la répression, signifie en pratique.

En poussant l'analyse, on s'aperçoit que les réactions de l'opinion publique ne sont peut-être pas toujours aussi systématiquement favorables à la répression gouvernementale qu'il vient d'être dit. Une intervention de M. Colin vise à montrer l'ambivalence de cette opinion, en s'appuyant sur les événements de mai 1968 en France. Dans un premier temps, l'opinion témoigne d'un sentiment positif envers les groupes violents, et montre une indulgence amusée qui s'adresse davantage aux acteurs (de très jeunes gens) qu'aux actes qu'ils commettent. Ces actes ne sont pas d'ailleurs ressentis comme dangereux, puisqu'il s'agit d'affrontements entre les étudiants et la police, et peuvent même servir de support à des identifications positives. Dans un deuxième temps, et devant la généralisation de l'agressivité des protestataires, l'opinion se retourne et demande au pouvoir de prendre des mesures répressives. Il s'agirait là d'un phénomène de contretransfert, les pulsions destructives d'abord masquées par les identifications positives prenant le devant de la scène.

Cette analyse du caractère ambivalent et fluctuant de l'opinion appelle plusieurs remarques, les unes de nature théorique, les autres, méthodologique. Tout d'abord, il n'y a pas une opinion, mais des opinions et parmi les groupes sociaux, certains sont plus influents que d'autres. C'est une des limites des sondages d'opinion tels qu'ils sont pratiqués que de ne pas tenir compte de la pluralité des groupes sociaux. De plus, l'opinion publique n'est pas stable, donnée une fois pour toutes. Elle peut même évoluer de façon brutale. Il faut noter aussi qu'une attitude n'est jamais autonome, mais relative à un objet. Par conséquent, il importe de ne pas perdre de vue le contexte dans lequel on étudie les opinions et les attitudes, et la nature des situations par rapport auxquelles on les place.

On peut aussi se demander si, en plus des courants d'opinions conflictuels, il n'en existe pas d'indifférents, de désengagés par rapport aux acteurs sociaux mis en cause dans le système violence-répression. Le caractère indifférent de certains secteurs de l'opinion risque d'être masqué par des artefacts dus aux techniques de sondage. Il est pourtant essentiel de le mettre en évidence, car ils peuvent traduire un état d'anomie du corps social qui oblige à repenser le problème de la légitimité des institutions.

Il paraît donc indispensable de mettre au point, en ce qui concerne l'opinion publique, des instruments de recherche permettant de tenir compte de la complexité des situations des différents niveaux d'actualisation des attitudes et de la diversité des groupes sociaux. Les instruments ne peuvent être constitués que de batteries de techniques diverses dont les sondages font partie. L'établissement de ces batteries doit aller de pair avec une réflexion théorique et méthodologique.

À la suggestion de F. H. McClintock, plusieurs options de recherche peuvent alors être dégagées. Il serait opportun d'examiner dans quels cas l'opinion publique est d'accord avec la contestation et dans quels cas elle est plutôt d'accord avec la répression, et quelles doses de violence une opinion publique est susceptible de supporter à un moment donné ; quels sont les rapports de l'opinion publique et du système juridique ; quels sont les types de protestations violentes classées selon qu'elles s'adressent aux autorités, aux décisions politiques ou à l'organisation des institutions. En ce qui concerne les groupes contestataires eux-mêmes, de nombreuses études seraient nécessaires pour en connaître la composition, l'organisation, le type de leadership, l'idéologie, les relations intra et inter-groupes...

II. LA RÉACTION DU SYSTÈME DE JUSTICE CRIMINELLE

L'étude de la réaction de l'opinion publique à la violence conduit tout naturellement, dans la dialectique société/groupes de protestation, à l'étude des réponses du système de justice criminelle.

En effet, la justice, par définition, représente et fait appliquer le système de valeurs et de normes d'un groupe social, et la légitimité de son action est fondée sur un consensus. Or, les groupes protestataires font entrer la contestation du système de justice criminelle dans leur stratégie pour tenter de modifier les rapports de l'opinion publique et du pouvoir.

Il est donc nécessaire d'essayer de dégager les normes auxquelles obéissent les systèmes de justice dans leurs activités de répression. Mais, au préalable, il convient d'analyser concrètement comment réagit le système, en particulier au niveau de trois agences : la police, les tribunaux, les prisons. Deux remarques servent de base à ces analyses :

1) On a vu précédemment que l'opinion publique peut être décrite en termes d'hétérogénéité et d'ambivalence par rapport aux activités violentes des groupes de protestation. De même, à l'égard du système de justice criminelle, l'opinion est loin d'être univoque. Ainsi, par exemple, les mêmes personnes qui réclament la protection des biens et des personnes, la stigmatisation des violents et qui approuvent l'activité répressive du système judiciaire, peuvent se montrer très méfiantes envers la « machine ». Cette méfiance peut avoir elle-même plusieurs significations, soit que la répression ne semble pas assez stricte et les sentences trop peu sévères (un sondage au Québec est cité par A. Normandeau dans ce sens), soit que l'opinion désapprouve l'action de certains secteurs de la machine judiciaire, la trouvant inefficace ou inappropriée. Il faut souligner, en particulier, l'aspect passionnel des relations de l'opinion publique et de la police, celle-ci servant de support à des identifications positives ou négatives, selon les cas, mais donnant lieu, le plus souvent, à des stéréotypes agressifs.

2) Bien que la justice criminelle puisse être considérée comme un système, c'est-à-dire un ensemble fonctionnel d'agences en relations réciproques (Grossman et Tanenhaus, 1969), les interactions à l'intérieur du système ne sont pas toujours univoques. En particulier, comme le fait remarquer G. Marx, l'interdépendance entre police et tribunaux est vécue sous la forme d'un dilemme : le contrôle nécessaire de la police, qui devrait être exercé par les tribunaux, se transforme, en fait, en protection systématique.

De plus, et en raison de la lourdeur et de la complexité du système, du manque d'explicitation de ses objectifs et de l'autonomie relative de ses parties, on peut constater à l'intérieur d'une même agence des réactions paradoxales. Tout se passe comme si le système, soumis à des pressions contradictoires de la part de l'opinion publique et réagissant par ajustements successifs, était conduit à prendre des attitudes en fonction des circonstances et non d'une politique générale.

A. LA POLICE

C'est à la police que revient d'entrer la première en action lors d'une manifestation violente. En effet, la voie publique, les lieux publics sont, par excellence, le domaine d'intervention de la police dans l'hypothèse où des individus entendent — tout spécialement en groupe — protester, et qu'à leurs yeux, la forme la plus appropriée pour cela est de manifester sur la voie publique. Au moment de l'*acting-out* violent, la police est donc le substitut des autres acteurs sociaux qui n'ont pas pu (ou su) mener à bien le dialogue. C'est elle qui se trouve sur le terrain à l'instant des affrontements éventuels.

Or, la façon dont va évoluer la situation dépend, en grande partie, de la stratégie policière. Ainsi, il se pose un problème classique de calculer la réaction opportune entre un contrôle insuffisant qui favorise les désordres sociaux (par exemple contre les activités des *poor white* dans le Sud des États-Unis) et un contrôle exagéré qui transforme une protestation publique en manifestation violente. En Angleterre, selon McClintock, un certain nombre de manifestations sont maintenues en-deçà du seuil de déclenchement de la violence. À l'inverse, le rôle provocateur de la police a été abondamment démontré, notamment dans les travaux américains.

Il faut noter, de surcroît, que dans les pays anglo-saxons, la police dispose d'énormes pouvoirs en ce qui concerne les décisions d'inculpation. En France, ces décisions dépendent, en fait, du Parquet, ce qui crée un double système de filtre : un premier filtre au niveau de ce que le Parquet est appelé à connaître, un deuxième au niveau du Parquet lui-même. Dans ces conditions, on peut également utiliser la notion de seuil d'acceptabilité des affaires, comme l'a montré une recherche française de Boudon et Davidovitch en 1964.

Par conséquent, il est indispensable de repenser l'action de la police dans son contexte institutionnel et affectif, afin de comprendre la nature des relations police/opinion publique/groupes de protestation et l'impact des tactiques policières sur les situations.

Au cours de la discussion, un certain nombre d'éventualités sont envisagées. Elles peuvent être regroupées selon trois directions : la police se sent en accord avec la politique de répression des autorités. Elle se montrera d'autant plus active qu'elle pourra prévoir l'appui des tribunaux. Il y aurait là une relation directe entre son niveau d'activité et la sévérité des sanctions. La police peut être en état de conflit culturel avec les groupes protestataires. Ceci se produit en particulier dans les cas de manifestations estudiantines, ou lorsque les critères autour desquels s'organise la protestation, sont d'ordres religieux, linguistiques ou raciaux. À l'inverse, il peut y avoir symbiose entre la police et les groupes protestataires, et ceci en particulier dans le cas où la police est localement bien implantée, ses membres étant eux-mêmes originaires de la région dans laquelle ils exercent leurs fonctions.

Encore qu'il importe de ne pas trop généraliser cette possibilité de symbiose, l'exemple ayant montré que, d'une part, les policiers autochtones (par exemple les policiers noirs dans les quartiers noirs aux États-Unis) sont parfois plus rigoureux que les policiers transplantés d'une autre région et que, d'autre part, les policiers ayant « franchi la barrière » sont souvent très mal acceptés par les ressortissants de leur groupe d'origine. Toutefois, que la police soit en conflit culturel avec les protestataires ou non, la nécessité se fait jour d'une formation plus rigoureuse de la police aux problèmes posés par les manifestations de groupes. On constate (McClintock) qu'il se produit moins d'incidents lorsque les forces de l'ordre sont constituées de policiers chevronnés. D'autre part, cette formation devrait conduire la police à mieux comprendre la problématique posée par les contestataires et le cadre de référence dans lequel ils la situent.

En tout état de cause, il apparaîtrait que la police, telle qu'elle est, est mal préparée à faire face à des situations de ce genre. C'est pourquoi on peut être amené à se poser la question suivante : si la police est impuissante à maintenir l'ordre, ou si l'on a des raisons de penser qu'elle ne pourra le faire dans de bonnes conditions, qui doit-on faire intervenir ? On en trouve un exemple lors de la crise irlandaise, où la police locale ayant été désarmée, on n'a pas fait appel à une police spéciale pour intervenir, mais à l'armée. Il faut toutefois remarquer qu'il s'agit là d'une situation exceptionnelle, difficilement transposable d'un pays à l'autre ; comme le fait remarquer J. Fortin, lorsqu'un État fait appel à l'armée, la violence a déjà réussi en partie et la légalité n'existe plus.

B. LE SYSTÈME JUDICIAIRE

Au niveau des tribunaux et de la pratique judiciaire, la difficulté fondamentale concerne le régime qui doit être appliqué à de tels délinquants. Relèvent-ils du droit commun ou de régimes d'exception ?

Quelle que soit la solution adoptée, elle ne manque pas de soulever des difficultés, ni d'être discutée. En effet, faire passer toutes les affaires de protestations violentes dans le moule des juridictions et des lois de droit commun revient à leur dénier toute signification idéologique et à accepter la fonction de stigmatisation que réclame un secteur de l'opinion publique.

Or, on peut se demander s'il est possible d'assimiler des contestataires, qui mettent en cause le système même qui les juge, à des délinquants de droit commun. De plus, en traitant les protestataires comme des individus isolés, on perd une des dimensions de la protestation, qui est d'être groupale. Cette perte a d'ailleurs lieu automatiquement dans le système judiciaire, quelle que soit l'affaire traitée. Or, on peut se demander s'il est possible d'assimiler des contestataires qui mettent en cause le système même qui les juge à des délinquants de droit commun.

Pour certains, les tribunaux d'exception sont les seuls qui puissent offrir une tribune adéquate aux minoritaires. Mais il n'est pas sûr que les tribunaux d'exception soient une garantie du libre exercice du droit à la parole. De plus, même lorsqu'il existe des juridictions spéciales, elles ne sont pas toujours utilisées systématiquement (30 comparutions devant la Cour de sûreté de l'État en France, en 1970, pour 381 comparutions de gauchistes). Le filtre est donc situé au niveau de la poursuite.

La troisième solution, tribunaux de droit commun avec des lois d'exception, est justifiée pour certains par le fait que, lorsque la protestation se donne comme politique, l'État est mis en cause et l'on conçoit qu'il y ait un droit exceptionnel. Mais la création de lois d'exception se heurte aux mêmes oppositions de la part des libéraux que la mise sur pied de juridictions spéciales. On peut citer en ce cas la forte hostilité que rencontrent dans certaines fractions de l'opinion, les lois sur les pouvoirs spéciaux au Canada ou l'article 314 en France.

C. LE RÉGIME PÉNITENTIAIRE

On retrouve à ce niveau la même difficulté que l'on vient de rencontrer au niveau des juridictions et des lois. Doit-on traiter les condamnés comme des délinquants de droit commun, ou leur accorder un régime spécial?

Traiter les protestataires comme des condamnés ordinaires présente quelques difficultés. La première se situe au niveau des fins poursuivies par le traitement pénitentiaire. La tendance actuelle est à l'individualisation de la peine et à la réadaptation. Le premier terme paraît contradictoire avec le genre d'activités poursuivies par les protestataires, activités qui sont, par nature, groupales. Quant au second terme, on peut se demander s'il est possible, et même nécessaire, de chercher à réadapter, rééduquer des gens qui ne sont pas, en fait, désadaptés, mais révolutionnaires au sens où l'entend Merton, c'est-à-dire qui contestent l'ordre social même auquel ils sont soumis. En effet, comme l'écrit Szabo : « Ne faudrait-il pas reconnaître que la présence des condamnés de tels types dans nos institutions de correction pose des problèmes inédits à l'administration pénitentiaire? En effet, « resocialisation » ne veut-elle pas dire « lavage de cerveau » dans de tels cas ? » (1971, p. 13).

La deuxième difficulté se situe au niveau du régime des prisons tel qu'il est pratiqué. Dans les sociétés occidentales, ce régime est souvent loin d'être celui que l'on pourrait souhaiter, et qui, d'ailleurs, serait nécessaire pour poursuivre les fins précédemment énoncées d'individualisation de la peine et de rééducation. Il est à craindre que des personnes ayant vécu dans des milieux relativement protégés, surtout s'il s'agit de très jeunes gens ou d'intellectuels, ne courent, dans ces conditions, des risques de détérioration physique et affective grave. Cela a été le cas, par exemple, des étudiants du *Free Speech Movement* à Berkeley.

Toutefois, certains avancent, en faveur d'un régime commun à tous les types de détenus, l'argument suivant : les condamnés pour protestation violente ne cessent pas d'être protestataires lorsqu'ils sont en prison. Leurs revendications sont plus facilement entendues par l'opinion que celles des condamnés de droit commun, car elles se situent davantage au niveau des principes et sont appuyées par une partie de la presse. Elles peuvent donc entraîner une amélioration générale des conditions de vie. Ce serait un des moteurs éventuels des progrès réalisés dans l'administration pénitentiaire.

CONCLUSION

Quelles sont les leçons que l'on peut tirer de ce qui précède ? Elles se situent à deux niveaux : à celui du phénomène de protestation violente et à celui des réponses du système de justice criminelle. L'on ne peut comprendre le phénomène de protestation qu'en le situant dans le système de valeurs, de normes, de règles de la société globale et en le définissant en termes de conflits de groupes pour un pouvoir de rapports de force. Il s'agit, en somme, de troubles de violence qui caractérisent *l'âge ingrat de la démocratie.*

Il s'ensuit qu'il s'agit d'un phénomène général pour lequel une réponse au niveau de la législation répressive est insuffisante. Les solutions apportées par le système de justice criminelle ne peuvent être que partielles. Le deuxième constat est que l'évolution violente de la protestation est rarement inéluctable, inscrite dans la structure du groupe, mais qu'elle est due à une rupture de la communication entre partenaires sociaux, à la suppression des éventualités de dialogues et de négociations. Les rapports de violence sont les seuls qui apparaissent possibles aux protestataires en cause.

Que peut faire le système de justice criminelle dans cette situation ? Le point qui paraît essentiel est que le système ne tende pas à aggraver cet état de choses. Il ne devrait pas entériner la rupture, la rendre définitive. Mais, au contraire, il faudrait qu'il puisse fournir des occasions de reprise des négociations, reconstituer des canaux de communication pacifique, jouer un rôle de facilitation sociale. Les tribunaux pourraient, selon certains, être le lieu de la parole restituée, du débat possible.

Des exemples d'échanges de solutions de ce genre existent, en particulier aux États-Unis, où l'intervention de la Cour suprême dans des cas de *sit-in* a permis que d'autres structures agissent. Ou bien encore dans certains pays, l'existence de cours familiales qui introduisent une fonction de dialogue entre les parties en cause, devant le juge, témoin privilégié.

Cette conception se heurte à une difficulté majeure : la structure est en elle-même attributaire de normes, de règles. Et ces règles sont celles qui sont fournies par les groupes sociaux qui détiennent le pouvoir, justement les groupes qui tendent à refuser le dialogue. De plus, dans des situations nouvelles qu'il contrôle mal, le système est tenté de gauchir sa propre règle.

Aussi, le premier effort à faire, et le plus urgent, serait que le système respecte sa propre règle du jeu (États-Unis, 1969). Dans un deuxième temps, il serait nécessaire de vérifier que cette règle soit « juste », c'est-à-dire que, en termes sociologiques, elle émane d'un consensus acceptable pour tous les groupes sociaux, ou que, en termes politiques, elle soit démocratique.

Quelques grandes lignes directives peuvent finalement être dégagées des travaux de l'atelier n° 2. Elles se situent, d'une part, au niveau de la politique criminelle et, d'autre part, à celui de la recherche criminologique.

En ce qui concerne le premier point, les membres de l'atelier de travail ont particulièrement souligné l'importance qu'il y avait à ménager des lois et des structures permettant d'assurer un dialogue entre les différentes parties du corp social, et offrant la possibilité de protester sans devoir recourir à la violence. Au niveau du système de justice criminelle, les participants ont insisté sur la nécessité du respect des règles du jeu telles qu'elles ont été fixées. Ceci n'exclut pas une éventuelle remise en cause de ces règles et leur modification, mais il est indispensable que les différents agents du système s'y conforment. Il faut, d'autre part, que les règles de ce système reposent sur un consensus acceptable par la majorité.

Enfin, en ce qui concerne le deuxième point, c'est-à-dire la recherche criminologique, les participants ont dégagé deux directions de recherches principales : L'étude des groupes protestataires eux-mêmes : histoire, structure, composition, motivations implicites et fins poursuivies. L'étude de l'opinion publique en relation avec les groupes de protestation et les réactions du système de justice criminelle. Ces recherches, devant se faire au niveau des attitudes et des images, demandent une réflexion méthodologique sophistiquée et la mise en œuvre de techniques complexes.

BIBLIOGRAPHIE

A. *TEXTES PRÉPARÉS POUR LE SYMPOSIUM*

DÉPARTEMENT DE CRIMINOLOGIE, UNIVERSITÉ DE MONTRÉAL (1970): *Violence et terrorisme au Québec,* ensemble de travaux d'étudiants réalisés sous la direction d'André Normandeau, Montréal, environ 450 p., miméographié.

GÉRAUD, R.I. (1971): *Contribution à l'étude des structures psychologiques des jeunes gens intégrés à des minorités violentes: une maladie de la filiation,* communication présentée au 3ᵉ Symposium international de criminologie comparée, Versailles, 25 p., miméographié.

MARX, G. (1971): *The Role of Authorities in Creating Collective Vidence,* communication présentée au 3ᵉ Symposium international de criminologie comparée, Versailles, 19 p., miméographié.

NORMANDEAU, A. (1971): *Protestation de groupes. Violence et système de justice criminelle,* communication présentée au 3ᵉ Symposium international de criminologie comparée, Versailles, 5 p., miméographié.

ROBERT, Ph., P. BOUCHER, D. SAUDINOS et G. GABET (1971): *Protestation en groupe, violence et système de justice criminelle: la situation française,* communication présentée au 3ᵉ Symposium international de criminologie comparée, Versailles, 50 p., ronéotypé.

SAUVY, A (1971): *les Minorités violentes,* communication présentée au 3ᵉ Symposium international de criminologie comparée, Versailles, 11 p., miméographié.

B. *RAPPORTS DE COMMISSIONS D'ENQUÊTE SUR LE SUJET*

ÉTATS-UNIS (1965): *Report of the Governor's Commission on the Los Angeles Riots (McCone Report),* Los Angeles, College Books.

ÉTATS-UNIS (1968a): *Report of the Baltimore Committee on the Administration of Justice under Emergency Conditions,* ronéotypé.

ÉTATS-UNIS (1968b): *Report of the Commission to Investigate Dissent and Disorder in Chicago (Sparling Report),* ronéotypé.

ÉTATS-UNIS (1968c): *Report of the Commission to Investigate the Disturbances at Columbia University (Cox Report),* New York, Vintage.

ÉTATS-UNIS (1968d): *Report of the District of Columbia Committee on the Administration of Justice under Emergency Conditions,* ronéotypé.

ÉTATS-UNIS (1968e): *Report of the National Advisory Commission on Civil Disorders (Kenner Report),* 2 vol., Washington (D.C.), U.S. Government Printing Office. [Ces deux volumes du rapport de la Commission américaine sur les désordres civils, nommée en 1967 à la suite des émeutes, des pillages et des incendies criminels de l'« été chaud » 1967, analysent en particulier le rôle des forces policières vis-à-vis du phénomène des *riots* et l'engorgement du système judiciaire.]

ÉTATS-UNIS (1969): *Report of the National Commission on the Causes and Prevention of Violence (Eisenhower Report),* 14 vol., Washington (D.C.), U.S. Government Printing Office. [Ces quatorze volumes de la Commission américaine sur la violence, nommée en 1968 à la suite des assassinats de Martin Luther King et de Robert Kennedy, constituent la bible de nos connaissances actuelles sur le phénomène de violence, à la fois dans ses manifestations individuelles et collectives. En plus des recommandations de la Commission (*To Establish Justice, to Insure Domestic Tranquility*), nous attirons l'attention du lecteur sur leur volume 3, préparé par Jérôme Skolnick, *The Politics of Protest : Violent Aspects of Protest and Confrontation.*]

C. *AUTRES RÉFÉRENCES SUR LE SUJET*

CAMARA, H. (1970): *Spirale de violence,* Paris, De Brouwer.

FREUD, S. (1930): *Psychologie collective et analyse du moi,* Paris, Payot.

GROSSMAN, M. et P. TANENHAUS (1969): *Frontiers of Judicial Research,* New York, Wiley.

LE BON, G. (1903: *Psychologie des foules,* Paris, Presses Universitaires de France.

LEWIN, K. (1966): *Principle of Topological Psychology,* New York, McGraw-Hill.

MAYO, E. (1933): *The Human Problems of an Industrial Civilization,* New York, Macmillan.

MORENO, J. L. (1934): *Who Shall Survive?,* Washington, Nervous and Mental Diseases Publishing Co.

QUÉBEC (1970): *le Problème de la violence collective,* Québec, Ministère de la Justice du Québec, Conseil consultatif de l'administration de la justice, miméographié.

ROBERT, Ph. (1966): *les Bandes d'adolescents,* Paris, Éditions ouvrières.

SMELSER, N. J. (1962): *Theory of Collective Behavior,* New York, Free Press.

SZABO, D. (1971): « Ordre social, socialisation et criminalité », *Revue de science criminelle,* 1 : 1-13.

TARDE, G. (1904): *l'Opinion et la foule,* Paris, Alcan.

Crimes sans victimes

EZZAT A. FATTAH et J.E. HALL WILLIAMS

I. LE CONCEPT ET SES CRITIQUES

Tous les crimes n'impliquent pas l'existence d'un délinquant et d'une victime. Dans certains cas, il y a deux responsables et pas de victime immédiate (exemple : l'inceste, l'homosexualité entre adultes consentants ou mineurs consentants). Dans d'autres cas, la victime et le responsable sont la même personne. Il s'agit là du concept d'auto-mutilation, ou d'autodestruction, telle qu'elle existe quand il s'agit par exemple d'un suicide. Par contre, en ce qui a trait au vagabondage ou à la prostitution, il est difficile de dire si le vagabond ou la prostituée doivent être définis comme délinquants ou comme victimes.

Quand on étudie les délits en ce qui concerne la personne contre laquelle le délit a été commis, ou celle qui en supporte les conséquences ou devra les supporter, il devient évident que les victimes de la criminalité ne constituent pas un groupe plus homogène que les délinquants eux-mêmes. On peut distinguer néanmoins certaines catégories :

1. Les crimes contre des victimes réelles

Dans le cas de certains délits, il s'agit de victimes réelles et spécifiques. Cela peut être une personne, une personne morale (compagnie, organisation, corporation, etc.) ou un animal (dans les cas de bestialité, cruauté à l'égard des animaux, etc.). Le meurtre et le viol sont des exemples de crimes contre des victimes réelles en tant que délits qui ne peuvent être commis que contre des individus. Le libelle, le vol, le détournement de fonds constituent d'autres catégories de crimes commis contre des victimes spécifiques. Il n'en reste pas moins que, dans tous ces cas, la victime peut être une personne réelle, ou encore une personne morale.

Le fait que dans tous les crimes de ce type existe une vraie victime qui est affectée ou blessée à la suite du délit ne signifie pas que la distinction entre la victime et le délinquant est toujours claire et précise. Très fréquemment, la distinction est nébuleuse et les rôles interchangeables :

> La loi fait une distinction entre celui qui agit et celui contre lequel s'exerce cette action. Par des critères externes, la loi distingue le sujet et l'objet, le responsable et la victime. L'aspect sociologique et psychologique de la situation peut être tout à fait différent. Il peut arriver que ces deux catégories distinctes se fondent. Dans certains cas la situation est inversée et, à la suite d'un long enchaînement des forces causales, la victime assume un rôle déterminant (Von Hentig, 1948).

2. Les crimes contre les victimes fictives

Dans la première catégorie, la victime et le délinquant sont facilement identifiables suivant la manifestation finale et évidente de la force motrice humaine. Dans d'autres délits, la victime est plus imprécise. Elle n'est ni réelle, ni spécifique ; c'est plutôt une abstraction : l'ordre public, la santé publique, la décence publique, la religion, etc. Dans ce genre de délits, la société dans le sens large de ce terme, et le public en général, sont considérés comme victimes et cela parce qu'il n'y a pas de personne spécifique blessée ou touchée par les effets du délit. Il est évident que dans tous ces cas, le concept de victime disparaît ou demeure plus ou moins tangible.

3. Les crimes contre les victimes potentielles

Cette catégorie peut être considérée comme le sous-groupe de la précédente. Il s'agit là d'actes criminels qui ne sont pas dirigés contre quelqu'un en particulier, mais qui présentent un danger potentiel de victimisation. Parmi ces délits, on peut distinguer le transport des matières explosives, le commerce de substances dangereuses ou dommageables à la vie et à la santé, la conduite dangereuse, etc., soit des comportements et des actes qui peuvent provoquer la victimisation mais dont les victimes ne peuvent être identifiées à priori. La conspiration, l'incitation et même la tentative peuvent également être incluses dans cette catégorie.

4. Les crimes sans victimes
ou crimes qui n'entraînent pas de victimisation

Il peut paraître paradoxal de discuter des « crimes sans victimes », puisque dans l'esprit du public la conception du crime est toujours associée à celle du délinquant et de la victime. Peut-on concevoir, par conséquent, un crime sans victime ? S'il est vrai qu'un acte délinquant peut ne pas entraîner de victimisation, pourquoi le considérer dès lors comme un crime ?

Il a déjà été dit qu'un acte ne doit pas nécessairement affecter une victime spécifique et réelle pour être qualifié de criminel. Il existe des crimes contre des victimes fictives et des crimes contre des victimes potentielles. Il n'en reste pas moins que certains types de délits ne peuvent être classés facilement dans un des groupes indiqués. Dans de tels cas, il peut ne pas y avoir de dommage discernable, ou encore si un tel dommage existe, il concerne principalement les individus eux-mêmes. La plupart des délits de ce type sont des actes immoraux.

Sol Rubin (1971) définit les crimes sans victimes comme « des comportements qui ne sont pas préjudiciables à des tiers, mais sont considérés comme criminels en raison des normes de moralité qui, tout en désapprouvant certaines formes de comportement, ignorent certaines autres qui n'en sont pas moins comparables ». Packer (1968) définit les crimes sans victimes commes des « délits qui n'entraînent chez personne le sentiment d'avoir été lésé et ne motivent personne à porter plainte auprès des autorités ».

Schur (1965), qui utilise le terme de « crimes sans victimes » comme titre de son livre, définit le concept comme se rapportant essentiellement à l'échange volontaire entre adultes des biens et services pour lesquels la demande est élevée, mais qui légalement sont défendus. Schur semble considérer ce concept comme limité aux situations où une personne obtient de l'autre, dans des échanges très directs, un service ou une aide personnelle qui sont désapprouvés par la société ou défendus par la loi, et objecte que dans de telles situations il ne s'agit pas de dommage dans le sens strict de ce terme, causé à une personne par une autre. « Le *corpus delicti*, ou la situation de victimisation par le crime telle que définissable dans un tel contexte réside dans la combinaison de transfert, ou d'échange, qui ne s'accompagne pas d'un dommage évident causé à un tiers. »

Schur admet toutefois qu'on peut objecter à cela que dans chaque situation de délit couverte par ce concept peuvent exister des individus qui sont quand même des victimes. L'usager de la drogue, le fœtus éliminé à la suite d'un avortement, la prostituée sont des victimes du trafiquant de la drogue, de l'avorteur et de celui qui procure des clients et organise un réseau de prostitution. Schur maintient cependant qu'« à cause de la nature transactionnelle de l'offense, il n'y a pas de victime, dans le sens conventionnel de ce terme, qui réfère à un citoyen plaignant qui cherche à initier la poursuite et à fournir la preuve aux autorités chargées de l'application de la loi » (Schur, 1969, p. 195).

Schur (1965) considère que, du point de vue du sociologue, le concept du « crime sans victime » peut avoir certains avantages. En effet, cela permet d'affirmer que certaines législations criminelles sont en réalité le reflet des règlements d'ordre moral. Ce concept fournit également un important critère pour déterminer quelles sont les lois qui font partie de cette catégorie. La distinction peut être établie en partant de la question : dans une situation donnée, y a-t-il une véritable victimisation ? En dernier lieu, ce concept peut être utilisé également pour établir des critères d'évaluation des diverses politiques.

Il convient de noter que les catégories, telles que mentionnées plus haut, ne peuvent être considérées comme exclusives. La classification indiquée vise à démontrer, en premier lieu, à quel point le terme de victime a un sens large et vague. Elle indique également que l'existence d'une victime ne constitue pas le critère qui guide le législateur à définir comme criminels certains comportements. C'est plutôt le dommage réel ou potentiel de l'acte qui en fera un crime.

Si on accepte la présomption que tous les délits criminels comportent, ou doivent comporter, un dommage immédiat ou potentiel impliquant un individu ou un groupe d'individus, ou la société dans le sens large de ce terme, le concept de crimes sans victimes ne peut être retenu. La question de savoir si le dommage est potentiel ou lointain, si ce dommage est causé par l'individu, lui-même, qui le subit, s'il est provoqué ou induit par la victime elle-même, demeure également sans objet en ce qui a trait à la qualification de l'acte comme criminel. Ceci est amplement démontré par le grand nombre de délits punissables, malgré le rôle actif joué par la victime.

Dans certains pays, la tentative de suicide est punissable bien que le dommage soit infligé par la victime elle-même. L'homicide à la demande de la victime est punissable, quoique ce soit la victime qui ait sollicité l'injure. Le commerce des stupéfiants est punissable, même si c'est celui qui en souffre qui cherche à s'en procurer. Le vol à l'étalage est punissable, bien que dans plusieurs cas il soit provoqué par la négligence et le manque de précautions prises par la victime.

Tous ces exemples démontrent que le législateur ne tient pas forcément compte du vieux principe romain *Volenti non fit injuria*. Un acte peut être défendu même si la victime consent à sa commission, s'y soumet volontairement ou même si elle contribue activement à sa propre victimisation.

II. LES CARACTÉRISTIQUES DES DÉLITS SANS VICTIMES

Il est loisible dès lors de conclure qu'il n'existe pas de crimes sans victimes. Le concept de la victime ne doit pas être très individualisé ou limité aux victimes réelles et spécifiques. Sur le plan de la victimisation, la société peut remplacer l'individu lorsqu'il n'y a pas d'individu qui a été endommagé par l'acte. S'il n'est pas acceptable de considérer certains délits comme des crimes sans victimes, on peut toujours constater qu'il existe des crimes qui sont très différents des formes traditionnelles ou classiques de la criminalité (caractérisées par exemple par l'agression contre la personne, la propriété, par l'atteinte à la liberté de choisir son partenaire sexuel, par l'atteinte à l'honneur, etc.). Ces délits, quoiqu'ils ne constituent pas un groupe homogène du point de vue criminologique ou sociologique, ont néanmoins certaines caractéristiques communes qui les distinguent de la criminalité conventionnelle ou traditionnelle. Les principales caractéristiques de ces délits sont les suivantes :

a) La transaction et le caractère volontaire de l'échange. L'idée de transaction ou d'échange est évidente dans plusieurs de ces actes qu'on appelle « crimes sans victimes ». Dans des délits tels que les prêts usuriers, le jeu, les loteries illicites, le commerce des stupéfiants, la prostitution et l'avortement, non seulement les impliqués sont consentants à violer la loi, mais encore les uns offrent les biens et les services défendus et les autres les achètent. L'aspect de transaction distingue ce type de délits des crimes conventionnels, où l'acte est commis contre la volonté de la victime qui n'est ni consentante, ni participante.

b) La confidentialité. Une autre caractéristique relative à la nature des échanges interpersonnels concerne l'intimité dans laquelle ils sont effectués et la confidentialité dont ils s'accompagnent. La plupart des crimes désignés comme crimes sans victimes sont caractérisés par une sorte de relations clandestines entre les concernés. Cette clandestinité et cette intimité ne sont pas limitées aux délits relatifs à la sexualité. Certes dans les cas d'inceste, d'homosexualité, de prostitution, elles sont évidentes, mais on les retrouve également dans les cas de prêts usuraires, de jeux et de loteries illicites ou de commerce de stupéfiants, etc.

c) L'absence de plaignant. Comme il ne s'agit que de personnes désireuses et consentantes à faire la transaction, il est normal qu'aucune d'elles ne soit motivée à porter plainte auprès des autorités. Cette absence de plainte a des conséquences contraires : 1) Des délits de ce type sont caractérisés par une faible visibilité et on constate dans ce secteur un nombre élevé de crimes non détectés. Si le chiffre noir des crimes impliquant des victimes est élevé, là il est largement supérieur encore. Le problème demeure également délicat en ce qui a trait aux décisions qui doivent être prises par les autorités chargées d'appliquer les lois et d'entamer les poursuites prévues.

2) L'absence de plaignant « est la base même de l'impossibilité d'application de législations pour ce type de délit et influe sur l'ensemble du processus de répression ». Il est évident, en effet, que la plupart des législations criminelles qui existent aujourd'hui dans ce secteur demeurent difficilement applicables ou non applicables.

C'est là une des raisons qui justifie les demandes d'amendement des législations relatives à l'avortement, aux relations homosexuelles, à l'obscénité, à la prostitution et au jeu, dans plusieurs juridictions. L'absence de plaignant est directement responsable du coût élevé de la surveillance policière. En effet, pour établir une preuve, on doit recourir aux pratiques telles que la recherche et la saisie, l'utilisation des informateurs, pratiques qui favorisent la corruption des services policiers et l'emploi de méthodes douteuses.

d) L'absence d'un dommage apparent. Un autre phénomène qui caractérise les « crimes sans victimes » demeure celui de l'absence des dommages évidents. Si la transaction implique ou provoque un dommage, elle affecte principalement les individus qui ont bien voulu de leur propre gré y prendre part. Le dommage fait à la société, quand il existe, est indirect et difficile à discerner. Il n'est pas aussi réel et concret que dans le cas des autres catégories de délits. Il n'y a pas de doute, en effet, que le dommage causé à la société à la suite du vagabondage, de la prostitution ou de l'obscénité, quand il existe, est bien plus difficile à discerner que celui causé par un meurtre, un vol, un détournement, ou un autre type de délit du même ordre.

e) L'absence du consensus de l'opinion publique en ce qui a trait au caractère criminel de ces comportements. Puisque le dommage causé à la société n'est guère facile à discerner, puisque la majorité des délits de cette catégorie n'est que la conséquence de la décision prise par l'individu en ce qui concerne l'orientation de sa propre existence ou de sa liberté, puisque ces délits n'entraînent pas de dommages directs à des tiers, il n'y a pas de consensus de l'opinion publique ni à l'égard de ces crimes, ni en ce qui a trait aux législations prévues pour les sanctionner. L'absence du consensus qu'on constate à la suite des diverses enquêtes d'opinion s'accentue avec la libéralisation des normes morales et l'accroissement du respect pour les droits et les libertés de l'individu.

f) Les conséquences négatives des sanctions pénales appliquées à cette catégorie de délits. En ce qui concerne un grand nombre de délits désignés sous le terme de « crimes sans victimes », il est évident que les aspects négatifs des sanctions pénales, et en particulier la stigmatisation et la privation de liberté, dépassent largement leurs éventuels effets positifs. En raison de faibles risques d'être arrêté et puni pour des délits de ce type, l'effet intimidant de la peine est réduit au minimum et la législation pénale ne parvient pas à remplir son principal objectif, soit l'intimidation.

III. LES IMPLICATIONS PRATIQUES DE L'INCRIMINATION DE LA DÉVIANCE POUR L'APPAREIL DE LA JUSTICE CRIMINELLE DANS LES ZONES MÉTROPOLITAINES

Il est difficile de dresser une liste complète des délits qui pourraient être considérés comme « crimes sans victimes », mais il n'en reste pas moins qu'on peut utiliser des exemples flagrants pour illustrer les principales différences qui existent entre ce type de criminalité et la criminalité conventionnelle. Un grand nombre de ces délits est lié directement, ou indirectement, à la sexualité dont l'inceste, l'homosexualité, la sodomie, la prostitution, l'avortement, la bigamie, l'adultère, l'obscénité, la vente et la publicité relatives au commerce des produits anticonceptionnels, etc. Certains autres délits concernent le mode de vie, la santé ou le bien-être des individus, dont le vagabondage, l'usage non médical des drogues, l'alcoolisme et l'ivresse publique, la tentative de suicide, l'automutilation, l'homicide sur demande de la victime, etc. La troisième catégorie de délits vise la protection du patrimoine de l'individu contre l'appât du gain des tiers, dont les paris, les loteries illicites, les prêts usuraires, etc.

La plupart de ces actes, sinon tous, sont considérés par une partie plus ou moins importante de la population comme immoraux. Par ailleurs, autant l'attitude et l'opinion publiques à l'égard des crimes traditionnels, tel le meurtre, le vol ou l'incendie criminel, changent peu, autant celles qui concernent les actes immoraux, ou considérés comme un péché, peuvent subir des transformations importantes dans des délais relativement courts. Certains sondages faits dernièrement à Montréal ont apporté à cet égard les résultats suivants (voir tableau 1).

TABLEAU 1

Résultats d'un sondage de l'opinion publique
Pourcentages de ceux qui ne sont pas favorables
à l'incrimination de certains actes

	Population de Montréal	Police de Montréal	Avocats criminalistes de Montréal
Loteries	93 %	73 %	89 %
Tentatives de suicide	76 %	81 %	94 %
Homosexualité	73 %	74 %	93 %
Ivresse dans un lieu public	58 %	36 %	62 %
Prostitution	41 %	31 %	60 %
Pornographie (obscénité)	32 %	22 %	31 %
Proxénétisme	6 %	2 %	6 %

Les résultats de ce sondage d'opinion sont cités ici dans le but de démontrer à quel point le public, les agents de l'ordre et les avocats criminalistes, se différencient dans leur attitude à l'égard de l'incrimination de certains « crimes sans victimes ». Ce qui est certain toutefois, c'est que l'ensemble du système de la justice criminelle, spécialement dans les zones métropolitaines, doit faire face à un grand nombre de problèmes résultant de l'incrimination de l'immoralité et de la déviance.

1. Le problème de stratégie

La meilleure politique criminelle demeure, sans aucun doute, celle qui assure la protection des intérêts fondamentaux et essentiels de la société, en enfreignant au minimum les droits et les libertés des individus. Appliquer une telle politique à l'époque actuelle alors que la criminalité pose déjà à la société un problème réel et un non moins réel défi à l'appareil de la justice, implique des difficultés multiples. Pour combattre le crime (surtout certaines de ses formes), la société doit concentrer toutes les ressources disponibles et il serait de mauvaise stratégie de disperser les forces dont on a besoin pour réaliser les objectifs de la défense sociale, afin de lutter contre des comportements déviants de faible importance sociale. En effet, une telle dispersion risque de réduire de façon importante la force de frappe de la police dans des secteurs de criminalité où elle demeure le seul corps capable d'agir efficacement.

La protection de la société dépend d'une structure complexe et coûteuse, qui comprend les forces policières, les organes judiciaires et les institutions pénales, dont l'efficacité s'en ressent quand un trop lourd fardeau lui est imposé. La bonne marche des opérations de l'ensemble du système risque dès lors d'être compromise non seulement en raison de l'augmentation arbitraire du nombre d'actes criminels, mais également si le législateur se montre réticent à abolir les peines que les besoins actuels ne justifient plus (Italie, 1970 ; voir également Danemark, 1970).

Les sociétés industrialisées des grandes métropoles sont en train de faire éclater le système de la justice, élaboré en fonction d'impératifs passés infiniment plus simples. Les cours de justice criminelle font face à ce qu'on désigne généralement comme une crise de surcriminalisation ou d'inflation pénale qui résulte des politiques inflationnistes des législations criminelles.

Les nouvelles lois sont promulguées à un rythme inconnu autrefois et cela par des législateurs qui considèrent les sanctions pénales comme le seul instrument de défense sociale et non pas comme une des multiples possibilités dont dispose la collectivité. Par ailleurs, tandis que le nombre de législations criminelles augmente rapidement de façon à réglementer plusieurs champs nouveaux des activités des sociétés modernes, voire complexes, la décriminalisation et la dépénalisation des actes qui ne sont plus considérés par un large pourcentage de la population comme criminels, sont généralement freinées, ou retardées, par les réticences des législateurs, ou encore en raison de la pression exercée par certains groupes religieux ou politiques. Il suffit d'observer à cet égard les oppositions que rencontre dans plusieurs pays tout effort visant à libéraliser les lois sur l'avortement.

Étant donné que l'appareil de la justice ne parvient plus à absorber l'accroissement exponentiel du nombre des causes régulières tout en devant assumer en même temps les nouveaux problèmes de la société, la collectivité se doit de choisir des priorités et décider à nouveau quels genres de cas doivent être jugés et résolus par les cours. En ce qui a trait aux problèmes qu'on peut régler d'une autre façon satisfaisante, la société doit chercher d'autres solutions (Main, 1970).

Les cours criminelles sont utilisées en vue de punir un trop grand nombre de types de crimes qui, en fait, ne sont que des délits contre le bon goût et les standards de comportement moral et sexuel. Le fait de passer les ivrognes, les drogués, les joueurs et les prostituées à travers le processus judiciaire n'apporte qu'une bien faible aide à la société et aux délinquants concernés (Main, 1970).

La Commission présidentielle d'enquête sur l'application de la loi et l'administration de la justice aux États-Unis (1967) a démontré dans son rapport qu'une arrestation sur trois est effectuée pour ivresse dans un lieu public. En 1965, dans les grandes villes, telles Washington ou Atlanta dans l'État de Georgie, les arrestations pour abus de boissons alcooliques, pour conduite désordonnée ou pour vagabondage, représentaient 76,5 % du total. Il n'est donc guère surprenant que la Commission recommande que l'ivresse dans un lieu public ne soit plus considérée en soi comme un délit criminel et que la conduite désordonnée ainsi que les autres comportements criminels dont s'accompagne l'état d'ivresse soient punissables en tant que délits distincts.

Le Conseil national sur le crime et la délinquance (*Abstracts,* vol. 3, nᵒ 2, juin 1971) constate pour sa part que l'étendue de la criminalité sans victimes est inconnue puisque les statistiques relatives au nombre de ces délits ne sont pas dignes de confiance. Ceci n'est pas surprenant puisque même pour les crimes graves, les statistiques sont inadéquates et d'une viabilité douteuse.

On dispose toutefois des statistiques d'arrestations pour commission de crimes sans victimes, et les données relatives aux arrestations sont publiées aux États-Unis par le FBI sur une base annuelle, dans les *Uniform Crimes Reports*. Les données indiquées ci-dessous ont été extraites du rapport de 1969 et comprennent les relevés fournis par 4 759 forces de police servant une population évaluée à 143 815 000 (comme la polulation des États-Unis est au-delà de 200 000 000 en 1969, il convient, en vue des estimés approximatifs, d'ajouter à ces données 25 %). Pour cette population totale de 143 000 000, les rapports du FBI dénombrent 5 862 246 arrestations.

Les relevés du FBI établissent vingt-neuf catégories distinctes de délits (dont une relative à la catégorie « autres » avec 664 634 arrestations). Dix de ces catégories peuvent être considérées comme sans victimes et comprennent 3 019 119 arrestations, ou 51 % du total. Par ordre décroissant, le total des arrestations faites à la suite des crimes sans victimes était, en 1969, le suivant :

a) Ivresse : 1 420 161, ou 24,23 pour cent de toutes les arrestations. C'est là la plus importante catégorie, au point de vue numérique, de toutes les arrestations et elle est trois fois plus élevée que la deuxième catégorie importante, soit celle de conduite désordonnée (crime sans victime également). Il y a eu plus d'arrestations pour délit d'ivresse en 1969 que pour les sept types de criminalité considérés dans l'index des crimes du FBI comme les plus sérieux (homicide, viol, vol qualifié, assaut grave, vol avec effraction, vol et vol d'automobiles) et additionnés ensemble, puisque cela ne représentait que 1 111 674 arrestations.

b) Conduite désordonnée : 573 502, ou 9,78 pour cent de toutes les arrestations. On peut prétendre, en ce qui a trait à cette catégorie de délinquance, qu'elle entraîne une victimisation, ne serait-ce qu'en raison des inconvénients supportés par le public. La Commission présidentielle américaine constate par ailleurs que sous cette dénomination, on inclut aussi certains autres délits, tels que émeute, perturbation de la paix, assemblées illégales, trouble de la paix et refus de circuler. Les lois concernant tous ces délits comprennent, selon la Commission, un nombre excessif de types de conduite dont certains sont dangereux, d'autres n'impliquent pas de victimisation, d'autres encore sont modérément désagréables, ou même protégés par la Constitution.

c) Lois relatives aux stupéfiants et drogues : 232 690, soit 3,97 pour cent de toutes les arrestations. Cette catégorie comprend incontestablement certaines causes de trafiquants qui ne sont pas des usagers. Cependant, la majorité des cas comprend des usagers qui ont été trouvés en possession illégale de drogues.

d) Lois concernant les boissons alcooliques : 212 660, soit 3,63 pour cent de toutes les arrestations. Le délit typique consiste dans l'embouteillage et la vente sans permis.

e) Lois concernant le délit de fugue : 159 468, ou 2,72 pour cent du total des arrestations. Il s'agit là d'une catégorie particulière puisqu'elle comprend tous les mineurs de moins de 17 ans arrêtés par la police et non pas, comme c'est le cas dans certains autres pays, traités uniquement par le personnel des services du bien-être de l'enfance. Par conséquent, les statistiques concernant cette catégorie n'apparaissent pas seulement dans les publications de ces services, mais figurent dans les rapports statistiques relatifs à la criminalité nationale et à l'ensemble des criminels.

f) Vagabondage : 106 269, soit 1,81 pour cent de toutes les arrestations.

g) Refus de circuler pendant les heures nocturnes : 101 674, soit 1,73 pour cent de toutes les arrestations.

h) Conduite suspecte : 88 265, soit 1,51 pour cent de toutes les arrestations.

i) Jeu : 78 020, soit 1,33 pour cent de toutes les arrestations.

j) Prostitution : 46 410, soit 0,79 pour cent de toutes les arrestations.

Le total des arrestations pour les crimes sans victimes était, en 1969, de 3 019 119, ou 51 pour cent de toutes les arrestations. Le FBI ne fournit pas de données indiquant comment la police agit à l'égard de ceux arrêtés pour des délits sans victimes et c'est la raison pour laquelle on ne dispose pas de renseignements désignant le nombre de délinquants de ce type qui sont arrêtés et relâchés sans accusation formelle. Seul l'État de Californie fournit ce genre de données, notamment en ce qui a trait aux contrevenants à la loi des stupéfiants. Sur 33 360 délinquants arrêtés sous l'empire de cette loi en 1967, 27,6 pour cent ont été relâchés sans qu'aucune plainte formelle soit déposée contre eux.

Une fois accusée, la majorité des délinquants responsables des crimes sans victimes a été trouvée coupable devant les cours. Tel a été le cas de 86,2 pour cent des causes d'ivresse, de 62,0 pour cent des cas de conduite désordonnée, de 61,9 pour cent des cas d'accusés de jeux illicites et de 71,1 pour cent d'inculpés dans les causes de prostitution. Cela est en contraste avec les cas de personnes accusées de délits considérés comme sérieux selon l'index américain de criminalité où 33,7% seulement ont été trouvés coupables.

En ce qui a trait aux nombres de délinquants responsables de crimes sans victimes qui ont été emprisonnés, là encore les données sont relativement restreintes. Sur 67 879 délinquants reçus en 1964 dans les prisons fédérales et des États, 2 755 ont été condamnés pour avoir violé les législations relatives à l'usage des stupéfiants et 5 023 sont indiqués sous la rubrique « autres délits », soit non définis.

Par contre, la situation inverse existe dans les prisons et dans les autres institutions locales. Les statistiques viables ne sont pas disponibles. Myrl Alexander indique toutefois dans son ouvrage, *Jail Administrator*, que plus de la moitié des condamnés purge des peines pour abus de boissons alcooliques.

En résumé, on peut donc constater que plus de la moitié des arrestations faites aux États-Unis concernent les délits sans victimes. On évalue à 2 000 000 environ les arrestations pour ivresse et pour conduite désordonnée (soit plus du tiers de toutes les arrestations). Les responsables des crimes sans victimes constituent la majorité de tous les détenus des institutions carcérales locales, mais seulement un faible nombre de délinquants de ce type est incarcéré dans les prisons.

Morris et Hawkins (1969) prétendent que « la sécurité serait beaucoup plus grande aux États-Unis si on décriminalisait purement et simplement toute une série de délits mineurs, dont les jeux de hasard, l'abus des boissons alcooliques, ainsi que les délits contre la morale et le bon goût. Les policiers et les juges ne devraient plus, en somme, perdre leur temps pour ces formes de criminalité, reliées à la protection des attitudes moralistes de la société, mais se consacrer plutôt aux problèmes relatifs aux crimes impliquant des dommages à la personne ou à la propriété. »

Les pouvoirs des États d'incriminer certains comportements sont limités et c'est pour cette raison que plusieurs de leurs statuts ont été déclarés inconstitutionnels. La Cour suprême des États-Unis constate que :

Dans un grand nombre de cas, cette cour a estimé que lorsque les libertés individuelles fondamentales sont en cause, ces libertés ne doivent pas être limitées par les États dans le but de prouver tout simplement que ces statuts ont des liens rationnels soumis à l'accomplissement des objectifs propres à chacun de ces États.

Quand une entorse significative est faite aux libertés individuelles, l'État ne peut se prévaloir de son droit de statuer qu'après avoir démontré qu'il est subordonné à un intérêt supérieur.

Pourquoi dès lors les différences des législations continuent à être maintenues ? Il y a à cela plusieurs raisons. Les situations types sont les suivantes : la législation correspond à une situation nouvelle (les réglementations relatives à la conduite automobile), ou à une forte pression politique et sociale (la prohibition), ou quand la nécessité des réformes législatives n'apparaît qu'en fonction d'un nouveau climat social (la loi concernant l'avortement).

Toute réforme majeure et radicale du système de la justice criminelle dépend en fait de l'évolution de la perception de ce qui doit être considéré comme un crime, ou comme un comportement déviant, et de la façon dont la réaction de la société à l'égard du crime se distingue de celle ressentie à l'égard de la déviance.

2. Le coût de l'application de la loi

L'application des lois existantes ayant trait aux « crimes sans victimes » représente une charge financière considérable pour les payeurs de taxes. Il suffit de rappeler à ce propos le coût des deux millions d'arrestations pour abus de boissons alcooliques auxquelles on procède chaque année aux États-Unis. Il ne s'agit pas là de prétendre que le fait de traiter différemment certains problèmes qui en découlent n'impliquera pas des investissements et des dépenses, mais la décriminalisation de certains actes et l'utilisation de bénévoles et de ressources communautaires pour prendre en charge les cas concernés va sensiblement réduire le coût assumé à présent par l'État en vue de l'application du système actuel.

Plusieurs se sont prononcés récemment en faveur de l'indroduction, dans le cadre du système de la justice criminelle, de la notion économique de l'analyse coût/bénéfice. Une analyse de cet ordre de l'application des lois concernant les « crimes sans victimes » démontrerait que le coût de l'application de la loi dépasse de loin le profit que la société peut en tirer en continuant à considérer ces comportements comme criminels. Il serait plus profitable pour la société de consacrer les dépenses nécessaires à l'application de certaines législations criminelles relatives aux « crimes sans victimes », à la lutte contre des formes de criminalité plus dangereuses.

3. Le problème des inégalités dans l'application de la loi

Le système de la justice criminelle comporte généralement certaines discriminations liées aux différences des classes sociales, raciales et ethniques. Aux États-Unis par exemple, il a été démontré que cette discrimination existe à l'égard de la population noire (Wolfgang, 1964). En dehors de la discrimination ayant lieu par rapport à la criminalité globale, on constate par ailleurs, au niveau des législations relatives aux « crimes sans victimes », une discrimination contre les minorités érotiques et d'autres minorités déviantes.

Les membres de ces minorités (ou sous-cultures) sont forcés de se conformer à un certain modèle de moralité ou de courir le risque de sanctions pénales.

Schur (1965) affirme que « tout déviant est, dans un certain sens, un bouc émissaire psychologique — un être sacrifié par la société qui est désireuse d'imposer et, en même temps, d'établir toutes les normes conformes à celles qui existent chez les membres des autres groupes ».

Becker (1963) constate pour sa part que « les gens imposent toujours leurs propres règles aux autres, et cela plus ou moins contre leur volonté et sans leur consentement... La possibilité de faire les lois et de les appliquer aux autres procède essentiellement des différences du pouvoir dont on dispose (légal ou extra-légal). Les groupes qui, en raison de leur position sociale, disposent des moyens et du pouvoir sont seuls en mesure d'imposer leurs règles. »

Plus encore, certaines lois sont discriminatoires par leur nature même. Les définitions et les critères auxquels elles font appel sont à ce point subjectifs qu'ils rendent toute application non discriminatoire tout à fait impossible. À cet égard, les législations concernant l'obscénité constituent un bon exemple. Il est trop difficile en effet de donner une définition suffisamment précise du terme « écrit obscène » ou « peinture obscène » pour que les critères des directives prescrites aux juges par le Code criminel, en ce qui a trait à la matière obscène, ne laisse pas une porte largement ouverte à toute interprétation subjective. Interprétation qui comporte l'inévitable danger de discrimination et d'une application non uniforme de la loi.

4. L'accroissement de certaines formes du crime organisé

Il est prouvé que l'interdiction de vendre certains biens ou d'assurer certains services pour lesquels existe une demande importante finit par créer des bases pour le commerce illicite. On peut le constater facilement dans des secteurs tels que celui de la prostitution, des jeux illicites, de l'usage des stupéfiants, etc. La demande pour ces services et biens est d'une ampleur telle que le fournisseur est placé dans une position de force sur le plan économique et peut exiger des prix élevés, ce qui rend le commerce illégal particulièrement profitable. L'attrait de ce profit attire les criminels et les éléments marginaux vers les domaines en question. Ils constatent, en outre, très rapidement qu'ils doivent dans leur propre intérêt fondre et organiser leurs activités créant ainsi les diverses formes du crime organisé.

Plus encore, la criminalisation de certains comportements déviants accroît les chances et les possibilités d'autres activités criminelles. C'est ainsi que l'extorsion, le chantage, le vol demeurent des délits qu'on commet souvent à l'égard des homosexuels, des prostituées, des usagers de la drogue, etc. Toutes ces victimes offrent une proie de choix aux délinquants sans scrupules puisqu'elles ne peuvent pas faire appel à la protection de la police sans assumer en même temps le risque de subir elles-mêmes des punitions conformes aux législations en vigueur.

Le commerce illicite accroît aussi les possibilités de contact entre les déviants (non criminels) désireux de se procurer des biens et des services défendus et les criminels qui les vendent ou qui assurent leur distribution. Les risques qu'impliquent de tels contacts, ou une telle interaction, sont évidents. Plusieurs déviants ont été engagés de cette façon dans une carrière criminelle.

5. Le problème de stigmatisation

Les sanctions criminelles impliquent la « stigmatisation » des personnes trouvées coupables. Il s'agit là de stigmates sociaux qui les marquent et elles sont considérées, par la suite, par la communauté comme ayant un statut inférieur. Une telle stigmatisation peut comporter des conséquences économiques, sociales et psychologiques très graves non seulement pour la personne impliquée, mais aussi pour les membres de sa famille. Puisque dans la société actuelle les sanctions criminelles entraînent inévitablement la stigmatisation, l'application de pareilles sanctions, dans les cas de comportements déviants mineurs et de crimes sans victimes, peut dépasser tous leurs effets positifs.

6. Le développement des sous-cultures déviantes

Par ailleurs, il est admis que la répression crée un terrain propice au développement de sous-cultures. Les déviants, comme toutes les autres minorités opprimées, tendent à trouver une justification idéologique susceptible de satisfaire leur sens moral et de compenser leur sentiment d'isolement qui est à l'origine de leur appartenance à une sous-culture.

Il est vrai que des sous-cultures peuvent se développer sans être soumises à une répression légale (comme c'est le cas par exemple de la sous-culture « hippie »), mais le phénomène est toujours plus important face à une répression puisqu'elle stigmatise et crée des réactions d'ordre psychologique. Ces réactions poussent les déviants à se grouper, même sans aucune nécessité apparente. Comme le remarque Schur (1965), « l'image de soi du déviant et l'engagement dans une sous-culture déviante sont des phénomènes interreliés... Les membres des sous-cultures développent généralement et définissent une contre-idéologie qui justifie pourquoi « les autres » doivent être combattus. »

IV. ANALYSE DES TROIS SECTEURS SPÉCIFIQUES

1. *Prostitution*

La prostitution peut apparaître à première vue comme un crime sans victime. Il n'en reste pas moins que très souvent c'est la prostituée elle-même qui en est la première victime, en raison du fait qu'elle est exploitée par son « Jules » ou par ceux qui organisent les réseaux de prostitution et des *call-girls*. Plusieurs femmes sont forcées, pour diverses raisons, de devenir des prostituées, d'autres y sont amenées et le troisième groupe comprend celles qui sont obligées de continuer bien qu'elles désirent changer leur mode de vie.

Si la prostituée est réellement la première victime, il est injuste de la punir parce qu'elle vend son corps, ou même parce qu'elle vit de la prostitution. Il serait plus logique de punir la traite des femmes, le proxénétisme ou encore l'exploitation des prostituées.

Cependant, dans plusieurs cas, le « Jules » est l'amant de cœur de la prostituée et on peut considérer comme injuste et discriminatoire le fait de le punir, alors que les autres amants sont libres d'exploiter leurs maîtresses de différentes façons, sans courir le risque de poursuites judiciaires. Ainsi, lorsqu'une jeune fille travaille 12 à 14 heures par jour comme serveuse et remet volontairement son salaire à son amant, ce dernier ne peut être poursuivi pour l'avoir exploitée ; mais si une prostituée qui ne travaille que deux ou trois heures par jour se comporte de la même manière, l'homme concerné peut être poursuivi en vertu de la loi.

À l'époque actuelle, une entente semble exister selon laquelle l'intervention de la justice dans le domaine de la sexualité ne se justifie que par une des raisons suivantes : *a*) la prévention de l'usage de la force et de la violence lors de l'acte sexuel ; *b*) la protection des jeunes, des faibles, des malades mentaux et des arriérés ; *c*) la prévention des violations sérieuses et flagrantes de la décence publique.

Plusieurs pays européens ont, par conséquent et malgré les arguments moralistes, légalisé ou toléré la prostitution tout en adoptant différentes méthodes de contrôle. De tels contrôles rendent certaines formes de prostitution légales, ou tolérées, tandis que d'autres sont défendues et illégales. La question qui se pose inévitablement consiste à se demander s'il est juste de punir certaines formes de prostitution et de laisser les autres impunies ?

Les disparités qui existent entre les divers pays sont importantes non seulement en ce qui concerne les dispositions légales elles-mêmes, mais aussi au niveau de l'application de la loi et des règlements de contrôle de la prostitution. Dans certains pays, les prostituées sont sévèrement poursuivies ; dans d'autres dont l'Italie par exemple, les prostituées ne sont pas poursuivies pour sollicitation en raison des difficultés d'obtenir une preuve. C'est le fait d'entraîner ou de forcer des mineures à se prostituer qui est poursuivi. En Angleterre, la sollicitation en public n'est pas poursuivie aussi longtemps qu'il ne s'agit pas de récidive, et la prostituée doit être mise en garde au préalable par la police au moins à trois occasions différentes.

Parmi les arguments invoqués pour ou contre la décriminalisation de la prostitution (exception faite des arguments d'ordre moral), on relève les suivants : a) La prostitution est souvent liée au vol et au chantage ; b) La prostitution est un secteur lucratif et en tant que tel, attire le crime organisé ou les individus criminels ; c) La prostitution s'accompagne toujours de l'exploitation de la prostituée.

Parmi les arguments qu'on présente en vue de la législation, ou de la décriminalisation, on retient les suivants : a) Il est irréaliste d'essayer de faire disparaître la prostitution qui a toujours existé et qui continuera d'exister ; b) La prostitution, comme semble l'indiquer certaines études empiriques (Barber, 1969), favorise la diminution des cas de viol et, de façon plus générale, la diminution de certaines autres formes de criminalité sexuelle. Le désir sexuel violent, ou déviant, peut être satisfait avec une prostituée qui est prête, en principe, à se soumettre à des relations perverses ou anormales ; c) Les sanctions pénales se sont avérées inefficaces et l'objectif de réhabilitation des prostituées n'a jamais pu être réalisé de façon satisfaisante ; d) Des moyens multiples, autres que légaux, existent et peuvent être utilisés pour protéger les mineures contre la tentation de devenir une prostituée ou contre la possibilité de tomber sous la coupe d'un souteneur ; e) Le fait de maintenir la prostitution sous contrôle légal et hygiénique est apte à produire une diminution des dangers de maladies vénériennes.

Il semble qu'un consensus existe en ce qui a trait à la décriminalisation de la prostitution librement consentie. Les sanctions pénales ne doivent s'appliquer dès lors que dans les cas où il y a usage de la force, où des mineures sont impliquées, ou encore lorsqu'on constate une violation flagrante ou une atteinte sérieuse à la décence publique. Il n'en reste pas moins que des mesures préventives doivent être adoptées dans le but de limiter la prostitution, de réduire l'exploitation des prostituées et de protéger les mineures contre l'éventualité d'être entraînées à exercer ce métier.

Il convient de noter, en dernier lieu, la difficulté d'établir l'âge de la majorité quant à la prostitution. En effet, dans plusieurs législations, les filles peuvent dès 14 ou 16 ans donner leur consentement pour des relations sexuelles normales.

2. *La dépendance à la drogue*

La dépendance à la drogue est parfois considérée comme un « crime sans victime » puisqu'elle n'implique de dommage qu'au niveau concerné lui-même. Cet argument est invoqué très souvent par ceux qui sont en faveur de la législation de certaines drogues, telle la marijuana ou le haschich. D'autres, par contre, dénoncent le fait que la société a une norme différente lorsqu'il s'agit d'alcool ou d'autres drogues. Dans le cas de l'alcool, l'accent est mis sur l'inutilité d'en défendre la libre jouissance à la majorité, dans le but de prévenir les abus et la déchéance qui ne concernent qu'une minorité. En ce qui a trait, par ailleurs, aux drogues moins répandues, une forte proportion de l'opinion publique se prononce en faveur de la prohibition légale et de l'introduction de peines plus lourdes.

Ceux qui soulèvent ce problème oublient le fait que ça prend presque trente ans pour se tuer au moyen de l'alcool, tandis que les autres intoxications provoquées, par exemple, par des amphétamines peuvent causer la mort beaucoup plus rapidement et le taux de mortalité est par conséquent plus élevé. En ce qui a trait à la thalidomide, l'opinion publique a condamné les autorités gouvernementales pour avoir permis la mise sur le marché de cette drogue et la même situation pourrait se reproduire si certaines drogues sont légalisées avant qu'on puisse délimiter de façon concrète leurs effets préjudiciables (immédiats ou à long terme).

Des distinctions préliminaires doivent donc être établies avant l'élaboration de toute politique législative, dont : *a)* La distinction entre l'usage des drogues, le commerce des drogues, la production et l'importation des drogues ; *b)* La distinction entre les drogues fortes et faibles, entre celles qui entraînent l'accoutumance et les autres ; *c)* La distinction entre l'usage (pour fins médicales) et l'abus. En outre, autant des oppositions très fortes existent en ce qui concerne la pénalisation du simple usage des stupéfiants, autant il semble qu'un consensus existe pour que le commerce, l'importation et la production illégaux continuent à être punissables par la loi. On admet fort souvent qu'au niveau du commerce de la drogue, la loi doit établir des distinctions entre le vendeur (*pusher*) qui vend de la drogue pour satisfaire ses propres besoins et celui qui en fait le commerce sur une grande échelle. Ces derniers, soit les trafiquants, devraient être passibles de peines plus lourdes.

Ceux qui demandent des sentences plus légères pour les usagers de la drogue et plus lourdes pour les vendeurs, les trafiquants et les importateurs, semblent être convaincus que des peines sévères, en rendant le risque plus important, pourraient avoir un effet dissuasif sur une partie au moins de ceux qui seraient tentés par les énormes profits qu'un commerce illicite de ce type offre. Pour les usagers par contre, les sentences légères seront une sorte de « signal d'alarme » qui, sans compromettre ou mettre en danger leur avenir, servira de mise en garde à ceux qui seraient tentés par les paradis artificiels de la drogue.

L'établissement d'une distinction entre les drogues fortes et faibles serait utile, surtout en tant qu'indicateur de leur dangerosité et de leur nocivité. Les drogues qui entraînent l'accoutumance sont généralement plus dangereuses et plus dommageables que les autres ; il n'en reste pas moins que certaines drogues qui ne provoquent pas d'accoutumance, dont le LSD, sont extrêmement dangereuses.

La défense d'user de certaines drogues et les peines prévues pour ceux qui ne la respectent pas, doivent bien entendu avoir comme critère l'importance du dommage qui peut être causé par leur usage ou leur abus. Par ailleurs, la prohibition totale d'user des drogues ne pourra jamais être pleinement appliquée puisqu'elle n'empêche pas ceux qui s'y adonnent de se les procurer au marché noir. Cependant, cette prohibition présente l'avantage de réduire le nombre d'« usagers expérimentaux », soit des individus qui veulent faire une expérience de la drogue sans en avoir un réel besoin.

La distinction entre l'usage et l'abus semble la plus difficile à établir. Les critères objectifs ne tiennent pas compte, en effet, des réactions très différentes et des degrés de tolérance variés qui existent au niveau individuel, tandis que les critères subjectifs sont moins viables et ne peuvent servir de base à une législation.

Une des erreurs courantes qu'on commet en ce qui a trait à la drogue consiste à prétendre que ce n'est pas un « problème criminel », mais un « problème médical » et cela sans une étude poussée, théorique et pratique, des effets de la substitution des contrôles médicaux au contrôle légal. Il convient de tenir compte en effet des facteurs suivants : a) Transférer une personne de son milieu communautaire, contrairement à sa volonté et la placer dans une institution, prison, ou hôpital, est en soi une punition ; b) Le modèle de substitution peut être, sous plusieurs aspects, plus pénible et plus sévère comparé aux systèmes existants ; c) La détention en prison sans traitement n'est guère efficace dans les cas des drogués ; par ailleurs, le traitement à l'hôpital, s'il n'est pas obligatoire, ne donne pas de très bons résultats. Il semble que les narcomanes doivent subir la double pression : médicale et pénale. Il s'agit là d'une « impulsion désordonnée », comparable à celle que provoquent le jeu, ou certains appétits sexuels. Pour les impulsions désordonnées de ce type, le traitement seul n'est pas suffisant. La contrainte est indispensable et le traitement obligatoire doit comprendre à la fois des mesures médicales et pénales appliquées en même temps ; *d*) Dans certains cas, il peut être possible d'éviter l'incarcération et garder les narcomanes dans la communauté en exerçant des contrôles tant sur le plan médical que pénal. L'autorité doit relever des cours, mais les décisions doivent être prises par un spécialiste, voire un médecin ; *e*) Le problème, c'est que les hôpitaux refusent beaucoup de patients et tout spécialement des narcomanes, tandis que les prisons ne peuvent refuser l'admission de ceux qui leur sont référés par les cours criminelles.

On peut finalement conclure qu'un besoin urgent existe de faire des recherches sur les conséquences du changement du système actuel en remplaçant les contrôles criminels par des contrôles administratifs ou médicaux. Le schéma existant ne doit cependant pas être condamné, aussi longtemps qu'on ne sera pas en mesure de fournir une alternative adéquate et satisfaisante. En dernier lieu, tout le monde semble admettre que la prévention, bien que particulièrement difficile à organiser, est beaucoup plus efficace que les contrôles.

3. L'obscénité

L'obscénité semble être bien plus un délit contre le bon goût que contre la morale. Nous sommes dégoûtés par l'obscénité et nous considérons qu'il ne doit être permis à personne de voir ce qui le dégoûte. Malgré des recherches empiriques effectuées récemment dans certains pays (surtout au Danemark et aux États-Unis, pour la Commission sur l'obscénité et la pornographie), la question de savoir si la pornographie est dommageable semble rester sans réponse définitive. Toutefois, on a des raisons de croire qu'il n'y a rien de dommageable dans la pornographie en tant que telle, tant qu'elle n'encourage pas des pratiques sexuelles déviantes (sadisme, masochisme, bestialité, homosexualité, etc.). D'une manière générale, dans le cas de déviation sexuelle, le danger potentiel consiste dans l'apprentissage par une exposition répétitive de ces déviations.

La pornographie semble intéresser les personnes plus âgées, tandis que les jeunes ne paraissent pas ressentir son attrait. Or, ce qui demeure actuellement paradoxal, c'est que la majorité des législations relatives à l'obscénité concernent surtout la protection des jeunes. Par ailleurs, autant l'usage de l'alcool et des stupéfiants entraîne une certaine accoutumance, autant la pornographie provoque la saturation. Sur quelles bases, dès lors, l'obscénité est-elle contrôlée et défendue? Généralement, on donne les justifications suivantes :

a) L'obscénité est une atteinte à la décence publique et au bon goût. L'élément subjectif qui intervient dans la définition du bon goût et de la décence publique rend particulièrement difficile l'application des législations et entraîne des disparités des sentences rendues par les différentes cours du même pays. Par ailleurs, le bon goût et la décence publique ne sont pas des concepts statiques, mais dynamiques et sujets à des changements radicaux suivant les époques, ou même les années. Le concept de bon goût n'est, en outre, ni universel, ni général et demeure relatif dans le temps et dans l'espace.

Une distinction doit être établie également entre l'obscénité qui est forcée à tous et qu'on ne peut éviter, comme par exemple dans le cas de nudité publique, des images affichées au vu et au su de tout le monde, et l'obscénité qu'on choisit de voir volontairement dans un théâtre, un cinéma ou un club, en payant le prix d'entrée.

Une autre question qui se pose est relative au droit que détient la majorité d'imposer ce qu'elle considère comme de « bon goût », à une minorité plus ou moins importante. Cette minorité doit-elle être privée de ce qu'elle veut voir sous prétexte que c'est là le « bon goût » de la majorité?

b) L'obscénité est dommageable et elle a des effets préjudiciables pour ceux qui la regardent et spécialement les jeunes. Elle peut corrompre la morale, changer des attitudes, des valeurs et des actes. Elle incite et favorise la violence. De telles affirmations ne reposent pas toutefois sur des recherches. Scientifiquement, la preuve que l'obscénité est dommageable n'est pas faite. Plus encore, les résultats des recherches effectuées jusqu'à présent semblent démontrer le contraire. L'expérience faite au Danemark, où toutes les restrictions à la vente aux adultes de publications pornographiques ont été abolies, est trop récente pour qu'on puisse en tirer des conclusions définitives.

Les enquêtes d'opinion publique faites dans certains pays européens et aux États-Unis démontrent qu'une proportion considérable de la population est en faveur de la suppression des restrictions relatives à la vente aux adultes de publications pornographiques. Le problème qui se pose consiste à se demander si la collectivité doit être guidée ou suivie dans sa perception de déviance. Des difficultés apparaissent si l'on veut que les législations soient éventuellement élaborées sur la base des réactions de l'opinion publique. C'est ainsi que dans plusieurs pays, les enquêtes d'opinion sont impossibles, et tel est le cas tout particulièrement dans les pays en voie de développement. Nous n'avons pas pu élaborer jusqu'à présent un instrument capable de mesurer le consensus. Parallèlement, il est possible, grâce à l'action des *mass media* modernes, de changer l'opinion publique dans une limite de temps relativement court.

Les difficultés d'application des lois sur l'obscénité et la quasi-impossibilité de trouver des critères objectifs pour la définir justifient-elles l'abolition de ces lois? Certains prétendent que les difficultés de l'application des législations ne doivent pas nécessairement mener vers leur suppression, mais vers l'élaboration d'une politique différente, soit la suppression de poursuite dans certains cas, ou encore la non-application totale. On affirme également que la situation est particulière dans les pays du *Common Law*, où l'application des législations de ce type dépend du Solliciteur général, ou de son homologue, qui agit en tant que garant contre les abus de pouvoir de la police et comme agent de contrôle des pouvoirs discrétionnaires de la police.

Les conclusions relatives à l'obscénité peuvent être résumées de la façon suivante : *a*) Il doit être interdit, sous peine de sanctions pénales, de fournir aux mineurs des publications pornographiques ou obscènes (où se situe le seuil de la minorité ?) ; *b*) Les actes contre la décence publique où n'intervient pas la liberté de choix du spectateur (acte sexuel dans un lieu public, l'exposition de publications obscènes dans les vitrines de magasins, etc.), doivent continuer à être défendus ; *c*) Des recherches empiriques doivent être faites dans le but d'établir si les publications pornographiques ou obscènes sont dommageables ou non, et cela avant la suppression de toute restriction de vente aux adultes de publications de ce type.

V. LES LIMITES DE LA RÉPRESSION PÉNALE

Comme l'a indiqué Howard Becker (1963), la déviance n'est pas une qualité inhérente à l'acte que la personne commet, mais bien plus, la conséquence de l'application au « déviant » des règles et des normes faites par d'autres. Le déviant est celui auquel cette étiquette a été imposée ; le comportement déviant demeure celui que la société définit comme tel.

Schur (1965) constate que la définition d'un comportement « criminel » demeure la forme extrême de stigmatisation. La définition d'un comportement « déviant » a des effets profonds sur les individus impliqués et ce qui peut être désigné sous le terme d'« incrimination de la déviance » aggrave encore davantage le processus. Le fait que quelqu'un est étiqueté comme responsable d'un acte « criminel » spécifique représente une étape cruciale dans l'évolution vers une « carrière » criminelle. La sentence, et peut-être même la poursuite, peuvent avoir automatiquement et rétrospectivement un effet décisif sur les modifications de l'identification personnelle.

La répression pénale est, par conséquent, un processus très grave qui implique des conséquences très importantes pour l'individu, la famille et la société. Il semble donc logique qu'une telle répression doit être limitée à des actes criminels graves qui constituent un véritable danger pour la société et pour lesquels on ne peut trouver d'autre alternative.

Plus encore, l'usage inconsidéré des sanctions pénales peut mener vers une dévaluation de l'effet de la peine. Dans son étude présentée à la VI⁰ Conférence des ministres européens de la Justice, le Ministre de la Justice de l'Italie affirme que l'utilisation des sanctions pénales, sans nuances et sans discrimination, est préjudiciable à la fonction préventive de la peine. La fonction préventive de la peine est, par ailleurs, dévaluée et amoindrie en raison du nombre excessif des actes punissables. Selon son avis, la punition doit être limitée aux conduites qui impliquent, en premier lieu, un danger réel, ou un inconvénient sérieux pour des tiers, ou un grave danger pour le délinquant lui-même, et qui, en deuxième lieu, ne peuvent être contrôlées par d'autres moyens qui ne présentent aucun des aspects négatifs de la punition, soit le dédommagement ou des mesures de bien-être social.

Définir un acte comme criminel doit être considéré dès lors comme la dernière alternative sociale applicable uniquement dans les cas où aucune autre solution ne peut être reconnue comme suffisante. Parallèlement, les sanctions pénales doivent être des moyens ultimes auxquels la société peut faire appel pour sauvegarder sa propre existence et son développement harmonieux.

Le Comité canadien de l'application des peines (1969) a adopté une attitude similaire en déclarant que : a) Aucun acte ne devrait être prescrit par le droit criminel à moins que son incidence réelle ou éventuelle ne soit « notablement » nuisible à la société ; b) Aucun acte ne devrait être prohibé par le droit criminel lorsque des impératifs sociaux, autres que le processus de la justice criminelle, peuvent en limiter suffisamment l'incidence. L'opinion publique peut suffire à comprimer certains modes de comportement. D'autres peuvent être traités plus efficacement grâce à des moyens légaux autres que ceux de la justice criminelle, notamment par la législation afférente à l'hygiène mentale ou aux conditions sociales et économiques; c) Aucune loi ne devrait engendrer des maux sociaux ou personnels supérieurs à ceux qu'elle a fonction de prévenir.

1. Quelles sont les limites de l'intervention de l'État dans la vie privée des citoyens?

John Stuart Mill (1859) a essayé de répondre à cette question en écrivant notamment:

Le principe qui permet de gouverner les rapports entre l'individu et la société en termes de contraintes et de contrôles est très simple [...] Ce principe consiste à admettre que la seule raison qui justifie l'intervention individuelle ou collective dans la liberté d'action d'un citoyen est de se protéger. Par conséquent, le seul objectif pour lequel le pouvoir d'empêcher n'importe quel membre d'une société civilisée d'exercer son libre vouloir, peut être utilisé, est celui de prévenir la victimisation des tiers. L'intérêt personnel de l'individu, physique ou moral, n'est pas suffisant. Il ne peut légitimement être forcé à commettre un acte, ou on ne peut le lui défendre, parce que cela le rendra plus heureux ou parce que, selon l'opinion des tiers, agir ainsi serait préférable ou même plus juste.

Lors du récent débat entre Lord Devlin et le professeur Hart, en Grande-Bretagne, le principe de Mill a été réexaminé autant en ce qui concerne ses implications que ses limitations.

2. L'immoralité en tant que telle, devrait-elle être considérée comme crime?

Le professeur H. L. A. Hart (1963) pose la question: est-ce que le fait que certaines conduites sont considérées, suivant les standards communs, comme immoraux est suffisant pour les rendre punissables par la loi? Est-il moralement admissible de punir l'immoralité en tant que telle? L'immoralité en soi doit-elle être considérée comme un crime?

Lord Devlin (1965) soutient que: «... si la société a le droit de juger sur la base du principe qu'une moralité reconnue est nécessaire à la société en tant que collectivité, ou gouvernement reconnu, dès lors cette société doit utiliser la loi pour préserver la moralité de la même façon qu'elle se doit de protéger tout ce qui est essentiel à son existence. Par conséquent, si le premier postulat est établi de façon satisfaisante avec toutes ses implications, la société a, *prima facie,* le droit de légiférer contre l'immoralité en tant que telle. »

Déjà avant la controverse entre Hart et Devlin, le Comité britannique sur l'homosexualité (Comité Wolfenden) a déclaré que : « selon nous, la loi n'a pas pour fonction d'intervenir dans la vie privée des citoyens, ou de songer à punir aucun comportement particulier plus qu'il n'est nécessaire pour préserver les objectifs que nous avons déjà expliqués ».

Au Danemark, le Comité permanent de réforme de droit pénal (conseil consultatif pour des problèmes d'ordre pénal) a exprimé récemment l'opinion qu'un des principes fondamentaux de la législation pénale, c'est qu'aucune conduite ne devrait être déclarée criminelle uniquement pour des raisons d'ordre strictement moral.

En présentant un code pénal modèle (1955), l'Institut légal américain a recommandé que toutes relations sexuelles entre adultes consentants, en privé, devraient être exclues du Code criminel et a déclaré que : « ... aucun dommage n'est causé à l'intérêt séculaire de la communauté par les pratiques sexuelles atypiques qui ont lieu en privé entre adultes consentants ». « Il s'agit là du problème fondamental de la protection à laquelle tout individu a droit contre l'intervention de l'État dans ses affaires personnelles, et cela aussi longtemps qu'il ne cause pas de dommages aux autres. »

Plus récemment, Morris et Hawkins (1969) ont défendu cette approche de la façon suivante :

La principale fonction de la loi criminelle consiste à protéger notre personne et notre propriété ; cet objectif est étendu maintenant à une multitude de devoirs législatifs, appliqués de façon inefficace. Quand la législation criminelle s'introduit dans les sphères de la moralité privée et du bien-être social, elle dépasse les buts qui lui ont été fixés à l'origine. Cette forme d'extension du champ de la loi est coûteuse, inefficace et criminogène.

Sur le plan de la loi criminelle, tout au moins, l'homme a le droit inaliénable d'aller en enfer suivant la façon qui lui est propre si en faisant cela, il ne nuit pas directement à la personne ou à la propriété d'un tiers. La législation criminelle est un instrument inefficace pour imposer à qui que ce soit un bon mode d'existence...

Peut-être doit-on restreindre certaines demandes qui sont faites de réduire l'intervention légale dans des domaines de moralité privée en acceptant au départ, avec le professeur Hart, l'idée que « l'on a poussé trop loin la distinction entre ce qui a été fait en public et ce qui est fait en privé ». Bien que nous puissions admettre l'existence de vastes zones de comportement personnel qui relèvent de la morale privée, qui ne concernent pas l'État et ne devraient pas être assujetties au droit pénal, il n'est pas inutile, malgré tout, d'examiner de façon explicite quel type de comportement personnel relevant de la moralité privée intéresse néanmoins l'État et le droit pénal.

C'est ainsi par exemple que la bigamie, l'inceste et la cruauté à l'égard des enfants entrent dans cette catégorie. Les formes atténuées de perversion sexuelle, par exemple les pratiques homosexuelles entre adultes consentants, ne sont pas habituellement considérées comme relevant des préoccupations de la loi, mais la bestialité et la pédophilie sont universellement condamnées et on accepte donc, en général, que la loi doit protéger les jeunes et les faibles d'esprit. Peut-être, la promiscuité hétéro-sexuelle et l'adultère ne concernent pas la loi, mais il est normal que certains aspects de la prostitution en relèvent. De même l'exhibitionnisme et la nudité publique relèvent de la loi, mais non pas, de façon générale, ce que l'individu fait en privé.

En somme, on peut dire que dans bien des cas, la loi intervient sur le plan du comportement qui relève de la moralité personnelle et peu de gens considéreront cette intervention comme étant abusive. Dans d'autres cas cependant, l'intrusion de la loi donne lieu de nos jours à de sérieuses critiques.

On peut soulever bien d'autres questions encore qui ont trait aux considérations philosophiques. C'est ainsi par exemple que l'on peut se demander si l'incrimination provient d'une forme d'idéal social ou moral, ou d'un véritable besoin social tel qu'exprimé par l'opinion publique, ou par les attitudes de la population générale envers l'acte en question. Les changements de la législation devraient-ils alors précéder, ou suivre, les changements de l'opinion publique ou dans les attitudes du public? En d'autres termes, doit-on diriger le public ou le suivre? Il va de soi qu'à l'égard de telles questions philosophiques et des réponses qu'on y apporte, aucun consensus n'est possible.

VI. DÉCRIMINALISATION ET DÉPÉNALISATION

Les changements constants des conditions de vie amènent tout naturellement des changements en ce qui a trait aux divers besoins des sociétés. La législation criminelle représente toutefois la forme statique, cristallisée dans la rigidité des règles juridiques, d'un phénomène qui, de par sa nature même, est essentiellement dynamique, c'est-à-dire l'évolution constante des besoins de la défense sociale. Il est donc nécessaire de temps à autre de réviser ces règles du droit pénal que l'opinion publique trouve injustes ou inappropriées et qui ne semblent plus correspondre aux objectifs qu'on leur avait fixés lorsqu'elles ne rencontrent plus — soit par excès, soit par défaut — les besoins de la collectivité (Italie, 1970, p. 2).

La « décriminalisation » est définie comme étant le procédé législatif de rendre légaux des actes qui jusqu'alors étaient assujettis au Code pénal (Italie, 1970, p. 3). La législation des pratiques homosexuelles entre adultes consentants en privé dans certains pays, la législation de la vente des publications pornographiques aux adultes au Danemark sont des exemples de la décriminalisation. La « dépénalisation » décrit le procédé législatif en vertu duquel on transforme des délits criminels en infractions administratives ou civiles, en remplaçant les pénalités existantes par des sanctions de caractère non pénal (Italie, 1970, p. 4).

En raison des changements sociaux profonds qui ont marqué un grand nombre de pays depuis vingt ans, il semble essentiel qu'une révision systématique soit faite du Code pénal, afin de déterminer si certaines des dispositions qu'il contient ne devraient pas, ou ne pourraient pas, être abandonnées dans certains domaines, soit que la société renonce complètement à définir certains types de conduite comme étant des délits, ou qu'elle transforme les sanctions pénales existantes en mesures de bien-être social. Il va sans dire qu'une telle révision devrait commencer par l'examen des actes de déviance et des crimes sans victimes qui occupent encore une place importante dans les codes criminels.

Il faut d'ailleurs noter que l'élimination des dispositions du Code pénal relatives à certains actes (soit par décriminalisation ou par dépénalisation) n'entraîne pas automatiquement des changements dans l'attitude du public à l'égard de ces actes et ne suscite pas une augmentation de leur incidence. Éliminer du Code pénal les dispositions relatives aux tentatives de suicide ne provoque pas nécessairement une augmentation de leur nombre. La légalisation de l'homosexualité entre adultes consentants, en privé, n'implique pas que la fréquence de ces actes augmente puisque l'homosexualité reste réprouvée par la majorité de la population et il est douteux que les changements apportés à la loi ont eu quelque effet que ce soit sur l'opinion publique. Ainsi qu'on l'a indiqué précédemment, certains actes peuvent purement et simplement être décriminalisés et cesser d'être assujettis au Code pénal, sans dommages considérables, ou même sans aucun dommage pour les intérêts non religieux de la collectivité. Au contraire, une telle décriminalisation peut avoir des effets bénéfiques sur l'application des lois et sur l'administration de la justice criminelle.

En éliminant les sanctions pénales superflues, on rend la défense sociale plus efficace et plus rapide dans les cas où son utilisation est vraiment nécessaire. En outre, en renforçant les effets dissuasifs des sanctions, on contribue à restaurer la réputation de la justice pénale qui, trop souvent, est ternie par des procès dont l'utilité sociale est faible ou nulle (Italie, 1970, p. 2).

D'autres actes peuvent également être exclus du Code pénal et assujettis à d'autres formes de contrôle social. La tendance à la décriminalisation a gagné du terrain dans divers pays au cours des dernières années. Certains pays se sont déjà avancés très loin dans le sens de « défaire » le Code pénal, selon l'expression du professeur Cross.

La Loi de l'avortement a été réformée en Grande-Bretagne par l'Abortion Act de 1967. Une réforme semblable est intervenue dans l'État de New York et va bientôt se produire en Hollande. La loi relative aux publications obscènes et à la pornographie a été réformée au Danemark où, en fait, on a légalisé la pornographie avec des résultats intéressants. La Nouvelle-Zélande a mis sur pied un comité pour examiner la question de l'obscénité des publications qui lui sont soumises. Le Royaume-Uni a réformé sa loi cadre concernant les poursuites contre les publications obscènes, mais cette réforme reste trop partielle selon le Conseil des arts. Aux États-Unis, divers développements se sont produits, surtout à la suite d'arrêts des cours de justice. Une réforme des lois sur l'homosexualité a été faite au Royaume-Uni et les lois sur la prostitution ont été amendées, bien que ces amendements ne soient pas aussi radicaux que certains réformateurs l'eussent souhaité.

La loi britannique relative aux jeux de hasard a été modifiée à plusieurs reprises au cours des dernières années, et ceci a permis la création sous licence d'établissements de paris hors piste et de clubs de jeux. Toujours en Grande-Bretagne, la loi sur l'emprisonnement des alcooliques et des ivrognes chroniques a aussi été amendée, le pouvoir ayant été conféré au Home Secretary d'abolir l'emprisonnement pour ivresse publique quand d'autres mesures appropriées peuvent être employées. Un groupe de travail du Home Office vient de présenter un rapport sur les problèmes de l'alcoolisme chronique.

En France également, des expériences intéressantes ont été faites en ce qui concerne le traitement de l'alcoolisme. Le secteur, à la fois le plus difficile et le plus controversé, de la décriminalisation demeure celui du problème de l'usage des drogues. On songe même, dans ce cas, à appliquer des contrôles juridiques à des drogues nouvelles. Une autre question particulièrement difficile est celle de l'obscénité et de la pornographie, ainsi qu'en témoigne le rejet par le Président des États-Unis des recommandations de la Commission qu'il avait nommée pour examiner ce problème.

Une déclaration récente faite par le Conseil national américain sur le crime et la délinquance concernant la décriminalisation, publiée en avril 1971, indique qu'il convient de s'orienter progressivement vers la décriminalisation, et cela dans plusieurs secteurs de la législation criminelle actuelle relatifs aux actes commis d'un commun accord entre adultes. Les situations qui impliquent des mineurs, ou l'usage de la force ou de la fraude, ont été exclues de façon spécifique. Le programme d'action élaboré dans le but de mise en œuvre de cette politique se situe sur trois niveaux : 1) action législative ; 2) litige ; 3) action administrative.

1. Les alternatives au contrôle légal et aux sanctions pénales

Comme nous l'avons déjà mentionné, un acte ne devrait être défini comme criminel qu'en tant que solution ultime, et uniquement dans le cas où aucune autre alternative ne saurait être suffisamment efficace. Les sanctions pénales doivent être considérées comme un remède ultime auquel la société peut recourir afin de sauvegarder sa propre existence et son développement harmonieux.

Toutefois, l'analyse de la politique criminelle actuelle, inflationniste, semble indiquer que dans certains pays les législateurs ne parviennent pas à concevoir aucun autre moyen de contrôle social et considèrent les sanctions pénales comme le seul instrument de défense sociale. Cela entre en contradiction avec les tendances modernes qui placent plus l'accent sur le rôle de l'individu au sein de la communauté. Ces tendances impliquent une liberté complète de choix laissée à l'individu, en ce qui a trait à toutes les activités qui ne semblent pas occasionner de dommages à la société. Par ailleurs, il en découle que des punitions sévères ne doivent pas être appliquées quand d'autres sanctions peuvent produire un effet adéquat sur des comportements qui n'entraînent pas de dommages importants pour la société.

Existe-t-il une philosophie commune par rapport aux techniques de traitement qui peuvent comprendre à la fois l'usage des sanctions punitives, traditionnelles, et celui des mesures alternatives ? On relève certains indices démontrant que les liens entre le traitement pénal et médical vont devenir à l'avenir plus flexibles.

Il est important toutefois de constater que les réformes ne doivent pas être basées sur la suppression de toute idée de responsabilité individuelle. En effet, l'évolution ne doit pas être marquée par une élimination totale des différences essentielles, et cela en raison du danger d'élaborer, sous prétexte de traitement, un régime plus punitif encore et moins respectueux des droits de l'individu que le système punitif traditionnel.

Des possibilités existent aussi d'élaborer des méthodes complètement différentes du contrôle social des comportements déviants.
Nous disposons actuellement de quelques exemples : le contrôle
volontaire des prescriptions de drogues par des médecins dans trois
villes de Grande-Bretagne, le contrôle volontaire de l'usage des
drogues chez les athlètes et en rapport avec les courses de chevaux,
introduit par des services de contrôles des associations sportives,
ainsi que la surveillance des méthodes commerciales des propriétaires
de magasins. Certains pays disposent d'un système évolué de mise en
garde ou d'avertissement donné par la police, qui est utilisé de
préférence à celui des poursuites officielles.

2. Les champs de recherche

La décriminalisation ou la dépénalisation ne doivent pas
simplement s'appuyer sur des arguments d'ordre moral ou philosophique, mais être basées plutôt sur les résultats d'une recherche
scientifique, et il est urgent, dans plusieurs domaines de la déviance,
de promouvoir des recherches empiriques.

On a tenté d'identifier quelques secteurs utiles de recherche et de
développer une liste des critères sur la base desquels le législateur,
l'administrateur ou le juge pourraient s'appuyer pour formuler une
politique. Il est clair, par exemple, qu'un des secteurs où la recherche
serait utile, est celui de la mesure des attitudes et des valeurs du
public. On connaît encore trop peu de choses à ce sujet, alors que les
standards moraux et sociaux changent très rapidement. Dans
certains secteurs, tel le contrôle de l'obscénité et de la pornographie,
l'administration de la loi s'est appuyée sur des hypothèses très
générales. Seule la recherche pourrait démontrer si ces hypothèses
sont entièrement ou partiellement fondées.

Maintenant que certains pays ont déjà réformé leurs lois
relatives à quelques crimes de moralité, on dispose de bases pour
commencer des recherches comparatives. Il est absolument nécessaire, cependant, de définir avec précision les secteurs de l'étendue
des recherches projetées. Toute recherche de cet ordre doit clarifier
de façon très précise les questions qui doivent être posées. On pourra
se servir, pour aborder les problèmes de décriminalisation en ce qui a
trait aux crimes dits sans victimes, des critères suivants comme
guides :
— Le besoin de respecter le droit d'intimité du citoyen et les
implications de la violation de ce droit ;
— Le chiffre noir de la criminalité et la discrimination qui en résulte ;
— Les problèmes de l'application de certaines lois ;
— L'actuel fardeau des « crimes sans victimes » qui pèse sur

l'appareil de la justice et les résultats pour ce système de la décriminalisation et de la dépénalisation de certains délits ;
— La possibilité d'améliorer l'efficacité de la détection ;
— Les aspects négatifs de l'incrimination de la déviance ;
— L'étendue et l'importance de certaines formes de comportements déviants, qu'elles soient très étendues ou limitées à certains groupes ;
— L'absence de tout dommage ou de plainte de la part de la victime ;
— Le rôle de la « victime » dans certains délits, le caractère volontaire de la transaction et l'éligibilité des actes de ce type à une intervention de l'État, par moyen de sanction pénale ;
— L'étendue du consensus public concernant le caractère criminel, ou non criminel, des comportements en question ; la possibilité de gradation de ces actes déviants relativement aux autres types du crime traditionnel ;
— La gravité des conséquences de la poursuite et de la condamnation, comparativement à la nature du délit et le dommage social qu'il peut entraîner ;
— Les mesures alternatives du contrôle social qui peuvent être utilisées pour remplacer les méthodes traditionnelles d'intervention du système de la justice ;
— Les méthodes de prévention de certains types de déviance, spécialement de ceux qui entraînent des dangers sérieux pour la personne déviante elle-même, tels l'alcoolisme, l'abus des drogues, le jeu, etc.

3. Les nouvelles formes de criminalité

Dans l'analyse du problème de la décriminalisation, il ne faut pas perdre de vue le fait fondamental ; au fur et à mesure de l'évolution de la société, de nouvelles formes de comportement sont considérées comme exigeant des contrôles et des sanctions pénales. L'exemple des délits relatifs à la circulation des véhicules automobiles est évident, mais actuellement nous pouvons reconsidérer des problèmes tels que la pollution et la nécessité de protection contre les transactions commerciales frauduleuses commises autant par des individus que par des corporations.

Les dangers liés aux problèmes d'environnement et aux problèmes d'ordre commercial peuvent être également considérés comme nécessitant l'intervention de la législation criminelle. Même des secteurs, tels que celui de la discrimination raciale ou de la piraterie des ondes, peuvent être soumis à des législations criminelles.

Ce ne sont donc pas seulement les crimes sans victimes qui représentent un problème ; les victimes des agissements non encore incriminés requièrent, elles aussi, l'intervention du législateur et du juge. Nous devons donc tenir compte du fait que la loi criminelle devra faire face à des objectifs nouveaux. Toutefois, il reste à se demander si les prérequis traditionnels de la responsabilité pénale, y compris le prérequis de *mens rea,* doivent continuer à s'appliquer ou si, comme dans le domaine des contraventions statutaires mineures, seule la stricte responsabilité doit être retenue. Plus encore, on peut se demander jusqu'à quel point les limites traditionnelles des notions de tentatives, incitation et conspiration, telles que prévues par la loi criminelle servent les objectifs et aident à atteindre les buts visant à assurer le contrôle social?

CONCLUSION

Le terme de « crimes sans victimes » n'est pas adéquat puisqu'il réduit le concept de la victime à des limites trop étroites.

Certaines catégories de délits diffèrent substantiellement du crime traditionnel ou conventionnel. Bien qu'il ne s'agisse pas d'un groupe homogène, les délits de cette catégorie ont certaines caractéristiques communes, telles que la confidentialité, l'absence de plaintes, l'absence du dommage apparent et l'absence du consensus de l'opinion publique.

L'incrimination des actes de ce type a des implications graves pour le système de l'administration de la justice criminelle et, tout spécialement, dans les zones métropolitaines où ce système doit actuellement faire face aux problèmes réels, et cela en ce qui a trait aux coûts, à la surcharge, aux difficultés d'application des lois, etc. En d'autres termes, si ces délits étaient traités par d'autres moyens de contrôle social, le système de la justice criminelle deviendrait certainement, dans tous les cas où les sanctions pénales sont réellement nécessaires, plus efficace et plus diligent.

La nature des délits de ce type rend les lois qui les punissent discriminatoires. L'importance de la criminalité cachée dans ce secteur crée le doute sur l'opportunité du système actuel, puisque des sanctions sévères sont imposées à des cas isolés que les autorités ont pu découvrir plus ou moins par hasard et pour des conduites qui peuvent être assez courantes parmi les individus du même groupe d'âge.

En raison des aspects négatifs des sanctions pénales, et en raison du fait qu'elles impliquent une certaine stigmatisation, leur utilisation doit être limitée à des conduites spécifiques qui : *a)* impliquent des menaces réelles ou des inconvénients réels pour des tiers, ou des dangers sérieux pour le délinquant lui-même ; *b)* ne peuvent pas être combattues de façon efficace par d'autres mesures de contrôle social.

Tout individu a droit à la protection contre l'intervention de l'État dans ses affaires personnelles, et cela aussi longtemps qu'il n'est pas nuisible aux autres. Il y a forcément une zone qui est l'apanage de la moralité ou de l'immoralité privées où la loi n'a rien à voir.

En raison des changements sociaux majeurs survenus au cours des trente dernières années, une révision complète des actes punissables actuellement par le Code criminel ou les législations pénales est devenue nécessaire, non seulement pour exclure les actes qui ont cessé en fait d'être considérés par la société comme criminels ou déviants, mais aussi pour élargir le champ de la justice pénale à d'autres secteurs, tels que la pollution, la violation du droit du citoyen à l'intimité par l'espionnage électronique, etc.

En ce qui concerne certains délits, il convient d'adopter des politiques de décriminalisation ou de dépénalisation. Dans les cas de dépénalisation, des mesures alternatives adéquates au contrôle légal et aux sanctions pénales doivent être élaborées. Ces mesures alternatives doivent être plus efficaces que les sanctions pénales et ne doivent pas comporter les mêmes aspects négatifs.

Il est urgent de promouvoir des recherches empiriques dans le domaine des « crimes sans victimes ». La décriminalisation ou la dépénalisation doivent être basées sur des résultats de recherches scientifiques et non pas seulement sur des justifications d'ordre moral ou philosophique.

BIBLIOGRAPHIE

AYER, A. J. (1960): « Homosexuals and the Law », *New Statesman*, **25**: 94.

BARBER, R. N. (1969): « Prostitution and the Increasing Number of Convictions for Rape in Queensland », *The Australian and New Zealand Journal of Criminology*, **2** (3): 169-174.

BECKER, H. (1963): *Outsiders*, New York, The Free Press.

CANADA (1969): *Rapport du Comité canadien de l'application des peines*, Ottawa, Imprimeur de la Reine.

CANTOR, A. J. (1961): « The Criminal Law and the Narcotics Problem », *Journal of Criminal Law, Criminology and Police Science*, **51**: 516-519.

CHARLES, W. H. (1965): « Obscene Literature and the Legal Process in Canada », *Canadian Bar Review*, **XLIV**: 243-292.

CHORLEY, Lord (1970): « The Reform of the Street Offences Act 1959. An Account of an Attempt Which Failed », *The Shield*, novembre: 7.

DANEMARK (1970): *Rapport*, présenté par le Ministre de la Justice à la 6e Conférence des Ministres européens de la Justice, La Haye, 26-28 mai 1970.

DEVLIN, P. (1965): *The Enforcement of Morals*, Londres, Oxford University Press.

DOLESCHAL, E. (1971): « Victimless Crime », *Crime and Delinquency Literature Abstracts*, **3** (2): 254-269.

ÉTATS-UNIS (1967): *Task Force Report on Drunkenness*, rapport de la President's Commission on Law Enforcement and Administration of Justice, Washington (D.C.), U.S. Government Printing Office.

ÉTATS-UNIS (1971): *Report of the United States Commission on Obscenity and Pornography*, Washington (D.C.), U.S. Government Printing Office.

FINNIS, J. M. (1971): « The Abortion Act: What has Changed? », *Criminal Law Review*, janvier: 3–12.

FULLER, M. (1958): « Positivism and Fidelity to Law. A Reply to Professor Hart », *Harvard Law Review*, **71**: 630-640.

GILBERT, G. M. (1958): « Crime and Punishment: An Exploratory Comparison of Public, Criminal and Penological Attitudes », *Mental Hygiene*, **42**: 550-557.

GRANDE-BRETAGNE (1956): Sexual Offences Act.

GRANDE-BRETAGNE (1957): *Home Office. Report of the Committee on Homosexual Offences and Prostitution*, Londres, H.M.S.O. Cmnd. 247.

GRANDE-BRETAGNE (1959): Street Offences Act.

GRANDE-BRETAGNE (1960): The Betting and Gaming Act (loi amendée et connue maintenant sous le nom de Betting, Gaming and Lotteries Acts 1963-1969).

GRANDE-BRETAGNE (1967a): Criminal Justice Act, section 91.

GRANDE-BRETAGNE (1967b): Sexual Offences Act.

GRANDE-BRETAGNE (1969): *Arts Council Report on the Obscenity Laws*.

GRANDE-BRETAGNE (1970): Misuse of Drugs Bill, House of Lords, 10 décembre.

GRANDE-BRETAGNE (1971): *Home Office. Report on Habitual Drunken Offenders (Report of the Working Party).*

GRAVEN, J. (1968): « Éditorial », *Revue internationale de criminologie et de police technique,* **XXII** (4): 257-263.

HALL WILLIAMS, J. E. (1960): « Sex Offences. The British Experience », *Law and Contemporary Problems,* **25**: 334-360.

HART, H. L. A. (1958): « Positivism and the Separation of Law and Morals », *Harvard Law Review,* **71**: 593-629.

HART, H. L. A. (1968): *Law, Liberty and Morality,* Londres, Oxford University Press.

HENKIN, L. (1963): « Morals and the Constitution. The Sin of Obscenity », *Columbia Law Review,* **63** (3): 391-414.

HOGGET, A. J. C. (1968): « The Abortion Act 1967 », *Criminal Law Review,* **247.**

HUGHES, G. (1962): « Morals and the Criminal Law », *The Yale Law Journal,* **71** (4): 662-683.

ITALIE (1970): *Décriminalisation et dépénalisation,* rapport présenté par le Ministre de la Justice à la 6e Conférence des Ministres européens de la Justice, La Haye, 26-28 mai 1970, p. 9.

KITSUSE, J. (1962): « Societal Reaction to Deviant Behaviour, Problems of Theory and Method », *Social Problems,* **9**: 247-256.

KOLB, L. (1962): *Drug Addiction; Crime or Disease,* Springfield (Ill.), Charles C. Thomas.

LINDESMITH, A. (1962): *The Addict and the Law,* New York, Vintage Books.

MacGUIGAN, M. R. (1961): « Law, Morals and Positivism », *The University of Toronto Law Journal,* **XIV** (1): 1-27.

MAIN, J. (1970): « Only Radical Reform Can Save the Courts », *Fortune,* août: 110-114.

MEWETT, A. W. (1962): « Morality and the Criminal Law », *The University of Toronto Law Journal,* **XIV** (2): 213-251.

MILL, J. S. (1955): *On Liberty,* 5e éd., Chicago, Henry Regnery Co.

MITCHELL, B. (1967): *Law, Morality and Religion in a Secular Society,* Londres, Oxford University Press.

MORRIS, N. *et al.* (1968): *Morality and the Law,* Chicago, The University of Chicago Press, « University of Chicago Round Table No. 18 ».

MORRIS, N. et G. HAWKINS (1969): *The Honest Politician's Guide to Crime Control,* Chicago, The University of Chicago Press.

NATIONAL COUNCIL ON CRIME AND DELINQUENCY (1971): « Crime without Victims: A Policy Statement », *Crime and Delinquency,* **17** (2): 129-130.

PACKER, H. L. (1968): *The Limits of the Criminal Sanction,* Stanford, Stanford University Press.

Proceedings of the IVth International Criminological Congress, La Haye (1960).

REMBAR, C. (1968): *The End of Obscenity,* New York, Random House.

ROSTOW, V. E. (1960): « The Enforcement of Morals », *The Cambridge Law Journal,* novembre: 174-198.

RUBIN, S. (1971): « Developments in Correctional Law », *Crime and Delinquency,* **17** (2): 213.

SCHUR, E. M. (1965): *Crimes without Victims,* Englewood Cliffs (N.J.), Prentice-Hall.

SCHUR, E. M. (1969): *Our Criminal Society*, Englewood Cliffs (N.J.), Prentice-Hall.

SCHWARTZ, L. B. (1963): « Moral Offences and the Model Penal Code », *Columbia Law Review*, **63**: 669-686.

SIMMS, Madeleine (1969): « The Abortion Act. One Year Later », *British Journal of Criminology*, **9** (3): 282.

SIMMS, Madeleine (1971): « The Abortion Act. A Reply », *Criminal Law Review*, **86.**

STEPHEN, Sir J. (1883): *History of the Criminal Law.*

ST. JOHN-STEVAS, N. (1962): *Life, Death and the Law*, Bloomington, Indiana University Press.

STREET, H. (1963): *Freedom, the Individual and the Law*, éd. rev., Pelican.

VON HENTIG, H. (1948): *The Criminal and His Victim*, New Haven, Yale University Press.

WARD, R. (1971): « Books in the Dock », *New Society*, 6 mai.

WILDEBLOOD, P. (1955): *The Stand Apart*, New York, Macmillan.

WILLIAMS, G. (1966): « Authoritarian Morals and the Criminal Law », *Criminal Law Review*, mars: 132-147.

WOLFGANG, M. (1964): *Crime and Race. Conceptions and Misconceptions*, New York, Institute of Human Relations Press.

WOLLHEIM, R. (1969): « Crime, Sin and Mr. Justice Devlin », *Encounter*, novembre.

Le crime organisé

JEAN-PAUL GILBERT, DONALD R. CRESSEY et JEAN SUSINI

Les travaux du quatrième groupe portaient sur l'étude du crime organisé, soit un des secteurs les plus complexes de la criminalité, puisque le moins bien connu et le plus difficile à circonscrire. Les participants se sont efforcés tout d'abord de dégager des définitions valables aux États-Unis et en Europe, puis ils ont analysé les facteurs qui favorisent le développement du crime organisé et, en troisième lieu, ils ont traité des moyens de lutte qui existent et qui doivent être élaborés afin de le combattre et de le contrôler.

I. LE CRIME ORGANISÉ : SES ORIGINES ET SON ÉVOLUTION

Selon la définition américaine (États-Unis, 1967a, p. 1) :

Le crime organisé est une société qui cherche à exercer ses activités en dehors du contrôle des citoyens et de leur gouvernement. Son action n'est pas improvisée, mais résulte de conspirations très complexes, ourdies pendant de nombreuses années et destinées à procurer le contrôle d'un champ complet d'activités en vue d'accumuler le plus de profit possible. Le crime organisé emploie le plus fort pourcentage de ses forces à fournir marchandises et services illicites, à promouvoir des jeux interdits et à encourager la consommation de certains produits, tels les narcotiques. Il est aussi profondément enraciné dans les entreprises légales et dans les unions ouvrières.

En ce qui a trait à la définition canadienne (Québec, 1970, vol. 3, t. III, p. 18), elle n'entre pas en contradiction avec la définition américaine, mais tend plutôt à la compléter, puisqu'elle se lit comme suit : « Le crime organisé est une société permanente et secrète qui réserve généralement la violence pour la régie interne, mais dont les conspirations constantes visent un profit considérable et régulier, soit par la vente de services et de produits illicites, soit par l'infiltration à l'intérieur d'entreprises légales au point d'établir, si possible, des monopoles dans les deux secteurs ».

La définition européenne, par contre, telle qu'élaborée en 1970 par le Conseil de l'Europe, a ceci de particulier qu'elle insiste sur le phénomène d'une demande du public déjà existante et ne mentionne pas qu'une telle demande peut être artificiellement créée, ou suscitée par une publicité occulte, ou même artificielle, encouragée, ou faussée par les agents du crime organisé. Il est précisé, en effet, que :

par criminalité organisée, on entend la fourniture illicite de marchandises et de services interdits ou réglementés par la loi, et pour lesquels il existe une forte demande du public (par exemple, le jeu, le trafic des stupéfiants, la prostitution, les formes modernes de contrebande de l'or, des pierres précieuses, des devises...) combinée avec plusieurs formes d'exploitation, d'extorsion ou de « protection » et appuyée par des menaces et par des actes de violence prémédités, y compris le meurtre.

Malgré les quelques différences indiquées, on constate, en somme, que la façon de concevoir le crime organisé demeure sensiblement similaire, que ses champs d'activités sont comparables et que les différences fondamentales n'apparaissent qu'au niveau de la variété des secteurs où sa pénétration a pu être décelée. C'est ainsi que les spécialistes américains constatent que le crime organisé est « profondément enraciné dans les entreprises légales et dans les unions ouvrières », ce qui n'est pas encore le cas, semble-t-il, en Europe, surtout en ce qui concerne les syndicats et les services à caractère administratif, ou dits d'intérêt public. Selon J.A. Mack : « La grande distinction entre l'Europe et l'Amérique du Nord réside dans le fait de l'absence de la corruption politique, administrative et policière », mais il n'en reste pas moins que certains phénomènes observés en Europe entrent en contradiction avec cette affirmation. À ce propos, il convient de citer, entre autres, les causes relatives à la construction des habitations à loyer modéré, qui ont permis de démontrer que les entreprises privées qui se sont rendues coupables de détournement de fonds, ont opéré avec, ou grâce à, la complicité des pouvoirs publics. Il s'agit là, toutefois, d'un secteur particulier d'activités criminelles qui a pu se développer à la faveur d'une pénurie spécifique liée aux conséquences de la dernière guerre mondiale.

D'une manière plus globale, on peut conclure que le crime organisé, à l'origine surtout, s'est développé aux États-Unis, comme en Amérique en général, à la faveur de certaines législations restrictives concernant la consommation des produits ou le développement des services particuliers, tandis qu'en Europe il a été stimulé par des pénuries inconnues de l'autre côté de l'Atlantique sur une aussi grande échelle.

En effet, selon plusieurs spécialistes, les structures du crime organisé ont été élaborées et constituées à l'époque de la prohibition. La législation très sévère qui visait à défendre toute consommation d'alcool a suscité des intérêts nouveaux, tout en éliminant toute possibilité de satisfaction de ceux déjà existants. Par ailleurs, cette législation ne tenait pas compte du contexte international et a été promulguée de façon tout à fait unilatérale. En somme, il semble bien que le législateur de l'époque prenait pour acquis qu'il est possible de contrôler toute importation et présumait, à priori, qu'on parviendrait à éliminer la contrebande.

Ce qu'il convient de souligner, en outre, c'est qu'une entente internationale était pratiquement impossible, non seulement en raison du contexte politique de l'époque, mais aussi à cause des impératifs économiques. En effet, les pays producteurs de spiritueux et de vins ne pouvaient suivre l'exemple américain sous peine de provoquer un sous-emploi grave et l'exode de certaines régions vinicoles plus ou moins importantes selon les pays. Par ailleurs, l'encadrement culturel de l'alcool était déjà trop poussé et trop raffiné en Europe pour que la suppression de la consommation puisse ne pas susciter des réactions hostiles à l'égard de tout gouvernement décidé à envisager une telle mesure.

Par conséquent, contrairement à ce qui se passe actuellement au niveau des législations relatives à la consommation non médicale des drogues et stupéfiants, les États-Unis se sont trouvés isolés dans leur façon de contrôler la consommation et, dès lors, est apparu un champ d'action très particulier et très délimité pour tout agissement criminel. Toutefois, afin de satisfaire l'énorme marché de consommation illégale qui s'ouvrait ainsi, il fallait promouvoir une organisation systématique de points de vente et de consommation. Il était indispensable, en somme, de créer d'une part des magasins, et d'autre part des débits, ce qui impliquait l'élaboration des structures d'une organisation ayant ses agents, ses chefs et ses moyens d'intimidation particuliers à l'égard des individus désireux d'agir de façon indépendante et de s'établir, en quelque sorte, pour leur propre compte.

La levée de la prohibition a mis fin, en principe, à l'existence d'un marché répondant à une demande d'un type particulier ; il n'en reste pas moins que l'organisation étant mise en place, ses dirigeants ont essayé de l'utiliser pour d'autres fins, et dès lors, un joint est apparu entre les activités du crime organisé telles qu'elles existent en Amérique et en Europe.

II. LES DIVERS CHAMPS D'ACTIVITÉ DU CRIME ORGANISÉ

D'une manière générale, la force du crime organisé réside dans le fait qu'il répond à une demande du public, officiellement inexistante, mais non moins impérieuse pour autant. Cette demande apparaît dans quatre principaux secteurs ; soit ceux du jeu sous toutes ses formes, de prêts usuriers, de la prostitution et du commerce des narcotiques.

Disposant d'une structure formelle, bien hiérarchisée et ayant une tradition propre, autant en Amérique qu'en Europe — en Italie notamment — dont certains ressortissants, devenus immigrants américains ont traditionnellement grossi les rangs des organisations telles que la Mafia et, plus tard, la Cosa Nostra, le crime organisé est capable d'assumer, en outre, certaines formes de « protection » et de « chantage » dans le milieu des affaires.

C'est à ce niveau que se situe un autre genre de ses activités qui se solde par les fraudes, les faillites frauduleuses et les détournements de fonds, soit par des activités qui exigent la collaboration de plusieurs agents placés à certains postes hiérarchiques, simples exécutants et jusqu'aux assassins à gages.

Imitation ou décalque d'une société dont l'activité économique devient celle des sociétés ou des compagnies anonymes, par opposition à l'action isolée des individus inventifs, ou créateurs, du début du siècle, le crime organisé exclut plus sûrement le succès du criminel isolé et individualiste que l'action de l'appareil judiciaire. Ayant ses propres rites et ses propres lois, la Cosa Nostra, la Mafia et ses ramifications imposent des condamnations à mort à l'heure où la justice supprime ou suspend volontairement la peine capitale.

Dès lors, il s'agit de structures d'autant plus indéracinables que l'action de l'appareil répressif est trop soucieuse de préserver les droits de l'individu, pour amorcer des procédures sur la base de plaintes policières ne comportant pas toutes les données indispensables pour une inculpation formelle. Or, le taux de victimisation des témoins éventuels est à ce point élevé qu'il est pratiquement impossible, dans la plupart des causes, de faire la preuve, surtout lorsqu'il s'agit des chefs.

Cette sorte d'« injustice expéditive » ou de « règlements de compte » à l'intérieur de l'organisation, qui rend particulièrement complexe l'exercice de la justice, favorise le maintien et le développement des activités commerciales parallèles qui sont des monopoles et qui demeurent difficiles à déraciner. L'internationalisation des opérations du crime organisé, parallèle au développement des moyens de communication ultra-rapide, rend en outre inopérante toute action purement nationale ou locale.

Certains renseignements, obtenus jusqu'à présent par l'Interpol et publiés, permettent de se rendre compte de la variété des sphères du crime organisé à l'époque actuelle, dont notamment les opérations de crédit, les opérations commerciales et les interventions indues sur le marché du travail ont des ramifications internationales de plus en plus importantes.

1. Opérations de crédit et opérations financières

Des inscriptions frauduleuses de crédit aux comptes bancaires impliquant les États-Unis, l'Amérique du Sud et l'Argentine, ont été signalées par l'Allemagne fédérale. Des émissions d'actions, de titres de créance ou de parts sans valeur de sociétés véreuses ou de façade, ayant leur siège social au Canada, aux États-Unis et à Panama, ont été signalées en France. On a constaté qu'une organisation obtenait des crédits sur dépôt de titres contrefaits, ou sans valeur, dans les Pays-Bas, le Royaume-Uni, la Suisse et l'Espagne.

2. Opérations commerciales

L'Allemagne fédérale, le Canada, la France et la Birmanie ont fait état d'un certain nombre d'affaires commerciales qui consistent à obtenir et à vendre des marchandises sur fausses représentations avec intention de non-paiement des fournisseurs. En raison du caractère international de ces affaires, il n'a pas été possible, cependant, de réunir jusqu'à présent suffisamment de preuves pour procéder aux arrestations.

3. Opérations sur le marché du travail

Les autorités policières de l'Allemagne fédérale ont rapporté plusieurs cas d'escroquerie à l'embauchage de la main-d'œuvre étrangère, confirmés par le Liban et la République arabe unie. Les agissements du crime organisé s'exerçaient au détriment des travailleurs, ressortissants de Grèce, d'Italie, d'Espagne, de Yougoslavie, des pays d'Afrique du Nord et du Proche-Orient.

Il est évident, en somme, que les problèmes auxquels il convient de faire face dépassent largement les limites territoriales et qu'on ne peut pas analyser le crime organisé dans un pays donné, ou sur un continent, sans tenir compte de son impact et de ses ramifications qui existent ailleurs.

Il n'en reste pas moins que certaines activités du crime organisé sont intimement associées à un contexte socio-économique donné et peuvent être liées, soit à une forme spécifique de « pression », soit à une législation ne tenant pas compte, en raison d'une conception ou d'une philosophie particulière de la morale, de la demande qui existe

et qui entraîne l'apparition de certains services. En ce qui a trait aux
« pressions », il est intéressant de citer un exemple concret décrit par
Martin W. Duyzings (1965), dans son volume intitulé *la Mafia*, et
concernant un secteur très particulier, soit celui des pompes funèbres :

> Un citoyen de Palerme avait constaté que les entreprises de
> pompes funèbres fonctionnaient d'une étrange façon. Tout
> d'abord, il trouvait les tarifs trop élevés. Deuxièmement, il
> prétendait qu'on livrait des cercueils de qualité médiocre.
> Troisièmement, il calcula que, dans bien des cas, un corbillard
> tiré par deux chevaux maigres coûtait très cher. Quatrième-
> ment, il découvrit que l'on ne pouvait pas acheter où on le
> voulait des statuettes, couronnes et pierres tombales. Cinquiè-
> mement, il apprit que, dans les cimetières, on pratiquait une
> sorte de marché noir des emplacements et que l'on ne tenait pas
> compte des recommandations du clergé.

Toutes ces constatations l'ont décidé à créer une entreprise et à
changer complètement ce genre de méthodes d'intimidation implicite
des malheureux clients. Toutefois, de l'avis de Martin W. Duyzings,
« à Palerme, les pompes funèbres, autant que les garages et les
remorqueurs, sont entre les mains de la Mafia », ce qui explique
pourquoi, lors du premier enterrement organisé par le citoyen en
question, une bombe a explosé sur le passage du cortège...

Il va sans dire que lorsqu'il s'agit de cette forme de « pression »,
les services administratifs peuvent agir, mais que l'infiltration de la
corruption paralyse fréquemment certains de leurs organes à un
point tel qu'il faut attendre un crime majeur pour qu'ils intervien-
nent, souvent à la suite d'une réaction de l'opinion publique. C'est là,
d'ailleurs, qu'on situe généralement les principales différences qui
existent entre les réactions du système judiciaire américain, ou de
modèle britannique, et celui, beaucoup plus centralisé du modèle
français, ou Napoléon.

> En se raffinant, écrit G. Robert Blakey (1967) dans son étude
> sur le crime organisé, notre administration de la justice est
> devenue plus complexe et a multiplié le nombre des serviteurs de
> la justice. On s'est trouvé ainsi à augmenter les possibilités de la
> corruption. Or, il suffit de la corruption d'un policier, d'un
> procureur de la Couronne ou d'un magistrat, pour que l'ensem-
> ble de l'administration de la justice dans un secteur donné, soit
> brusquement frappé de paralysie. Dans les habitudes judiciaires
> anglo-américaines, une application efficace de la loi exige une
> étroite coordination des gestes et des décisions de toute une
> gamme d'individus, certes reliés les uns aux autres étroitement,

mais occupant aussi chacun des postes séparés et autonomes à diverses étapes de l'application de la loi.

Les législateurs, les témoins, les dirigeants policiers, les avocats de la poursuite et les tribunaux doivent tous poser des gestes concrets si l'on veut que les peines prévues au Code criminel aient un impact sur les activités du crime organisé. Qu'on parvienne à corrompre n'importe quel homme essentiel à cet enchaînement et l'on obtient comme conséquence ultime la stérilisation de toute la procédure.

Le problème de la corruption n'est pas inhérent, toutefois, aux structures d'un appareil de répression décentralisé. En effet, le phénomène en tant que tel existe également, comme cela a été prouvé à maintes reprises au cours de l'histoire, dans le cadre des régimes dictatoriaux. Toutefois, la pression policière y est générale-ment beaucoup plus forte, ce qui paralyse au départ toute organisa-tion clandestine, quelle qu'elle soit. Des études formelles concernant ce phénomène ne sont pas, malheureusement, suffisamment dévelop-pées pour autoriser des conclusions scientifiques, mais l'analyse de certains événements précis permet de se rendre compte de l'impact réel d'une pression policière, même temporaire.

C'est ainsi que dans les pays démocratiques, dits libéraux, il a été démontré qu'en période de crise provoquée, par exemple, par des manifestations de violence ou par des enlèvements, il suffit que les autorités entreprennent une action policière de grande envergure pour que les agissements du crime organisé soient mis en veilleuse, ainsi que tous les règlements de comptes.

Pour combattre le crime organisé, les démocraties occidentales doivent-elles sacrifier une part de leur conception de la liberté individuelle et promouvoir des contrôles draconiens ? Il va sans dire que c'est là une question à laquelle on ne peut répondre de façon affirmative et qu'il est indispensable de chercher des solutions beaucoup plus nuancées et beaucoup moins draconiennes, même si leur efficacité reste à être prouvée.

III. LE CRIME ORGANISÉ ET LA DEMANDE DES BIENS ET DES SERVICES

Or, de telles solutions impliquent, au départ, des recherches concernant la « complicité » qui existe entre le public et l'organisation criminelle à travers une relation de « demande » des services qui suscite « l'offre ». En effet, dans quatre secteurs d'activités illégales, soit le jeu, les prêts usuraires, la prostitution et le trafic des narcotiques, le crime organisé répond à des besoins qui ne peuvent être satisfaits par la voie normale et officielle, étant contraires aux principes moraux et aux législations qui en découlent.

1. Le jeu

Parmi ces « besoins », un des plus anciens et des plus classiques, demeure celui du risque. Freiné dans le contexte d'une existence rurale par la pression du milieu, mais surexcité au contraire et alimenté artificiellement par certains aspects de la culture des grandes villes modernes, l'attrait du hasard et du gain facile devient fréquemment une passion. Les citadins veulent jouer, et qu'il s'agisse de loteries ou de concours sportifs, ou encore d'interminables parties de cartes, on trouve toujours une foule d'individus désireux de « tenter leur chance ».

Étant donné que la morale traditionnelle considère comme inadmissible la reconnaissance officielle et la légitimisation de ce genre de « besoins », en raison notamment du fait qu'ils deviennent facilement « incontrôlables » et « illimités », la plupart des législations défendent, ou réglementent très sévèrement toutes les formes de jeu.

À l'opposé, tous les corps policiers qui s'occupent de combattre le crime organisé affirment que le jeu constitue la principale source de ses revenus. Selon les évaluations faites aux États-Unis, le revenu du crime organisé provenant des divers jeux et paris, varie annuellement jusqu'à 50 milliards de dollars environ.

Il semble évident, dès lors, que l'activité du crime organisé dans ce secteur est la conséquence logique d'une législation sévère et restrictive et on peut conclure qu'il suffirait théoriquement de la changer pour éliminer toute possibilité de profit illicite. En pratique, cependant, les recherches faites jusqu'à présent, démontrent qu'on peut empêcher l'apparition d'un monopole, mais qu'on ne peut pas faire disparaître complètement certaines conséquences de l'attrait des jeux de hasard.

C'est ainsi, par exemple, que la création des loteries nationales, autorisées dans plusieurs pays, dont la France, comme l'existence des casinos, permettent de répondre à une partie de la demande, mais ne peuvent éliminer complètement les diverses maisons de jeu qui parviennent à trouver une clientèle, dans les villes portuaires notamment, où le flux de clients de passage est particulièrement élevé. En ce qui a trait aux paris, tous les contrôles s'avèrent incapables de circonscrire complètement les activités illégales encouragées par une demande de plus en plus élevée.

Il est intéressant de citer, à ce propos, les relevés faits à l'occasion de l'enquête dirigée par le Sénateur Robert F. Kennedy, selon lesquels les paris officiels atteignent annuellement un total de 5 milliards de dollars, comparativement à 20 milliards que représente le total des paris illicites organisés lors des diverses manifestations sportives. Ces données indiquent que la législation de certaines formes de hasard ne rend contrôlable qu'un quart environ de la demande totale.

Par ailleurs, le profit du crime organisé est à ce point élevé qu'on ne saurait espérer le décourager complètement grâce à une sévérité particulière des cours basée sur l'effet dissuasif des peines très lourdes. Un individu appréhendé à Montréal, au cours de l'année 1971, avait avoué qu'en l'espace de quatre heures il a inscrit pour $ 240 000 de gageures sur divers événements sportifs, et ce cas qui n'est guère isolé, démontre clairement l'importance des sommes qui sont en cause.

Il semble donc évident que les législations extrêmement limitatives favorisent le développement du crime organisé, mais que celles qui se contentent de contrôles et de vérifications, préférables à l'interdiction absolue, doivent être appliquées de façon particulièrement efficace pour parvenir à le limiter aux activités qui ne concernent qu'un faible pourcentage de la demande.

2. Le prêt usuraire

La même constatation s'applique en ce qui a trait à l'usage du crédit. Il est prouvé que dans les grandes cités modernes, la publicité est un puissant agent de création des besoins factices, ou exagérés. C'est même là un des inconvénients majeurs des sociétés très industrialisées, mais non moins indispensables à leur développement. Parallèlement, se développe également toute une structure de crédit à la consommation qui atteint des proportions démesurées aux États-Unis et d'une façon plus générale, en Amérique du Nord, tout en étant de plus en plus importante en Europe. Les risques des sociétés et des compagnies prêteuses étant contrôlés, en raison du fait que les gouvernements prennent désormais la responsabilité de certaines opérations bancaires dans le but d'éliminer les dangers de non-solvabilité, les emprunteurs se tournent vers d'autres moyens de se procurer l'argent qu'ils ne peuvent obtenir par la voie normale.

Là encore, la possibilité des gains est énorme. Les services de prêts usuraires appartenant au crime organisé perçoivent des intérêts allant jusqu'à 150 % par semaine, calculés sur le montant initial, et puisqu'ils assument en même temps des risques de non-remboursement, ils éliminent les pertes éventuelles en exerçant des « pressions » spécifiques sur les clients insolvables ou récalcitrants. Certains débiteurs finissent par devenir des agents actifs, d'autres paient de leur vie le refus de collaborer, d'autres encore sont victimes de diverses formes de chantage.

Aucune société ne peut éliminer complètement les besoins de crédit qui existent au-delà des marges limitées par le risque calculé; mais certains pays, dont les États-Unis et le Canada, ont des législations autorisant l'existence d'un réseau de compagnies de finance qui complète, en quelque sorte, le réseau bancaire proprement dit. Les taux des compagnies de finances varient de 18 à 24 %, comparativement aux 7 % et 9 % perçus par les banques, ce qui demeure exorbitant; mais il n'en reste pas moins que ces institutions financières épongent quand même une demande qui pourrait être exploitée par des organisations illégales et criminelles.

En somme, pour protéger les citoyens contre les agissements du crime organisé, les États très industrialisés acceptent de tolérer certaines formes de crédit, bien qu'elles soient socialement injustifiables et qu'elles aient été dénoncées à maintes reprises par les divers mouvements ouvriers et autres.

3. La prostitution

Au-delà des besoins liés au contexte économique des civilisations modernes, existent également ceux relatifs à la sexualité, qui sont beaucoup plus anciens et datent de la nuit des temps. Ce qui est significatif, c'est que la crise de la morale traditionnelle et la disparition de certaines contraintes familiales et sociales, observables surtout dans les grandes villes, ont été de puissants agents du démantèlement des réseaux du crime organisé.

En effet, bien que la législation concernant la prostitution soit restée inchangée dans la plupart des pays occidentaux, l'« exploitation commerciale » de la femme est en voie de disparition. La traite des blanches, comme la soumission d'un groupe de femmes à un homme s'appropriant leurs revenus, font partie d'un triste folklore du passé parce que la demande est désormais trop faible pour que de tels agissements puissent demeurer lucratifs. Cela signifie que la prostitution n'implique plus la même victimisation qu'autrefois puisque les prostituées ne sont que rarement exploitées par un tiers, et les clients ne sont plus victimes de vols ou, à plus forte raison, d'assauts et de meurtres.

Les réseaux de *call-girls* qui existent dans plusieurs grandes villes fonctionnent grâce à l'aide des diverses organisations criminelles, ou plus simplement illégales, mais leur impact criminogène est limité. Fréquemment apparentés aux services touristiques, ils fournissent des « guides » ou des « dames de compagnie » aux clients des grands hôtels et leur « personnel » conserve une liberté relative. La *call-girl* paie un pourcentage en échange des services téléphoniques qui la mettent en contact avec le client, mais peut rompre le « contrat ».

Certes, il serait illusoire de prétendre que les diverses ramifications du crime organisé ne profitent pas de cette forme de prostitution pour exercer d'autres activités, dont le chantage par exemple, ou l'extorsion de fonds, mais de l'avis des autorités policières américaines et canadiennes, ce n'est plus là qu'un secteur marginal en voie de disparition. Par conséquent, il est possible de conclure que la philosophie de la morale ayant évolué beaucoup plus vite que la législation, l'absence de la demande est devenue le plus sûr agent d'élimination des agissements criminels.

Il va sans dire, malheureusement, que le même phénomène ne saurait se produire dans les secteurs liés aux besoins économiques puisqu'on ne peut concevoir une société suffisamment riche pour éliminer, même partiellement, l'appât d'un gain facile dû au hasard, ni l'envie de posséder des biens de consommation grâce à l'aide du crédit, même si le prix de ce dernier demeure très élevé.

4. Le commerce des narcotiques

Par ailleurs, au-delà des besoins économiques et sexuels, les sociétés modernes engendrent également des besoins nouveaux relatifs aux diverses formes « d'évasion ». Là encore, l'impact du rythme d'existence des grandes villes semble déterminant. En soi, le phénomène de consommation des narcotiques n'est pas récent ; ce qui est nouveau, c'est son ampleur et sa démocratisation, favorisés par le contexte urbain.

Traditionnellement, le commerce des narcotiques ne répondait qu'à la demande d'un faible pourcentage d'individus, héroïnomanes, hommes adultes, souvent issus de milieux à l'aise ou privilégiés. Désormais, il s'agit d'un phénomène social, impliquant l'usage des divers narcotiques, dont certains fort peu connus encore, par des jeunes dont l'âge varie de 12 à 20 ans.

Sur le plan légal, le commerce et l'usage des narcotiques sont réglementés dans tous les pays occidentaux et ne peuvent être décriminalisés sans une consultation préalable entre les États signataires de l'accord international les concernant. Actuellement, ce problème est largement discuté et plusieurs commissions d'enquêtes et d'études examinent les possibilités de changer les législations en ce qui a trait, notamment, aux narcotiques dont le degré de dangerosité demeure contestable, soit la marijuana, par exemple. Il n'en reste pas moins que le crime organisé semble se réserver surtout le secteur précis du commerce de l'héroïne et ne s'est pas engagé, jusqu'à présent, dans celui des autres narcotiques, en raison notamment des risques que cela représente. Il s'agit là de répondre à la demande des consommateurs très jeunes et difficilement contrôlables, puisque, contrairement aux usagers de l'héroïne, un pourcentage seulement, considéré comme relativement faible, devient incurable. L'héroïnomane, par contre, ne peut, très rapidement, se passer d'injections et exige des doses de plus en plus élevées, ce qui le place à la merci de son fournisseur.

Les études faites par les autorités policières évaluent à $350 millions le commerce annuel de l'héroïne aux États-Unis et estiment que, sur ce total, les profits du crime organisé représentent $21 millions environ. Il s'agit là, en somme, de montants relativement faibles, comparativement aux évaluations, aussi conservatrices puissent-elles être, de l'ampleur de la consommation de toutes les autres drogues et narcotiques, soit de la marijuana, du LSD et des amphétamines. Le phénomène de l'accroissement de la demande d'un bien dont la vente est illégale, tel qu'il existe dans ce secteur, demeure donc assez unique dans son genre.

En effet, l'interdiction de la consommation des boissons alcooliques a entraîné la création et le développement du crime organisé, l'interdiction de la consommation des stupéfiants demeure un phénomène social grave, mais jusqu'à présent, aucune étude n'a pu démontrer qu'elle apporte des profits substantiels aux organisations criminelles.

Certes, on ne dispose pas encore d'un recul de temps suffisant pour tirer des conclutions scientifiquement valables, mais il est possible de faire quelques constatations. Tout d'abord, contrairement aux autres besoins dont la satisfaction est défendue, ou contrôlée par la loi, l'usage des stupéfiants implique une clientèle particulièrement jeune dont la limite d'âge atteint rarement la majorité. En deuxième lieu, cette clientèle a créé son propre marché de ventes, en gros et au détail, puisque ce sont les usagers qui se procurent la marijuana dans les pays producteurs et la distribuent ensuite dans leur propre milieu, en réalisant, semble-t-il, des profits relativement faibles. Il est important de noter, enfin, que la séparation traditionnelle et naturelle qui existe entre l'univers des mineurs et des adultes, décourage les organisations criminelles à s'emparer de ce marché, bien qu'il pourrait s'avérer fort lucratif à long terme.

Il est loisible, par conséquent, de prétendre, sur la base de cet exemple, que certains agissements criminels ne sont pas uniquement la contrepartie des législations trop sévères, ou ne peuvent tenir compte, pour des raisons morales ou sociales, de la demande, mais également de la soumission d'une clientèle que la crainte de victimisation rend incapable de réagir. Étant donné que la crainte de victimisation est proportionnelle à un certain niveau d'engagement dans une carrière, ou dans une profession, ou tout simplement à l'égard d'un milieu familial, les mineurs sont, par définition, moins vulnérables. Par ailleurs, à partir du moment où la pression de l'autorité parentale n'est plus suffisante, la menace de chantage cesse d'être un élément dirimant.

5. Les structures internes du crime organisé

Toutes les structures du crime organisé dépendent, en effet, de cet élément fondamental de la crainte de victimisation qui demeure plus important et plus puissant que l'attrait du gain lui-même. La corruption ne se développe pas, en somme, sans la contrepartie de la menace de dénonciation et les agents du crime organisé obéissent d'autant plus fidèlement qu'ils connaissent le prix d'un refus éventuel de se soumettre. Pour combattre le crime organisé, on ne peut compter, en somme, sur l'aide des individus qu'il exploite, mais il est indispensable de procéder par la voie de la pénétration à l'intérieur des structures existantes.

Les études faites aux États-Unis démontrent que 80 % des activités du crime organisé s'exercent dans les villes de plus d'un million d'habitants, et 20 %, dans celles qui comptent un demi-million à un million d'habitants, mais que des ramifications existent également dans toutes les villes secondaires qui comptent de 100 000 à 250 000 habitants.

« Actuellement on évalue à 24 le nombre de cartels du crime organisé qui existent aux États-Unis. Leurs principaux membres sont formés exclusivement de descendants d'immigrants italiens et ils ont des contacts suivis avec leurs familles qui demeurent en Europe » (extrait du témoignage de J. Edgar Hoover, directeur du FBI). Il s'agit dans l'ensemble d'une sorte de « fraternité » dont les dirigeants ont les mêmes origines ethniques et constituent au total un groupe homogène de 5 000 personnes environ. Les 24 cartels sont désignés sous le terme de « familles » qui comprend un nombre variable d'individus allant de 20 à 700, suivant les besoins. La plupart des villes ne comptent qu'une « famille », à l'exception de New York, où les recherches ont permis de dénombrer cinq unités de ce genre. Les structures internes de ces « familles » sont calquées sur le schéma traditionnel sicilien et impliquent une obéissance totale au chef, ou à celui qui est désigné par lui comme son successeur.

Le « code d'honneur » des « familles » étant très strict, il est excessivement rare, par ailleurs, que les amis ou parents des victimes demandent la protection ou l'aide de la police. Assimilable à la *vendetta* sicilienne, la « justice » des cartels est rapide, confidentielle et on ne peut plus expéditive. Ce que les recherches faites jusqu'à présent ont démontré, en outre, c'est que plusieurs membres des « familles » possèdent des diplômes universitaires et pourraient exercer une profession, mais entrent dans l'organisation à la suite de leurs parents et obéissent aux ordres pour finir par assumer, à leur tour, des responsabilités de direction. C'est là que se situe une des plus importantes caractéristiques du crime organisé.

Contrairement à la criminalité traditionnelle, il ne s'agit pas là en somme d'individus ayant un niveau d'éducation et de formation qui se situe en deçà de la moyenne nationale, mais au contraire de gens qui appartiennent, de par leurs diplômes, à une certaine élite, et qui ont, par conséquent, des méthodes d'action beaucoup plus évoluées, de même que des relations dans des milieux très divers. Il est évident que pour combattre le crime organisé, l'appareil de la justice doit disposer de moyens nouveaux et plus perfectionnés, non seulement au niveau de ses propres services, mais aussi en ce qui a trait à sa collaboration avec les secteurs administratifs proprement dits.

À ce propos, il est intéressant de citer les résultats obtenus à la suite de la présentation du rapport de la Commission Kefauver et du procès de vingt chefs du crime organisé, arrêtés et jugés six ans plus tard. La culpabilité de ces individus a été établie et ils ont été condamnés pour « une série de crimes qui ressemblait, selon la déclaration du juge, à un *conte d'horreur* » ; il n'en reste pas moins que les sentences ont été renversées en appel grâce à certains vices de procédure habilement exploités par les avocats de la défense.

Le crime organisé est-il aussi puissant dans d'autres pays qu'aux États-Unis ? Souvent posée, cette question est d'autant plus complexe que les études et les recherches formelles sont très rares. Au Canada, dans la province de Québec, notamment, qui a une frontière commune avec les États-Unis, dont la configuration géographique est longue et accidentée, on a dénombré 200 individus environ assumant les opérations sur le territoire canadien. « À ces effectifs, qui constituent la direction du crime organisé, lequel agit dans diverses régions du Québec, mais principalement dans la région de Montréal, la métropole canadienne, il faut ajouter un nombre difficile à estimer de petits criminels qui gravitent autour du crime organisé » (Québec, 1971).

En ce qui concerne leurs activités, il s'agit surtout d'infiltration dans les commerces officiels tels que les boîtes de nuit et autres établissements ayant un permis de vente de boissons alcooliques. Il semble, en outre, que le crime organisé espère créer des casinos de jeu, administrés par des intérêts privés, qui jusqu'à présent n'existent pas au Canada puisqu'ils sont défendus par toutes les législations provinciales.

En Europe, certaines recherches ont démontré que les structures du crime organisé sont très similaires à celles qui existent en Amérique et reliées avec elles. Par contre, les zones d'infiltration demeurent variables suivant la situation du marché et il s'agit aussi bien du secteur de la construction domiciliaire, que de contrefaçon des produits de consommation.

IV. LES MOYENS DE LUTTE CONTRE LE CRIME ORGANISÉ

Le dénominateur commun du crime organisé, en Europe, comme en Amérique, demeure en somme lié aux trois composantes qui favorisent son action : la satisfaction des services et des besoins déclarés illégaux, l'infiltration des entreprises commerciales et financières de certaines opérations spécifiques, l'édification d'une organisation basée sur l'obéissance absolue de ses membres et sur l'intimidation de ses victimes.

La lutte contre le crime organisé doit donc être entreprise sur ces trois plans, dont le premier implique des réformes législatives, le deuxième des contrôles administratifs, et le troisième une action policière concentrée et efficace. Sur le plan international, par contre, certaines pressions économiques ont permis jusqu'à présent, d'obtenir des résultats, sinon décisifs, tout au moins très valables.

1. Les réformes législatives

Dans la plupart des pays, sinon dans tous ceux qui ont subi l'impact d'une industrialisation très poussée et relativement très rapide, les législations relatives aux opérations commerciales et financières n'ont pas été révisées en tenant compte des impératifs sociaux. En voulant surtout et avant tout prévenir la fraude, on a imposé fréquemment des modes de procédés trop lourds et trop lents pour qu'ils puissent être respectés à la lettre et on a été obligé, par la suite, de tolérer des écarts plus ou moins importants. Ces écarts, devenus désormais habituels sont considérés, en outre, comme parfaitement légitimes, ce qui n'est guère favorable au respect des réglementations en tant que telles.

Par ailleurs, il n'est guère habituel de tenir compte, dans l'élaboration de certaines lois, de considérations d'ordre économique, dictées par les besoins réels du marché de consommation. À ce propos, on peut citer la législation française relative aux poursuites et aux peines prévues pour l'émission de chèques sans provision qui impose des procédures lourdes et coûteuses en freinant ainsi l'usage d'une forme particulière de crédit, très développée déjà en Grande-Bretagne, ou en Amérique.

En dernier lieu, enfin, le puritanisme traditionaliste se refuse systématiquement à réviser des législations restrictives qui entraînent l'apparition des activités clandestines. Au lieu de reconnaître, en somme, l'impact de la demande et de se contenter uniquement de protéger les mineurs, tout en laissant aux adultes le soin d'être les seuls juges de leurs actes, on s'est efforcé, au nom de la moralité, de les rendre impossibles. Tandis qu'à Monte-Carlo, le fonctionnement du casino contrôlé et surveillé, permet à l'État de percevoir des taxes et des impôts, dans certains États de l'Amérique du Nord, on considère encore que le jeu sous cette forme doit être frappé d'une interdiction formelle, ce qui, bien entendu, favorise le développement des services clandestins.

Il semble évident, toutefois, que la lutte contre le crime organisé implique la révision des législations concernant le crédit, devenu à la fois un agent de promotion et de détérioration sociale, suivant les modalités de son utilisation, de même que la source de l'exploitation et des abus. Il apparaît urgent, par ailleurs, de reconsidérer les diverses restrictions concernant les jeux de hasard dans l'optique purement économique et sociale, et non pas moraliste, comme ce fut le cas par le passé.

2. Les contrôles administratifs

Des constatations semblables s'appliquent surtout en ce qui a trait aux contrôles administratifs. Soucieuses de préserver la liberté de l'entreprise et de l'entrepreneur, les autorités publiques ont élaboré des réglementations qui ne tiennent pas compte de façon rigoureuse de la notion même de l'« entreprise d'intérêt public ». Or, c'est justement dans le cadre de ce genre d'entreprise qu'il est particulièrement facile d'établir des pratiques frauduleuses, et puisque son fonctionnement demeure indispensable, contraindre les consommateurs de les accepter.

Cela est vrai pour la construction domiciliaire d'un certain type qui se développe en raison d'une situation de pénurie, comme pour certains services indispensables[1] et, occasionnellement, pour les services de tous genres dont la demande est élevée et les moyens de la satisfaire limités.

---

1. Voir à ce propos l'exemple de Palerme déjà cité.

C'est ainsi que dans les grandes villes, les problèmes de stationnement par exemple deviennent de plus en plus complexes. Ils peuvent être résolus par une action planifiée et systématique des services administratifs, la construction de stationnements souterrains, etc. ou laissés aux soins de l'entreprise privée dont on contrôlera les opérations et on limitera les taux, ou encore les autorités administratives peuvent s'abstenir d'intervenir. Il est probable cependant qu'un tel absentéisme jouera au détriment des intérêts des citoyens auxquels on imposera des conditions draconiennes et qui seront obligés de les accepter à cause de la pénurie.

L'infiltration du crime organisé est donc liée là à la rapidité de l'action des autorités administratives et à l'impact réel des décisions prises en fonction des intérêts immédiats et, à long terme, des usagers. Cependant, ce qu'il convient de souligner à ce propos c'est que les municipalités importantes se sont développées très rapidement, tandis que leurs budgets continuent à augmenter très progressivement. Il s'agit là d'un phénomène observable dans tous les pays occidentaux et qui n'est guère résolu puisque les gouvernements n'acceptent pas de partager équitablement l'assiette des impôts et que les taxes municipales ne suffisent pas pour couvrir les dépenses.

Dès lors, l'endettement des grandes municipalités et les intérêts de la dette dévorent des montants tels que toute politique impliquant des investissements est malaisée. En effet, la taxation municipale varie suivant le nombre et l'importance des compagnies commerciales et des industries qui payent les montants les plus élevés, et non pas selon le nombre d'habitants qui eux ne font, en pratique, que défrayer par le truchement des taxes le coût des installations sanitaires et des services d'ordre qui coûtent de plus en plus cher en raison de l'augmentation de l'échelle des salaires.

Les difficultés budgétaires des autorités administratives jouent en défaveur de certains contrôles qui seraient susceptibles de contrecarrer l'action du crime organisé dans le secteur des services. La corruption, dont on dénonce les conséquences, ne concerne qu'un nombre limité de fonctionnaires municipaux ; l'absence d'une politique d'aménagement des services se solde par des conséquences globales dont la gravité n'est perçue généralement qu'au moment où l'infiltration du crime est plus ou moins indéracinable.

En ce qui a trait aux solutions possibles, on peut citer l'exemple suédois dans le cadre duquel les centres de décisions gouvernementales établissent des contrôles et accordent des subventions en conséquence aux municipalités tout en collaborant étroitement avec elles au niveau des études et des recherches préalables. Il n'en reste pas moins qu'un tel mode de fonctionnement et d'élaboration des politiques est possible en Suède où le nombre des grandes villes est relativement limité, mais peut être inconcevable à l'échelle américaine.

L'autonomie des États et l'ensemble des structures constitutionnelles interdisent, en outre, dans le contexte américain des politiques centralisatrices de cet ordre. Il n'est pas inutile, par ailleurs, de mentionner que dans certains pays européens, dont la France, la politique centralisatrice se solde par des retards à ce point importants qu'on s'oriente vers des réformes visant à une décentralisation, sinon municipale, tout au moins régionale.

En fin de compte, on constate donc que jusqu'à présent on n'a pas trouvé encore de modèle universel de fonctionnement des administrations municipales qui pourrait être considéré pleinement satisfaisant et valable dans les divers contextes nationaux.

3. L'action policière

La même constatation peut être formulée en ce qui a trait aux structures des forces policières, puisque là également le problème de centralisation ou de décentralisation entraîne des conséquences graves et complexes. Par ailleurs, l'action policière contre le crime organisé est fort mal connue des théoriciens et jusqu'à présent, toutes les études et recherches scientifiques sont malaisées ou impossibles à cause de la confidentialité.

Sur le plan international, la collaboration entre l'Interpol et les forces policières nationales est assurée par l'entremise des officiers qui, tout en représentant leurs pays respectifs, ont accès aux informations et aux fiches communes. L'importance de la discrétion la plus absolue est d'autant mieux respectée à ce niveau que les enquêtes sont longues et complexes puisqu'elles exigent une période d'observation de l'individu signalé lors de laquelle il faut retracer ses complices et les ramifications de son organisation. En effet, contrairement aux criminels traditionnels, les membres influents du crime organisé sont protégés par des structures qui leur assurent une certaine forme d'impunité et il est indispensable de pénétrer les divers réseaux avant de s'attaquer à ceux qui les organisent et les dirigent.

Il s'agit en somme des méthodes qui s'apparentent aux techniques de l'espionnage et du contre-espionnage; d'où la nécessité de recueillir des informations, de les analyser et de les centraliser avant de passer à l'action. Les mêmes impératifs existent également sur le plan national et il semble bien que la décentralisation des forces policières et le morcellement des centres de décisions compliquent singulièrement toute tentative de lutte efficace contre le crime organisé.

Contrairement à la police britannique, qui comprend plusieurs corps distincts mais relève en dernier ressort du Home Office, les forces policières américaines se distinguent par une autonomie totale au niveau municipal. Aux États-Unis, on dénombre plus de 40 000 services de police autonomes, tandis qu'au Canada, dans la seule province de Québec, on compte près de trois cents corps policiers pour une population de six millions d'individus environ.

Il a été indispensable, par conséquent, de créer des services spécifiques préposés uniquement à la lutte contre le crime organisé. Jusque très récemment, le crime organisé était cependant considéré dans certains milieux comme une menace utopique « inventée » par les services internationaux de la police, l'Interpol ou le FBI. En fait, c'est à partir de 1951 uniquement, date de la publication du rapport de la Commission Kefauver et des procès retentissants des chefs du crime organisé, qu'on a commencé à promouvoir une action concentrée au niveau national.

En 1958, en effet, fut créé aux États-Unis, auprès du ministère de la Justice, un service spécifique, le OCR (Special Group on Organized Crime), mais il a fallu quand même attendre jusqu'en 1960 pour amorcer les bases de collaboration entre cette section policière et le FBI. Au cours des années 1961-1965, le champ d'action de OCR a pu être finalement élargi grâce à la coopération active avec les services de perception d'impôts et ceux du Bureau fédéral du contrôle des narcotiques. Fait significatif, en l'espace de quatre ans, le OCR a pu présenter des preuves dans 60 % des cas connus, uniquement grâce aux relevés fournis par les services de perception des impôts. Il n'en reste pas moins que, par la suite, de multiples interventions ont été faites au Sénat pour dénoncer les méthodes de travail de l'OCR, et notamment l'utilisation du système d'écoute électronique et que, sous la pression de l'opinion publique, son personnel a été réduit de 25 %. Dès 1966, le président Johnson a cependant ordonné, à la suite des faits dénoncés par le sénateur Kennedy, la révision de toute la politique de lutte contre le crime organisé et a lancé un programme d'action impliquant une coopération étroite avec les diverses agences et services fédéraux et municipaux.

Au Canada, dans la province de Québec en particulier, la création en 1969 du Bureau de recherche sur le crime organisé (BROCO) a eu pour but de coordonner les activités des trois forces policières, fédérale, provinciale et celle de la plus importante ville de la province, Montréal.

Actuellement, les représentants de ces trois corps policiers assurent la direction du BROCO, dont les bureaux sont situés au grand quartier général de la Sûreté du Québec. Le service regroupe, en outre, depuis peu les représentants d'autres corps policiers et de services gouvernementaux directement impliqués dans la lutte contre le crime organisé. La confidentialité des renseignements compilés par BROCO exige, il va sans dire, une discipline très stricte et une sélection particulière du personnel, mais le développement de ce service dépend également de la réaction de l'opinion publique. L'exemple de OCR est à cet égard particulièrement significatif ; l'action défensive contre le crime organisé est acceptée, l'action offensive entraîne des interventions plus ou moins graves pour l'opinion publique.

C'est ainsi que, par définition, des organismes préposés à la lutte contre le crime organisé demandent l'autorisation de surveiller les conversations téléphoniques, de faire des perquisitions sans mandat en l'absence des intéressés et, sur un plan plus large, réclament l'établissement des documents d'état civil, dont la carte d'identité qui n'existe pas jusqu'à présent ni aux États-Unis, ni au Canada.

Pour l'opinion publique éclairée, il s'agit là de contrôles et d'agissements allant à l'encontre des libertés du citoyen, reconnues dans la constitution ; pour le policier spécialisé, par contre, ce ne sont que des instruments destinés à faciliter sa tâche. Entre les deux options, se profile le spectre de l'impact que les papiers d'identité obligatoires ont eu dans certains pays européens lors de la dernière guerre mondiale, ou encore à l'occasion des crises socio-politiques survenues depuis.

Pour les scientifiques et les théoriciens enfin, la preuve n'a pas été faite jusqu'à présent à l'effet que le pourcentage de criminalité non résolue est plus élevé en Grande-Bretagne qu'en France par exemple, bien que les Britanniques se targuent d'être une démocratie plus libérale où les cartes d'identité n'ont jamais existé.

4. Les pressions économiques d'ordre international

L'opinion publique réagit par contre beaucoup moins clairement à l'égard de l'action que certains États entreprennent au niveau international, bien qu'elle implique certaines contraintes économiques graves. À ce propos, on peut citer les politiques mises en œuvre par les États-Unis dans le but de circonscrire la consommation des stupéfiants, autant dans ses relations avec le Mexique qu'avec la Turquie, les deux pays producteurs. En ce qui a trait au Mexique, le contrôle très sévère des importations a eu un impact sur l'économie mexicaine ; par contre, en Turquie, les Américains assurent des subsides aux cultivateurs qui acceptent d'abandonner la culture du pavot, mais les résultats de cette action ne sont pas encore suffisamment connus pour qu'on puisse les analyser.

Sur le plan strictement financier, les pressions de diverses autorités gouvernementales se sont exercées à l'égard des autorités helvétiques dans le but d'obtenir la levée du secret bancaire dans les cas de délits fiscaux. Jusqu'à présent, le système de comptes numérotés est encore maintenu en Suisse, sauf exceptions, mais il est probable qu'à la longue, il sera abandonné et que les noms des déposants devront être enregistrés comme cela se fait partout ailleurs. Il n'en reste pas moins que le système de comptes numérotés a permis traditionnellement à la Suisse d'être le refuge des grandes fortunes et qu'une réforme de cet ordre peut baisser considérablement une des sources de revenus de toutes les banques et de l'ensemble du système financier de ce pays.

V. LE CRIME ORGANISÉ ET LA MENACE QU'IL REPRÉSENTE POUR LES STRUCTURES DÉMOCRATIQUES

Il va sans dire que les sacrifices que les diverses sociétés acceptent de s'imposer, indiquent on ne peut plus clairement que la lutte contre le crime organisé est devenue une priorité autant pour les gouvernants que pour les administrateurs. Ce qu'il convient de souligner, cependant, c'est qu'il ne représente pas seulement un danger de victimisation sous toutes ses formes, comparable à celui qui existe en raison de diverses manifestations de la criminalité traditionnelle, mais qu'il constitue également une menace pour l'ensemble des structures démocratiques.

En effet, au-delà des secteurs tels que l'économie et la finance, le crime organisé s'est infiltré aussi dans ceux qui sont le fondement même des organes socio-économiques de la société, soit par exemple, le monde du travail. C'est ainsi qu'à la faveur de l'évolution historique du syndicalisme américain marquée par la lutte entre les syndicats de boutique et les syndicats professionnels, l'affrontement du principe de « l'atelier fermé » et de cartes de compétence, les agissements antiraciaux et la philosophie égalitaire, la tradition de violence profite aux agissements criminels.

Étant donné, par ailleurs, l'importance des sommes perçues à travers les cotisations syndicales et les forces numériques des grévistes en puissance, il s'agit là d'un secteur particulièrement intéressant pour les tenants du crime organisé. Certaines causes célèbres, dont l'affaire Hoffa, président du Syndicat des débardeurs impliqué dans l'assassinat d'un ouvrier « récalcitrant », constituent des indices formels de l'infiltration qui existe et des intimidations extrêmes sur lesquelles elle est basée.

Il s'agit là, en outre, d'un phénomène qui demeure une menace directe pour tout régime démocratique allant à l'encontre d'une collaboration réelle entre les syndiqués, le patronat et le gouvernement, et faussant la philosophie même des mouvements ouvriers. Or, comme il a été souligné au préalable les deux principaux moyens de pénétration du crime organisé reposent sur la corruption et l'intimidation. En face de la crainte vécue par les concernés, il y a le contrepoids de la protection policière ; il est donc fondamental de rendre cette protection accessible à tous.

En guise de conclusion, il a été recommandé par les participants du Symposium de promouvoir de vastes campagnes d'information et d'éducation du public destinées à favoriser une meilleure perception du rôle et de la valeur des forces policières, ainsi qu'une évolution des relations entre les citoyens et les autorités policières.

En effet, à long terme, une plus juste perception du rôle de la police et de l'ensemble de l'appareil de la justice peut devenir, sans aucun doute, le meilleur agent de lutte contre le chantage tel que pratiqué par le crime organisé ; mais il est évident que les forces de l'ordre doivent, pour leur part, faire preuve d'une efficacité suffisante pour parvenir à éliminer la victimisation au lieu d'être réduites uniquement à la constater et à la dénoncer, et cela non seulement au niveau de la police, mais aussi à celui des Cours de première instance et des Cours d'appel.

La durée de certaines causes et la publicité qui a été donnée à certains acquittements spectaculaires sont autant de garanties d'impunité pour le crime organisé et de sujets de crainte justifiée, il va sans dire, pour tous ceux qui sont visés par ces agissements. Face à l'organisation criminelle, l'appareil administratif et judiciaire de tout État démocratique se doit, en somme, d'assumer pleinement son rôle de « protection », au risque de tolérer une désintégration de certains de ses secteurs, infiniment plus grave que les pertes financières et économiques qui en découlent.

BIBLIOGRAPHIE

VOLUMES

ALLEN, E. J. (1962): *Merchants of Menace. The Mafia,* Springfield (Ill.), Charles C. Thomas.

ASSOCIATION DES CHEFS DE POLICE ET POMPIERS DE LA PROVINCE DE QUÉBEC (1968): *le Crime organisé, aspect nord-américain,* communiqué présenté à la 3ᵉ journée d'étude au Jardin botanique, Montréal.

BLAKEY, G. R. (1967): *Organized Crime and Corruption Practice,* Washington (D.C.), Thompson Book Co.

DRZAZGA, J. (1963): *Wheels of Fortune,* Springfield (Ill.), Charles C. Thomas.

DUYZINGS, M. W. (1963): *la Mafia,* Paris, Payot, « Petite bibliothèque Payot », nº 83.

ÉTATS-UNIS (1965): *Organized Crime and Illicit Traffic in Narcotics,* rapport du Committee on Government Operations, Washington (D.C.), U.S. Government Printing Office.

ÉTATS-UNIS (1967a): *Task Force Report: Organized Crime,* rapport de la President's Commission on Law Enforcement and Administration of Justice, Washington (D.C.), U.S. Government Printing Office.

ÉTATS-UNIS (1967b): *The Challenge of Crime in a Free Society,* rapport de la President's Commission on Law Enforcement and Administration of Justice, Washington (D.C.), U.S. Government Printing Office.

ÉTATS-UNIS (1967c): *The Federal Effort against Organized Crime,* rapport du Committee on Government Operations, Washington (D.C.), U.S. Government Printing Office.

KENNEDY, R. F. (1964): *Ma lutte contre la corruption,* Paris, Robert Laffont.

KINS, R. (1969): *Gambling and Organized Crime,* Washington, Public Affairs Press.

LANDESCO, J. (1963): *Organized Crime in Chicago,* Chicago, The University of Chicago Press.

LASSWELL, H. (1963): *Power, Corruption and Rectitude,* Englewood Cliffs (N.J.), Prentice-Hall Inc.

MASS, P. (1968): *The Valachi Papers,* New York, G. P. Putnam's Sons.

MESSICK, H. (1967): *The Silent Syndicate,* New York, Macmillan.

QUÉBEC (1970): *la Société face au crime,* rapport de la Commission d'enquête sur l'administration de la justice en matière criminelle et pénale au Québec, Québec, Éditeur officiel du Québec, vol 3, t. III, *le Crime au Québec, le crime organisé.*

QUÉBEC (1971): *la Police et la sécurité des citoyens,* Livre blanc du ministère de la Justice, Québec, Éditeur officiel du Québec.

SCHUR, E. M. (1965): *Crimes without Victims,* Englewood Cliffs (N. J.), Prentice-Hall Inc.

SONDERN, F. (1959): *Brotherhood of Evil: The Mafia,* New York, Farrar, Straus & Cudahy.

SUTHERLAND, E. H. (1961): *White Collar Crime,* New York, Holt, Rinehart and Winston.

TYLOR, G. (1962): *Organized Crime in America,* Ann Arbor, The University of Michigan Press.

REVUES

ADAMS, T. F. (1962): « Organized Crime in America », *Police,* **6** (5): 6-8.

ALLEN, E. (1961): « The Mafia: Mediator and Protector », *Police,* **5** (6): 18-26.

AUBÉ, L. (1954): « Malfaiteurs *internationaux, Revue internationale de criminologie et de police technique,* p. 309-317.

CRIME AND DELINQUENCY (1962): « Organized Crime », *Crime and Delinquency,* **8** (4): 321–407.

FBI (1962): « Interchange of Information Battles Organized Crime », *FBI,* **31** (1): 3-7.

GILBERT, J.-P. (1969): « Le crime organisé et sa répression: tendances évolutives », *Association des chefs de police et pompiers de la province de Québec,* Québec, Université Laval, 7 p.

INTERNATIONAL CRIMINAL POLICE REVIEW (1966):« The Mafia, a Criminal Phenomenon », *R.C.M.P. Gazette,* **28** (10): 18.

JOHNSON, E. (1963a): « Organized Crime: Challenge to the American Legal System », *The Journal of Criminal Law, Criminology and Police Science,* **54** (1): 1-30.

JOHNSON, E. (1963b): « Organized Crime: Challenge to the American Legal System », *The Journal of Criminal Law, Criminology and Police Science,* **54** (2): 127-146.

THE JOURNAL OF CRIMINAL LAW, CRIMINOLOGY AND POLICE SCIENCE (1957): « Legal Methods for the Suppression of Organized Crime », *The Journal of Criminal Law, Criminology and Police Science,* **48** (4): 414-430.

LAGANIÈRE, G. (1969): « Le crime organisé, c'est l'affaire de tous », *Association des chefs de police et pompiers de la province de Québec,* Québec, Université Laval, 9 p.

LEE, W. R. (1969): « Le crime organisé », *R.C.M.P. Gazette,* **31** (4): 3-11.

NEPOTE, J. (1967a): « International Crime. The Second Frank Newsman Memorial Lecture », *The Police Journal,* **40** (1): 7.

NEPOTE, J. (1967b): « International Crime », *R. C. M. P. Gazette,* **29** (4): 2–9.

PETERSON, V. W. (1959): « Rackets in America », *The Journal of Criminal Law, Criminology and Police Science,* **49** (6): 583–590.

REVUE INTERNATIONALE DE POLICE CRIMINELLE (1966): « La mafia, phénomène criminel », *Revue internationale de police criminelle,* nº 197: 94–98.

SKOUSEN, W. C. (1963): « Challenging the Gambling Syndicate », *Law and Order,* **2** (11): 10–16.

SMITH, D. C. (1968): « Cooperative Action in Organized Crime Control », *The Journal of Criminal Law, Criminology and Police Science,* **59** (4): 491–498.

SOWLE, C. R. (1964): « Organized Crime in Chicago. The Untapped Forces of Change », *The Journal of Criminal Law, Criminology and Police Science,* **55** (1): 111–114.

SUSINI, J. (1966): « La bureaucratisation du crime », *Revue de science criminelle et de droit pénal comparé,* nº 1: 115.

Troisième partie

Les perspectives d'avenir

Criminalité et justice pénale dans les zones métropolitaines: futuribles

ALICE PARIZEAU et PIETRO NUVOLONE

Les problèmes auxquels fait face actuellement l'appareil de la justice exigent qu'on élabore, à partir de données disponibles, des prévisions concernant la criminalité de demain et les solutions qui doivent y être apportées, tant au niveau de l'appareil de la justice criminelle qu'à celui des organes administratifs chargés de planifier le développement futur des zones métropolitaines.

Par conséquent, il convient de délimiter tout d'abord les principaux facteurs de détérioration du contexte sociologique des grandes villes, puis leur impact sur la criminalité traditionnelle et leur rôle en tant qu'agent précipitateur dans le secteur de la criminalité nouvelle, ou de phénomènes sociaux qui, à long terme, risquent d'être considérés comme tels.

En troisième lieu, l'examen des lacunes de l'appareil de la justice doit permettre de dégager quelques éléments de solution qui peuvent, ou doivent être envisagés en vue d'une réorganisation du système de demain.

Il a toutefois été constaté, lors du Symposium, que les réformes doivent s'insérer dans le cadre d'une politique globale des administrateurs des grandes villes qui ne sauraient plus, comme ce fut le cas jusqu'à présent, éviter de tenir compte des phénomènes criminogènes qui se propagent à la faveur des mesures très positives par ailleurs, mais ayant des conséquences négatives en raison de certains effets secondaires.

I. LES PRINCIPAUX FACTEURS DE DÉTÉRIORATION DU CONTEXTE SOCIOLOGIQUE DES GRANDES VILLES

Historiquement, les villes ont toujours été considérées comme des lieux où, par définition, la criminalité est plus élevée que dans les campagnes. Les sciences modernes, dont la sociologie et la criminologie, ont délimité des justifications concrètes, contrairement à ce qui, dans le passé, n'était qu'une croyance confuse. C'est ainsi qu'il n'est guère malaisé, désormais, d'énumérer les facteurs socio-culturels qui rendent criminogènes les zones métropolitaines : rupture de l'équilibre de la vie communautaire, disparités marquées de différences de classes et de niveaux de revenus, désintégration de la cellule familiale due, entre autres, à l'isolement du couple, l'aliénation des jeunes et la frustration des classes moyennes accentuée par la publicité tapageuse et ses tentations.

À tous ces phénomènes, s'ajoute celui du rythme de l'existence. En effet, les grandes villes des deux continents, américain et européen, sont devenues des ensembles urbains où, entre le lieu d'habitation et celui du travail, les distances sont très éloignées, où les transports en commun ne parviennent pas à assurer à tous le confort indispensable et où la densité de circulation automobile rend les déplacements lents et pénibles. Pressés par les exigences de leurs activités quotidiennes, obsédés par l'insécurité de l'emploi, harassés par la fatigue, les citadins sont forcés de supporter un cadre qui est impropre à une évolution sociale harmonieuse.

La pollution de l'air et de l'eau rend incommode l'évasion vers des espaces verts, de plus en plus éloignés, en raison du fait que les banlieues s'étendent démesurément et que leur accès devient, par conséquent, de plus en plus limité. Il s'agit là, en outre, d'un phénomène irréversible puisque l'attrait de l'urbanisation rapide est tel que, malgré la baisse de l'accroissement naturel, l'exode rural continue à alimenter les métropoles en contribuant à leur surpeuplement.

Le flux constant de nouveaux habitants, qui se recrutent surtout parmi les classes d'âge de 14 à 25 ans, ne correspond pas à la capacité du marché du travail et crée des nappes de pauvreté qui, par définition, se répandent dans des quartiers où la détérioration des conditions d'habitation est proportionnelle aux taux des loyers. En vain, les administrations publiques livrent la lutte aux taudis ; il est désormais démontré que la construction des grands ensembles domiciliaires à loyer modéré n'apporte pas les résultats escomptés. Ce sont soit de nouveaux ghettos de pauvres, soit encore des complexes d'appartements exigus et mal isolés où le phénomène du « vide social » a des effets criminogènes. Tous ces vices de structure des métropoles risquent, en outre, de s'aggraver à l'avenir, en raison d'un développement chaotique que Jean Pinatel qualifie de « sauvage » et de l'absence d'une planification urbaine conforme aux concepts sociaux modernes.

1. Les grandes métropoles et la criminalité

Les lacunes de l'urbanisation ont un impact sur le taux de la criminalité puisqu'on constate, dans les grandes villes, un accroissement de la délinquance traditionnelle et l'apparition des milieux criminogènes qui sont les sous-cultures de la délinquance de demain. À titre d'exemple, citons Vancouver, une des plus grandes villes canadiennes où, de 1962 à 1969, le taux de la criminalité par 100 000 habitants est passé de 1,5 à 2,4 (*Statistiques de la criminalité,* Bureau fédéral de la statistique, Ottawa) ce qui demeure encore faible toute proportion gardée, quand on établit des comparaisons avec certaines grandes villes américaines.

Semblable à la pollution, cette détérioration sociale exige des moyens nouveaux de défense qu'on ne peut élaborer qu'après avoir délimité son importance et ses ramifications dans les divers domaines des activités criminelles. Les prévisions, telles qu'elles peuvent être faites sur la base des données actuellement disponibles, sont destinées en somme à servir d'indicateurs pour les administrateurs chargés de planifier et d'améliorer les structures urbaines de demain.

Sur le plan statistique toutefois, on ne peut se rendre compte de l'importance de l'accroissement de la criminalité qu'en établissant des rapports précis entre les données démographiques, économiques et criminologiques. Au Canada, Théodore Bédard (1972) a analysé, à cet effet, des séries chronologiques et a élaboré le graphique reproduit dans les pages suivantes.

Quant aux prévisions des variations cycliques reliées aux oscillations de longue durée autour d'une ligne de tendance, il convient cependant de tenir compte du fait que : « ces cycles, comme on les appelle parfois, peuvent suivre exactement des schémas analogues après des intervalles égaux de temps ou, au contraire, être variables. À titre d'exemple, on peut citer les variations cycliques qu'on observe en économie et qui représentent des intervalles de prospérité, de crise, de baisse et de reprise des affaires. »

Par conséquent, il est possible de mieux évaluer les cycles relatifs aux taux de criminalité, si l'on exprime les taux de criminalité initiaux par rapport à la tendance, en remplaçant ces derniers par des valeurs délimitées en fonction du meilleur ajustement. C'est cette approche qui a permis d'élaborer le graphique 2 qui indique les écarts cycliques de la tendance linéaire.

Afin d'isoler et de mesurer les fluctuations de la criminalité, on doit les séparer de la tendance séculaire et des variations cycliques aléatoires et on établit alors la moyenne des douze taux mensuels de chaque année. Finalement, en multipliant les taux de criminalité par les facteurs correctifs, on obtient les taux de criminalité corrigés de

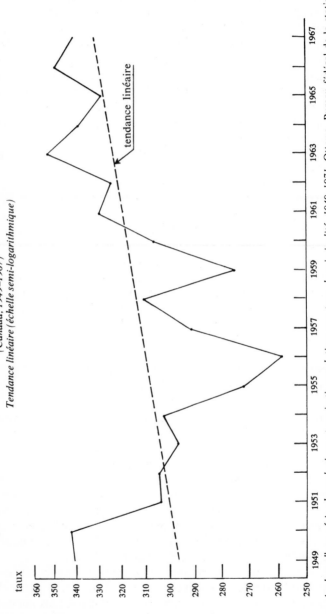

GRAPHIQUE 1

Taux de criminalité pour 100 000 habitants : personnes (16 ans et plus) déclarées coupables d'acte criminel
(Canada, 1949–1967)
Tendance linéaire (échelle semi-logarithmique)

Source : *Analyse d'une série chronologique et projections relatives aux taux de criminalité, 1949–1971*, Ottawa, Bureau fédéral de la statistique, 1972, p. 9.

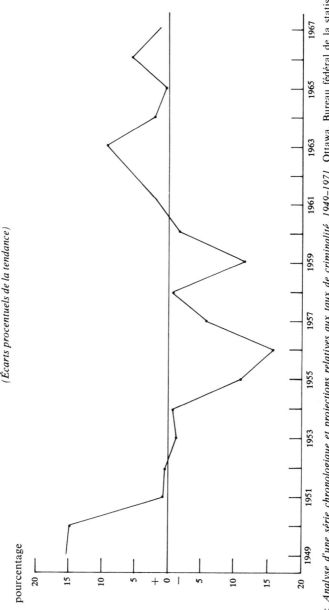

GRAPHIQUE 2

Taux de criminalité annuels (Canada, 1949-1967) : écarts cycliques de la tendance linéaire
(Écarts procentuels de la tendance)

Source : Analyse d'une série chronologique et projections relatives aux taux de criminalité, 1949-1971, Ottawa, Bureau fédéral de la statistique, 1972, p. 12.

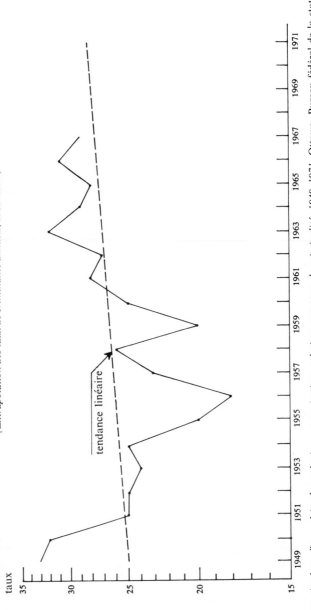

GRAPHIQUE 3

Taux de criminalité annuels rectifiés (Canada, 1949–1967)
Tendance linéaire (échelle semi-logarithmique)
(Extrapolation des taux de criminalité annuels, 1968–1971)

Source : Analyse d'une série chronologique et projections relatives aux taux de criminalité, 1949–1971, Ottawa, Bureau fédéral de la statistique, 1972, p. 21.

la variation saisonnière cyclique et aléatoire, tels qu'ils figurent au graphique 3.

L'analyse prospective de la criminalité canadienne faite par Théodore Bédard peut servir de modèle pour une étude des taux de la criminalité dans les grands centres urbains et permettre l'élaboration de projections concernant l'avenir. Toutefois, l'évaluation statistique ne comporte pas de données qualitatives indispensables pour la préparation d'une planification satisfaisante de l'urbanisation, du système de sécurité et du fonctionnement de l'ensemble de l'appareil administratif et judiciaire.

En effet, toute politique gouvernementale de demain doit être basée sur l'approche qualitative et quantitative, puisqu'il ne s'agit pas uniquement de mieux adapter l'appareil de la justice criminelle et pénale en tant que tel, mais d'envisager aussi, sinon surtout, toutes les autres mesures économiques et sociales, indispensables pour faire face à l'évolution de la criminalité.

Plus encore, dans le cadre de la criminalité traditionnelle, les divers genres de délits demeurent sensiblement les mêmes, mais on assiste déjà à l'apparition de types nouveaux de criminels. Par contre, la criminalité nouvelle met en cause les biens de la société, par opposition à celle qui ne s'attaquait qu'aux biens des individus ou de la personne et, par conséquent, elle devra être traitée d'une façon particulière.

2. La criminalité traditionnelle

Au niveau de la criminalité traditionnelle, il convient d'examiner, entre autres, le problème de la sécurité des voies publiques puisqu'il préoccupe tout citoyen, quel qu'il soit. Par le passé, on se contentait généralement de solutions partielles; les métropoles avaient certains quartiers réservés où la sécurité, surtout après la tombée de la nuit, était très relative. Désormais, on s'efforce de faire disparaître ces zones spécifiques, mais on ne parvient pas à enrayer pour autant le danger de victimisation dans d'autres secteurs désignés traditionnellement comme privilégiés.

3. La délinquance juvénile

Ce phénomène apparaît surtout en raison du contexte général des civilisations modernes qui favorise le développement d'une nouvelle catégorie de délinquance juvénile, la « délinquance dorée ». Des jeunes commettent des assauts n'ayant aucune justification et nullement motivés par l'attrait du gain. C'est une sorte d'acte gratuit qui consiste à démontrer sa supériorité en adoptant une conduite brutale à l'égard des individus, souvent de parfaits inconnus : piétons et automobilistes.

Le danger de victimisation est dès lors particulièrement difficile à étudier et, à plus forte raison à circonscrire, puisqu'il se propage et demeure mouvant. Il n'est plus l'apanage d'un ensemble de quartiers donnés où on peut lui faire face par le truchement d'une surveillance policière particulièrement vigilante, mais il se généralise et s'étend. N'ayant pas de motivation spécifique, il demeure, en outre, parfaitement imprévisible.

L'acte gratuit de cet ordre ne saurait exister dans un contexte rural, où la société est suffisamment homogène pour le dépister ; mais dans les grandes villes, il est l'apanage des classes privilégiées, tout en se manifestant aussi dans le cadre des classes moyennes, comme dans celui des classes considérées comme économiquement faibles. Ce qui signifie qu'il n'est pas enraciné et demeure le fait d'individus ou de groupes de mineurs dont la dangerosité reste, il va sans dire, indéniable.

Le même phénomène de l'acte gratuit peut être constaté dans le contexte des délits autres que l'assaut, tels que le vol et l'emprunt de véhicules automobiles, le vol à l'étalage ou encore le vol par effraction, commis par de jeunes délinquants.

Fait significatif, parce que les modes traditionnels de dépistage et de surveillance s'avèrent inopérants à l'égard des délinquants de cette catégorie, on observe dans les grandes villes le développement des moyens de défense autres que ceux liés à l'action de la justice. Fort souvent, il ne s'agit plus de poursuite du criminel ou du délinquant, mais de compensation payée par les compagnies d'assurance dont les primes sont ajustées, en ce qui a trait à certains types de pertes probables, en fonction des prévisions basées sur la loi des grands nombres. Par contre, quant à l'assaut et vol par effraction, des mécanismes d'autodéfense sont utilisés à l'échelle des individus qui munissent les portes de leurs demeures et les volants de leurs voitures de dispositifs spéciaux de sécurité. Ces dispositifs, notamment ceux des résidences, ne sont plus reliés à un poste de police, mais à des services spéciaux privés qui se chargent de répondre aux appels.

Doit-on admettre qu'à l'avenir ce type de mesures particulières est appelé à se développer ? Il semble plus que probable qu'il convienne de répondre à cette question de façon affirmative. En effet, aucun service policier ne saurait être suffisamment important pour assurer le dépistage des délinquants qui ne poursuivent pas leur activité en vue du gain, mais uniquement dans l'optique de nuisance et de l'acte gratuit assimilé à un « exploit ».

À ce niveau, parmi les solutions classiques, la prévention peut être considérée comme particulièrement efficace mais, par définition, toutes les mesures préventives s'adressent en premier lieu aux classes désavantagées et s'avèrent inopérantes dans les milieux où le vacuum d'idées, de préoccupations culturelles et d'intérêt à l'égard de diverses formes de loisirs, est proportionnel au niveau du bien-être économique.

Les études écologiques permettent de dégager certaines caractéristiques communes propres aux délinquants de ce type, mais n'autorisent pas l'élaboration de politiques préventives nouvelles. On sait, par exemple, que ces délinquants sont généralement issus de familles désunies, de parents trop autoritaires ou trop permissifs, névrosés ou encore subissant une trop forte pression professionnelle. Toutefois, jusqu'à présent, aucune législation ne permet d'éliminer les inconvénients inhérents à la nature même des rapports familiaux dont les effets préjudiciables se manifestent à l'intérieur et à l'extérieur de la cellule familiale.

Les sociétés de demain seront-elles obligées de supprimer le concept de l'autorité paternelle ou familiale, et de le remplacer par celui de l'« autorité sociale » afin de pouvoir contrôler directement la formation des mineurs ? Des tentatives de cet ordre ont déjà été faites pour des raisons d'idéologie sociale et politique autant en Russie soviétique qu'en Allemagne hitlérienne, et elles se sont avérées trop coûteuses et inopérantes. Il est peu probable que l'opinion publique des démocraties occidentales accepte les dépenses administratives très élevées qu'une prise en charge semblable des mineurs par l'État implique, dans le seul but d'enrayer la criminalité juvénile.

Il convient de souligner, par ailleurs, que la criminalité juvénile n'est pas nécessairement reliée à la carrière criminelle adulte puisqu'elle cesse, dans un fort pourcentage de cas, de se manifester après l'époque de la maturité, tandis que d'autres phénomènes, assimilés ou connexes, présentent des caractéristiques de continuité très spécifiques. C'est ainsi que la brusque apparition de la consommation massive de drogues et de stupéfiants qui demeure encore, dans une forte mesure, l'apanage des mineurs issus de milieux privilégiés et des classes moyennes, se situe sur un autre niveau qui est celui de l'automutilation, dont les effets peuvent être permanents, et de l'autodestruction. La toxicomanie, maladie propre aux centres urbains, mais qui se répand déjà au-delà de leurs limites, comme certaines formes de l'alcoolisme demeurent des problèmes jusqu'à présent non résolus et atteignent, dans certains pays, les proportions d'un phénomène social grave.

Ce qu'il convient de constater cependant, à partir d'exemples concrets, c'est que des cliniques spécialisées et des centres de traitements de toxicomanes se développent très vite à New York, comme à Stockholm, tandis que les récentes études faites en Pologne, à Nova Huta tout particulièrement, démontrent que l'alcoolisme est à l'origine d'un fort pourcentage d'actes criminels, ce qui a amené les autorités à créer plusieurs services de traitement ainsi que des unités expérimentales excessivement coûteuses.

Il est plus que probable qu'à l'avenir on appliquera des traitements obligatoires, préférables, en ce qui concerne les résultats, à tous les contextes punitifs utilisés actuellement ; mais là encore, il s'agit d'investissements importants dont la rentabilité sociale reste à être prouvée.

4. *Les criminels d'occasion*

Parallèlement à ces formes de délinquance, les grandes villes ont engendré des types particuliers de criminels adultes. Il s'agit là notamment des criminels d'occasion. Frustrés, angoissés, constamment poussés par la publicité vers un accroissement des biens de consommation, les citadins s'avèrent plus vulnérables que les habitants des petites villes et des campagnes. Théoriquement, les criminels d'occasion ne présentent pas de probabilité de victimisation très élevée, mais en pratique leur dangerosité demeure variable.

En effet, au-delà des vols à l'étalage et de la prostitution, qui sont surtout l'apanage des femmes, il y a aussi des vols avec effraction, commis généralement par des hommes. Certaines causes célèbres ont permis de constater que les voleurs d'occasion, surpris au moment de leur larcin, peuvent être tout aussi dangereux que les criminels endurcis et commettre, par crainte d'avoir à assumer les conséquences légales de leur acte, des meurtres non prémédités.

Il convient d'ajouter, en outre, que les criminels d'occasion agissent également dans des sphères d'activités économique, commerciale, financière et administrative, où ils commettent des détournements de fonds, des encaissements de chèques sans provision, ou font des faillites frauduleuses, délits dont le dépistage et la poursuite sont particulièrement coûteux, non seulement pour les individus, mais pour l'ensemble des contribuables.

Là encore, la protection traditionnelle de l'appareil de la justice s'avère inopérante en raison de ses lenteurs et les particuliers, comme les compagnies et les banques, font appel à la compensation en augmentant leurs taux d'assurance, ce qui entraîne l'accroissement des primes dont les consommateurs défrayent, en dernier lieu, les frais.

On constate, en outre, une sorte de crise de moralité qui rend l'opinion publique particulièrement permissive face à ces formes de criminalité et décourage l'État à investir davantage dans toute action plus rigoureuse de l'appareil judiciaire. Certes, on peut prétendre que le jeu de flux et de reflux s'exercera à la longue et que, grâce à une propagande d'éducation, on parviendra à renverser cette tendance, mais il n'est pas du tout certain qu'une telle politique va apporter des résultats pleinement satisfaisants, sans entraîner des effets accessoires parfaitement contraires à toute la philosophie de la défense sociale.

Le criminel d'occasion doit-il être puni au même titre et de la même façon que le criminel récidiviste? C'est là que se situe le dilemme et on peut d'ores et déjà postuler que la réponse sera négative, ce qui signifie que les sociétés de demain devront trouver des solutions nouvelles. En effet, dans les grandes villes, le nombre absolu de délinquants de ce type s'accroît très rapidement et on doit envisager, par conséquent, des modalités de lutte contre ce phénomène, non pas judiciaires, mais sociales.

5. Les nouvelles formes de criminalité

Par ailleurs, au-delà de la criminalité traditionnelle, au-delà des délits contre les personnes et contre les biens, apparaît, dans les centres urbains, une nouvelle forme d'actes et de comportements qui représentent une menace pour l'ensemble des structures sociales. À ce niveau se situe, dans le cadre des sociétés occidentales, la violence des masses et, dans celui de l'Europe de l'Est et surtout de la Russie soviétique, ce qu'on désigne sous le terme de « parasitisme ».

La violence des masses demeure, en effet, l'apanage des régimes politiques dont les législations constitutionnelles interdisent certaines formes d'intervention de l'appareil de la justice criminelle et pénale. Dans ces pays, en outre, la limite entre la contestation légitime et les manifestations de masses qui dégénèrent en conflits violents, demeure à ce point tenue qu'il est particulièrement difficile de les prévenir et de les circonscrire. Jusqu'à présent, on distingue trois sources de conflits qui donnent lieu à la violence des masses, soit les conflits de travail, les conflits raciaux et les conflits sociopolitiques, fréquemment alimentés par le mécontentement des milieux étudiants ou apparentés.

En ce qui a trait aux conflits de travail, il est à prévoir que les sociétés de demain vont élaborer des modes d'arbitrage plus perfectionnés ou encore, ce qui est plus probable à long terme, assurer une collaboration beaucoup plus poussée entre les représentants syndicaux et l'État, comme c'est le cas en Suède. Par contre, il est pratiquement impossible de dégager des solutions ayant trait aux conflits raciaux, ou socio-politiques puisque, par la force des choses, ils sont propres à un pays ou même à une ville donnée, et ne peuvent être envisagés de façon globale.

D'un point de vue général, on peut toutefois observer que la tendance sur le plan des études et de quelques législations à créer une catégorie à part, que l'on considère souvent avec une indulgence particulière, des crimes politiques contre la vie et l'intégrité personnelle, a favorisé dans quelques pays le développement de comportements très dangereux pour la paix et la stabilité sociale.

Par opposition à la violence, il y a cependant l'autre volet des agissements anti-sociaux qui est celui du comportement passif ou du « parasitisme » selon la définition consacrée par la législation soviétique. Il s'agit là d'un certain pourcentage de la population, dont l'importance est variable suivant les pays, mais dont le nombre absolu s'accroît très rapidement dans les centres urbains en particulier, qui vit à la charge de la société, sans être tout à fait incapable, pour autant, d'avoir une certaine productivité.

En ce qui concerne les pays très industrialisés, tels les États-Unis ou le Canada, cet accroissement est d'autant plus rapide que le morcellement constitutionnel des juridictions rend les contrôles particulièrement malaisés et que les législateurs ont limité volontairement la sévérité des mesures coercitives.

À l'origine, il s'agissait de compenser les aléas d'une industrialisation très rapide et souvent chaotique, puisque conforme à la loi de l'offre et de la demande du marché des biens de consommation. Par conséquent, en conformité avec la philosophie de la justice sociale, il était indispensable de compenser les disparités flagrantes de niveau de vie entre la population active et celle qui ne pouvait subvenir à ses besoins, en raison de l'âge, de l'invalidité et d'une situation familiale particulière, ou à cause d'une crise de sous-emploi, saisonnière, cyclique, ou aiguë.

Les disparités de la capacité de gains dues aux différences raciales, ou plus simplement d'éducation et de formation première, ont joué en faveur de l'élargissement très rapide des normes d'admissibilité à l'assistance et, actuellement, le phénomène semble non seulement difficilement contrôlable, mais encore irréversible.

Les chiffres sont fort éloquents à ce propos. En 1970, les États-Unis ont dépensé 14,9 milliards de dollars, soit deux fois plus que prévu dans les plans élaborés il y a à peine cinq ans, pour faire subsister 6,3 % de 13,5 millions d'Américains, et on estime que l'aide accordée ne concernait que la moitié environ des familles nécessiteuses. En ce qui a trait aux projections, on évalue à plus de 14 milliards de dollars les déboursés que l'État devra assumer en 1971, et cette augmentation triplera d'ici trois ans.

Le problème de l'«inactivité» d'un pourcentage croissant de la population n'est pas cependant uniquement financier. Il est prouvé, en effet, que dans le contexte des sociétés dont le financement repose sur la valeur-travail, l'inactivité prolongée ou chronique crée des tendances criminogènes, alimentées ou encouragées par des facteurs tels que l'environnement, la sous-scolarisation ou l'absentéisme scolaire et l'isolement dans des quartiers particuliers, ou des immeubles spécialement destinés aux économiquement faibles. La lutte contre les taudis, entreprise dans plusieurs métropoles, s'est avérée à cet égard singulièrement inopérante à long terme.

C'est ainsi, par exemple, qu'on s'est efforcé, dans certaines grandes villes canadiennes et américaines, de transplanter des quartiers entiers et de reloger leurs habitants dans des appartements à loyer contrôlé, spécialement construits à cet effet. Les études élaborées depuis démontrent cependant qu'on n'a réussi qu'à reconstituer des ghettos de désavantagés, où la délinquance, sous ses diverses formes, se développe de façon marquée et où la passivité du milieu familial provoque une réaction d'agressivité particulière chez les mineurs et favorise l'apparition des sous-cultures criminogènes et criminelles. La formule suédoise, appliquée d'une façon moins systématique dans certains pays, dont le Canada et les États-Unis entre autres, qui consiste à assurer des subventions complémentaires de logement destinées à permettre aux familles désavantagées de se loger dans les quartiers habités par les classes moyennes, semble donner des résultats plus satisfaisants que celle de la construction de centres d'habitations particuliers, largement appliquée au lendemain de la Deuxième Guerre mondiale. Il n'en reste pas moins qu'à Stockholm, comme dans les autres grandes villes, le problème occupationnel demeure irrésolu.

Les sociétés de demain vont-elles imposer le principe des loisirs occupationnels obligatoires? Il est peu probable que les législateurs acceptent d'élaborer des lois basées sur un concept aussi vague et aussi difficile à définir que celui du «parasitisme». Il y a lieu de prévoir cependant que le mouvement, déjà amorcé en Amérique du Nord, de nouvelles formes de recyclage et d'une organisation particulière de loisirs, va s'accentuer et se développer très rapidement. On peut présumer même, d'ores et déjà, que toute la conception de la responsabilité de l'individu à l'égard de la société va subir des transformations très marquées et que le concept même de la valeur-travail cessera d'être considéré comme fondamental. Il faudra alors créer des lois et des modes de traitement très structurés et très précis du « parasitisme » sous toutes ses formes afin d'enrayer l'excroissance des sous-cultures criminogènes dont l'inactivité demeure l'agent précipitateur.

Il convient aussi de rappeler à ce propos que la rapidité et l'efficacité de la réaction des administrations et des pouvoirs publics seront bien plus fonction de l'évolution économique et de la situation du marché du travail que des concepts et des philosophies abstraites. En d'autres termes, afin d'éviter d'exercer des pressions et des contrôles allant à l'encontre des libertés individuelles, les sociétés d'aujourd'hui sont prêtes à accepter certaines formes de sous-cultures criminogènes et d'assumer des charges qui en découlent ; mais cette permissivité ne saurait être maintenue telle quelle. Ce qui est significatif, en outre, pour le moment, c'est que la même approche de permissivité, bien que contraire à la doctrine même du marxisme-léninisme, commence à être acceptée dans des contextes politiques des pays socialistes parce qu'on ne trouve pas d'autres solutions.

Pourtant, le « parasitisme » prend là des formes particulières liées à la structure du système économique et théoriquement désignées comme des délits dans les codes criminels. Il s'agit, en somme, d'une population marginale qui vit principalement dans les grandes villes et subsiste grâce aux revenus illégaux en spéculant sur les restrictions de change et sur la pénurie de certains biens de consommation.

Toutefois, le dépistage et l'élaboration de la preuve étant particulièrement difficiles, on ne peut enrayer ce phénomène qu'en promulguant une loi générale applicable à tous ceux qui ne travaillent pas et ne sont pas recensés comme ayant un salaire. Or, malgré les fortes pressions de l'opinion publique, les législateurs temporisent, ou acceptent d'élaborer des législations trop imprécises pour être efficaces, ne voulant pas favoriser des chevauchements de responsabilité. En effet, les législations « antiparasites » peuvent être appliquées aisément pour stigmatiser des délits n'étant pas directement reliés au refus de travailler, mais plutôt à une « déviation politique ».

À titre d'exemple, on peut citer, entre autres, le cas de deux écrivains soviétiques, dont les œuvres ont été jugées contraires à l'idéologie marxiste et qui ont été condamnés pour « parasitisme » puisqu'ils ne percevaient pas de salaire, et non pas pour « déviationnisme » politique. En somme, la notion juridique de « parasitisme » est utilisable pour fins politiques tandis que, faute de solution applicable, son impact anticriminogène est très limité.

Il s'agirait là d'une sorte de tolérance « forcée » des pouvoirs publics, quels qu'ils soient, à l'égard d'un phénomène social particulier, qui se manifeste dans les grandes villes et qui pourtant, en raison de l'accroissement rapide du nombre de la population concernée, doit être résolu à l'avenir, notamment à cause de son impact criminogène, par des moyens légaux ou socio-administratifs.

Jusqu'à présent, seuls les moyens administratifs de prévention et de dépistage ont été expérimentés, en Suède notamment, où on assure une protection spéciale aux milieux défavorisés en nommant des «tuteurs» et en imposant de plus en plus fréquemment des obligations occupationnelles précises, tant aux hommes qu'aux femmes. Au lieu d'utiliser des moyens coercitifs, on applique, en somme, des modes de prévention qui relèvent du contrôle des services sociaux, mais qui comportent néanmoins des pénalités spécifiques et dont les responsables peuvent être référés en dernier ressort aux organes judiciaires. Il est fort probable que ce sont là des méthodes qui seront de plus en plus étendues dans la plupart des pays, bien qu'il reste à élaborer des modes d'action plus précis et plus efficaces que ce n'est le cas aujourd'hui.

Comme l'avaient constaté les participants de l'atelier n° 5 lors du Symposium, il s'agit là, en somme, d'une sorte d'«émergence de structures familiales nouvelles: combinaison de la famille élargie et du groupe de pairs, «tuteurs» en occurrence, qui s'efforcent de compenser le vide social que crée la grande ville».

Toutefois, le fait de promouvoir le développement d'une forme particulière des services administratifs n'est pas dicté uniquement par les besoins relatifs à certaines manifestations nouvelles de la criminalité, mais aussi par celui de l'incapacité de l'appareil de la justice criminelle, à faire face à toutes les tâches qui lui sont assignées. C'est pourquoi, après avoir étudié les divers phénomènes de criminalité des grandes villes, les participants de l'atelier n° 5 se sont attachés à examiner les organes de la justice afin de dégager les réformes qu'il convient d'envisager à l'avenir.

II. L'APPAREIL DE LA JUSTICE CRIMINELLE ET PÉNALE

Parmi les organes de la justice criminelle et pénale, on distingue la police, les cours et les services correctionnels et de resocialisation. C'est à l'intérieur de ces trois secteurs qu'on constate, en outre, la crise actuelle due tout autant au surpeuplement des grands centres urbains qu'à l'accroissement et à l'évolution de la criminalité. Les liens d'interdépendance qui existent entre eux accentuent, par ailleurs, les lacunes qui se répercutent aussitôt à travers l'ensemble du système.

C'est ainsi que l'« efficacité » de la police est reliée à celle des cours et *vice versa* et que l'organisation satisfaisante des tribunaux doit éliminer les retards judiciaires sous peine de rendre l'ensemble de l'appareil de la justice incapable de répondre aux décisions prises par les juges, autant en ce qui a trait à la sélection qu'à la surveillance et à la réhabilitation des prévenus et des détenus. Les participants de l'atelier ont donc formulé tout d'abord certaines critiques, puis examiné les réformes qui s'imposent ou qui peuvent être envisagées quant au fonctionnement des forces policières, des cours et des services de détention et de traitement.

A. LES FORCES POLICIÈRES

À l'intérieur de l'action policière, il est possible de distinguer trois fonctions principales, soit celles qu'on peut qualifier de « sociale », de « politique » et d'« anticriminelle » proprement dites.

1. La fonction sociale de la police

La fonction sociale de la police demeure essentiellement préventive et, en tant que telle, est encore largement contestée, autant par les organes judiciaires que par les services de bien-être social. Il n'en reste pas moins qu'étant donné que, dans certaines grandes villes, elle a fait ses preuves, il est probable qu'elle sera appelée à se développer à l'avenir, surtout et avant tout auprès des mineurs.

En effet, les services policiers britanniques ont démontré, à partir de l'expérience faite à Liverpool, que dans le domaine de la prévention de la délinquance juvénile, leur efficacité est particulièrement marquée. De par ses fonctions, le policier est en contact, dans le contexte des grandes villes, avec les familles et connaît particulièrement bien la population de son secteur. Par ailleurs, il est en mesure d'assurer une surveillance quotidienne auprès de cette population tout en étant, en même temps, l'agent protecteur de sa sécurité. Il remplit donc deux tâches, qui finalement sont reliées entre elles, au lieu d'une seule, comme c'est le cas d'un travailleur social ou d'un officier de probation.

En Grande-Bretagne, l'expérience de Liverpool, qui a permis une diminution de 50 % environ du taux de la délinquance juvénile dans cette ville en l'espace d'une période de trois ans, a été depuis élargie aux autres centres urbains et les résultats obtenus, tout en étant moins spectaculaires, demeurent fort probants. Par conséquent, malgré l'opposition des organes de justice et des services sociaux, les policiers assument actuellement auprès des jeunes un rôle spécifique qui a trait à l'organisation des loisirs et de certaines méthodes de traitement occupationnel. C'est ainsi que la police dirige des clubs pour jeunes et des centres spéciaux (*attendance centers*) qui reçoivent hebdomadairement, pendant six mois, des mineurs condamnés par la Cour à ce genre de traitement.

Ce qui est significatif dans l'exemple britannique, c'est que les policiers préposés à cette forme d'action sociale auprès des mineurs n'usent pas de leur pouvoir d'arrestation, tandis qu'ailleurs, où on s'est inspiré de l'expérience britannique pour créer des services préventifs semblables, ce pouvoir est exercé. En d'autres termes, dans le contexte de la Grande-Bretagne, l'accent est maintenu, pour ce qui concerne la polyvalence du rôle du policier, sur l'objectif « social », tandis que dans d'autres contextes nationaux, il s'agit plutôt de son rôle anticriminel de protecteur de la société.

Dans certaines grandes villes, l'action sociale de la police s'exerce également auprès des délinquants adultes placés en liberté surveillée et là encore, on constate la même polyvalence. Toutefois, son rôle « social » est moins important puisque, généralement, la police procède uniquement à la vérification de la situation du délinquant concerné et à sa surveillance, mais n'intervient pas de façon directe en ce qui a trait à la prévention proprement dite, soit l'organisation de son existence qui, elle, relève de l'officier de probation. Il n'en reste pas moins qu'en pratique, le partage des responsabilités est plus ou moins conforme à ce modèle théorique. À Montréal, par exemple, la section des libérations conditionnelles de la police prend fréquemment en charge des libérés sans faire appel aux travailleurs sociaux.

En ce qui a trait, par ailleurs, à l'action sociale de la police au niveau de l'ensemble de la population des grandes villes, elle adopte des formes très diverses, mais elle est toujours polyvalente. À ce propos, on peut citer, une fois de plus, l'exemple de la métropole canadienne, où la police assure le service des ambulances. Il s'agit là d'une fonction sociale, mais qui est liée néanmoins à celle de la protection contre les dangers de victimisation sur la voie publique, de même qu'au dépistage de certains délits tels, entre autres, le suicide, l'usage des stupéfiants, l'alcoolisme ou l'avortement. En somme, les ambulances de la police remplissent, en circulant à travers la ville, les mêmes fonctions que les patrouilles, tout en assumant, en même temps, un rôle particulier.

D'une façon générale, il est à prévoir, comme l'avaient conclu les participants de l'atelier, que dans les villes de demain, les fonctions sociales de la police seront de plus en plus importantes. Pour le moment, toutefois, il s'agit d'expériences morcelées dont l'application est limitée en raison, notamment, de la surcharge des forces policières et de la nécessité de leur restructuration en vue des tâches que leur impose le développement excessivement rapide des grandes villes.

C'est ainsi qu'une véritable crise de sous-développement existe dans le domaine de la surveillance de la circulation et de la sécurité des rues, car le problème qui se pose est celui de diriger, d'orienter et de répartir le flot des véhicules automobiles aux heures d'affluence en assurant la protection des issues des écoles et des hôpitaux, situés en bordure des grandes artères, où le danger de victimisation des piétons, et surtout des enfants, est particulièrement élevé.

Or, étant donné le niveau de l'échelle des salaires des forces policières modernes, il y a lieu de se demander dans quelle mesure il est rentable de confier aux policiers ayant une formation et un entraînement qui les préparent à des fonctions plus complexes, des tâches de cet ordre, tout en suscitant chez eux un sentiment de frustration et d'insatisfaction au travail.

Les villes de demain ne seront-elles pas obligées, en somme, de repenser le rôle du policier et de créer une force auxiliaire qui assumera une partie de ces responsabilités? C'est là une question à laquelle les participants de l'atelier ont répondu de façon affirmative puisqu'il est, d'ores et déjà, évident que toute la conception traditionnelle de la police est en train d'évoluer sous la pression des besoins, sinon totalement nouveaux, du moins de plus en plus exigeants. Il est évident, en effet, que pour former un policier chargé de remplir des fonctions sociales, les autorités doivent faire des investissements trop élevés pour qu'on puisse lui confier, par la suite, des tâches qui peuvent être assumées par un personnel moins qualifié.

2. La fonction politique de la police

Traditionnellement, les fonctions politiques de la police comprenaient toutes celles qui étaient liées à la sécurité du territoire, à la lutte contre l'espionnage sous ses diverses formes et à la protection particulière des personnalités gouvernementales. Désormais, avec le développement de l'action des groupes de violence, à ces fonctions s'ajoutent toutes celles ayant trait à la prévention et au contrôle des manifestations publiques. En même temps, par opposition aux escouades antiémeutes d'autrefois, celles d'aujourd'hui et de demain doivent être beaucoup mieux équipées et entraînées afin de pouvoir éviter l'usage de la force. En effet, les réactions de l'opinion publique à l'égard des manifestations de violence ont évolué et elles s'élèvent fréquemment contre les brutalités policières, ou ce qui est considéré comme tel, surtout quand il s'agit des manifestations d'étudiants ou de grévistes

En Amérique du Nord, notamment, comme aux États-Unis, on peut citer plusieurs cas où l'opinion publique a exigé de la police d'assurer l'ordre, tout en lui refusant, à l'occasion des manifestations « sociales » ou ouvrières, le droit d'user des moyens traditionnels, tels que l'utilisation des armes ou encore des arrestations massives. Or, pour le moment, la pression des manifestations de violence est telle que les forces policières ne suffisent plus pour les contenir et qu'on est obligé de faire appel à l'armée, comme ce fut le cas aux États-Unis lors des manifestations qui ont eu lieu en 1971 à Washington et même à l'occasion des affrontements sur certains campus universitaires.

Dès lors se pose le problème du partage des fonctions entre la police et l'armée, corps qui n'est pas préparé à cette forme d'action puisqu'il est appelé, en principe, à n'intervenir que dans le cas de conflit armé avec une autre puissance, de guerre civile, d'insurrection, ou de toute autre action concentrée et globale menaçant la sécurité du territoire.

Il convient de souligner que sur le plan international, il s'agit là d'un phénomène qui a atteint une acuité particulière dans le cadre des démocraties occidentales, mais qui apparaît également dans d'autres contextes politiques. Mal connu encore dans cette troisième dimension puisque les moyens d'information sont limités, il n'en est pas moins indéniable surtout au niveau des manifestations d'étudiants.

En ce qui a trait aux conflits du monde du travail dans les pays où le droit de grève n'existe pas, toute manifestation ouvrière est assimilée à une révolte contre le gouvernement au pouvoir et l'action de l'armée se justifie automatiquement, sinon en droit, tout du moins en fait, ce qui n'est pas vrai ailleurs où il faut invoquer le cas de force majeure, similaire à celui qui existe lors de sinistres importants, tels les inondations, les feux de forêts ou les tremblements de terre.

Un autre aspect de l'intervention de l'armée apparaît à l'occasion des situations où elle est appelée à se substituer à la police, en particulier lors de certaines crises résultant de la syndicalisation des forces policières et de leur droit de grève. À ce propos, on peut citer l'exemple de la métropole canadienne où lors de la grève des forces policières municipales de Montréal, les pouvoirs publics ont été obligés de faire appel aux forces policières provinciales et de mettre en état d'alerte l'armée afin qu'elle puisse assurer au besoin l'ordre et les services indispensables.

Ce genre de situations d'urgence, qui se produit de plus en plus fréquemment dans les grandes villes, indique l'insuffisance des structures traditionnelles et démontre l'urgence de repenser, à l'avenir, l'ensemble du système de protection policière. Ce que les participants de l'atelier ont souligné dans leurs travaux, c'est qu'il s'agit d'un phénomène inhérent à l'évolution de notre société qui demeure irréversible.

Les administrateurs de demain devront, en somme, délimiter, d'une façon plus précise, le champ d'action de la police par rapport à l'armée, en ce qui a trait tout au moins à la protection du gouvernement au pouvoir et des services administratifs dont l'intérêt demeure vital dans les grands centres urbains, et aussi en ce qui concerne la sécurité des citoyens.

3. La fonction anticriminelle de la police

Au niveau de l'action anticriminelle de la police, on constate des lacunes qui découlent de l'évolution de la criminalité en tant que telle. Dans ce secteur, le rôle de la police est triple, soit celui qu'on peut qualifier de dissuasif, de dépistage ou d'enquête, de poursuite et d'arrestation.

Sous le terme « dissuasif », on comprend la simple présence des policiers dans les rues des grandes cités, à toute heure du jour et de la nuit, dans tous les quartiers et cela, suivant une fréquence de patrouilles satisfaisante. Il s'agit là de donner aux habitants l'impression de sécurité qu'ils exigent d'avoir et de décourager certains agissements criminels.

Certes, l'augmentation du nombre de véhicules automobiles dont la police dispose compense dans une certaine mesure la nécessité d'affecter plus d'hommes par secteur, mais l'équilibre conforme aux besoins n'est toujours pas atteint parce que les exigences du public sont très élevées. Selon les enquêtes faites à New York, par exemple, les habitants de certains quartiers considèrent comme primordiale la présence continuelle et visible de policiers, ce qui signifie qu'en dehors de patrouilles, il faut disposer de constables à pied. Par ailleurs, des expériences ont été faites dans ce sens et il a été démontré que la simple présence d'un policier dans la rue a permis de diminuer le taux de vols qu'il ne pouvait pourtant ni prévenir, ni déceler à priori. Par conséquent, comme il a été constaté lors des travaux de l'atelier, le rôle dissuasif de la police implique dans les grandes villes un accroissement de ses effectifs.

En ce qui concerne le dépistage et les enquêtes proprement dites, le problème ne se pose pas dans les mêmes termes et cela est également vrai au niveau de la poursuite et de l'arrestation. Face aux criminels de plus en plus équipés et organisés, la police est obligée de faire appel aux méthodes perfectionnées et planifiées. Dans le contexte des grandes villes, où la criminalité traditionnelle évolue vers des formes nouvelles ou plus sophistiquées, les casiers judiciaires et les fiches policières ne représentent plus un instrument suffisant pour dépister certains individus, ni même certaines organisations criminelles. Obligées de travailler dans les milieux particuliers, les forces policières ne peuvent plus, dans plusieurs cas, opérer à partir des outils de base traditionnellement utilisés, puisqu'ils sont devenus insuffisants.

En Amérique du Nord tout particulièrement, où les documents d'état civil n'existent pas et où les structures des sous-cultures criminelles sont perfectionnées, l'action policière exige des techniques ultra-rapides et fort complexes. Ceci implique une préparation et une formation du personnel policier beaucoup plus poussée et présuppose l'élaboration de nouvelles structures et de nouveaux modes de promotion à l'intérieur du cadre des forces policières.

Dans les grandes villes, l'officier de police a un rôle aussi important qu'un général de brigade, tout en ayant une formation sensiblement inférieure, ce qui explique en partie son incapacité de remplir pleinement ses fonctions. Étant donné que la conception même de l'organisation syndicale élimine, à priori, la possibilité des entrées latérales, il est évident dès lors que l'ensemble des structures des forces policières doit être repensé.

4. Les structures des forces policières

Traditionnellement, ces structures étaient fonction de deux conceptions de la police : centralisatrice et décentralisée, qui correspondaient à deux philosophies distinctes. La première peut être définie comme ayant un plus grand souci de l'ordre public que du respect de la liberté individuelle ; la deuxième, issue de principes anglo-saxons de la *Magna charta* et du *Habeas corpus,* dénote des tendances inverses. Quoi qu'il en soit, on constate en principe que tous les régimes de dictature, sans considération de leurs fondements idéologiques, ont opté pour une police centralisée, tandis que les régimes libéraux, surtout ceux de l'Amérique du Nord, calqués ou d'inspiration britannique, ont adopté la deuxième solution. Cependant, plusieurs pays ayant une police centralisée ne sont guère des dictatures, comme en témoigne l'exemple de la Suède, de la France ou du Danemark et on ne saurait inverser l'affirmation faite préalablement.

La structure centralisée impose cependant, dans le contexte actuel, des divisions qui ne peuvent plus être faites uniquement en fonction des services, mais aussi et surtout en conformité avec la distribution des tâches, et cela dans le but d'une spécialisation beaucoup plus poussée. Là se pose toutefois le problème de divers corps policiers subordonnés les uns aux autres, c'est-à-dire d'une pyramide avec, au sommet, un corps d'élite. Entachée de souvenirs relativement récents et fort pénibles qui datent de la dernière guerre mondiale, la définition même du corps d'élite est honnie par l'opinion publique. Le spectre des SS, formation policière de l'Allemagne nazie, de la Gestapo, comme de la Guépéou, de l'époque stalinienne, est beaucoup trop présent pour qu'on accepte de le ressusciter, même dans l'optique d'une force supérieure uniquement sur le plan technique.

Par contre, des divisions d'ordre territorial sont plus facilement concevables, soit entre la police chargée d'assurer les services au niveau de l'ensemble du territoire et la police préposée à remplir la même fonction à l'intérieur des villes. Toutefois, le cadre géographique des grandes cités modernes demeure très imprécis. En effet, au-delà du noyau central se développent, à un rythme ultra-rapide, la proche banlieue, plus la banlieue éloignée, et des municipalités d'importance variable surgissent avec leurs propres forces policières autonomes, comme c'est le cas à Londres, à Montréal ou à New York. Dès lors, se pose avec une acuité toute particulière le problème du financement qu'impliquent la formation et l'équipement des forces policières morcelées et organisées par les soins et aux frais des diverses administrations municipales dont les fonds demeurent forcément limités. Les sommes perçues à travers les taxes municipales servent, en premier lieu, à l'édification de l'infrastructure physique et ne peuvent être détournées que très progressivement vers les services qui ne sont pas directement reliés aux conditions d'habitat. Un financement centralisé, comme c'est le cas en Grande-Bretagne où le Home Office défraye 50% des coûts, n'a pas été adopté en Amérique du Nord et il est excessivement difficile actuellement de l'imposer en raison d'un nouveau partage des responsabilités qu'il implique aux organes policiers devenus trop jaloux de leur autonomie.

À ce niveau se pose également la question de la rentabilité. Est-il rentable, par exemple, d'avoir le même encadrement policier dans les zones où le taux de criminalité est faible que dans celles où il est très élevé? Les variations du taux de criminalité dans les diverses zones métropolitaines sont-elles fonction de l'efficacité de l'action des forces policières ou aussi, sinon surtout, des autres variables économiques, démographiques et géographiques?

Aux problèmes relatifs aux variations des taux de la criminalité s'ajoutent ceux ayant trait aux dangers de la victimisation tels que perçus par l'opinion publique. Ainsi, dans les quartiers des affaires, les vols de banque peuvent être très fréquents, mais l'opinion publique réagira beaucoup plus fortement à la suite d'un seul attentat commis contre un passant attardé, rentrant à son domicile situé dans une ville dortoir.

Comme l'avaient constaté, en somme, les participants de l'atelier nº 5, la restructuration des forces policières ne peut être faite dans les grandes villes sur la base d'une planification géographique qui, forcément, ne tient pas compte des nouvelles formes de criminalité et des types particuliers de criminels, mais dans l'optique d'une spécialisation conforme à la répartition des tâches.

On peut envisager, par exemple, à l'intérieur de deux cadres généraux, centralisé ou décentralisé, une force policière sociale, routière, antiémeute et anticriminelle, ayant des fichiers et une direction commune de services de renseignements. On peut concevoir également la création de services auxiliaires de la police recevant une formation moins poussée et rémunérés en conséquence, qui auront pour mission, à l'intérieur des grandes villes de demain, de contrôler la circulation et d'assurer la sécurité, mais qui relèveront de la même autorité unifiée que l'ensemble des forces policières. De plus, à ces distinctions devront correspondre des différences ayant trait aux rapports entre le secteur policier et le secteur judiciaire et, par conséquent, aux pouvoirs discrétionnaires de la police.

Toutefois, selon les participants de l'atelier nº 5, on ne saurait procéder aux réformes des structures des forces policières, sans promouvoir au départ des recherches très poussées, autant criminologiques, qu'économiques et sociologiques, en un mot multidisciplinaires. Ce qui a donc été souligné, c'est la nécessité d'envisager de telles recherches dans une optique qui tiendra compte de diverses variables et des besoins spécifiques des grandes villes.

En effet, les statistiques de la criminalité démontrent qu'au Canada, par exemple, la criminalité des régions rurales ne constitue que 60% environ du total, comparativement à 33% que représente celle des régions urbaines; ce qui, compte tenu de l'étendue du territoire et du nombre limité des grandes villes, est particulièrement significatif. Il en résulte que les forces policières font face dans les villes à un taux de criminalité élevé, dont les fluctuations sont reliées à des facteurs tels que l'accroissement de l'exode rural, la pyramide d'âge des populations affluant vers les centres urbains, la situation du marché du travail et la capacité des organes administratifs municipaux à assumer des responsabilités de plus en plus lourdes. La

planification future des forces policières doit être basée, par conséquent, sur l'évaluation de ces multiples facteurs qui impliquent des
prévisions complexes dans des secteurs très diversifiés.

B. LE FONCTIONNEMENT DES COURS DE JUSTICE

En ce qui a trait au deuxième et plus important secteur de
l'appareil de la justice, les participants de l'atelier se sont attachés
tout d'abord à l'étude du fonctionnement des cours. Il a été constaté
en premier lieu que dans les grandes villes, les cours de justice ne
parviennent pas à remplir leur rôle en raison de la surcharge des
causes. Les retards judiciaires qui en découlent entraînent fréquemment pour les prévenus des conséquences qui se situent à l'opposé des
principes de resocialisation. Plus encore, dans le contexte actuel,
l'application de toute la philosophie de défense sociale devient
aléatoire, sinon impossible. Comment en effet demander aux juges
de s'entourer d'une équipe multidisciplinaire et de baser leurs
sentences sur des rapports, quand ils ne parviennent à entendre les
causes qu'avec un retard plus ou moins marqué? Cela occasionne
déjà en soi des injustices pour les présumés délinquants en détention
préventive et complique singulièrement la marche de certaines
enquêtes effectuées plusieurs mois après la commission du délit,
quand la présence de témoins fait défaut.

Cette surcharge des cours est due à trois facteurs principaux :
l'insuffisance de leurs structures, la situation des juges et l'inadapta-
tion du système judiciaire aux impératifs de la criminalité actuelle.

1. Les insuffisances des modes de la réaction sociale

Les grandes villes se sont développées tout en conservant un
modèle classique de structures reliées et dépendantes de l'appareil de
la justice. Les palais de justice ressemblent, comme par le passé, aux
temples. Ce sont généralement des édifices imposants où le souci du
décorum prime sur celui de l'efficacité. Placés dans des quartiers
dont l'accès est souvent difficile, isolés en quelque sorte de l'ensemble, ils vivent à un rythme qui leur est propre. Ils demeurent
imposants par l'effet de leur architecture, mais non moins incapables
de contenir la masse des usagers qui a augmenté très rapidement.

Cela signifie que les juges et les avocats ne disposent pas de
locaux suffisants et implique de longues heures d'attente pour les
témoins, dans des corridors exigus et dépourvus d'installations les
plus élémentaires. Les salles d'audience ne pouvant recevoir le
nombre d'inscrits quotidiennement au rôle, les causes sont renvoyées
à des dates ultérieures. Pour ne pas priver la justice de ses rites et de

ses pompes, on la vide donc de son principal contenu, c'est-à-dire, en premier lieu du respect des droits du prévenu.

Comme l'avait constaté dans son rapport la Commission américaine sur l'administration de la Justice aux États-Unis présidée par M. Katzenbach (1967), les cours de demain doivent être réorganisées de façon à répondre aux besoins de la population.

On peut bien concevoir, comme l'avait suggéré M. Jean Pinatel, des cours de quartier situées dans des locaux qui ne seront pas imposants sur le plan architectural, mais fonctionnels. À l'instar du modèle des cliniques de quartier, de telles cours de justice criminelle seraient décentralisées et susceptibles de recevoir un certain nombre de causes délimitées d'avance en fonction d'une planification globale. Comme l'avait remarqué M. Jean Raynald (1969) dans son essai sur *la Justice de demain,* à la notion de justice répond une idée d'équilibre et d'harmonie, cet équilibre étant rompu dans les grands centres urbains, la décentralisation peut représenter une solution. Par ailleurs, une telle décentralisation est tout aussi concevable dans un contexte où le présumé coupable est jugé dans le district judiciaire où il a commis son délit que dans celui où il est référé automatiquement au juge du district où il est domicilié. Il s'agit en somme d'un système souple et facilement adaptable aux nécessités d'une période donnée. Au lieu de disposer d'un édifice central dont il est difficile de prévoir à long terme la capacité exigée, on serait en mesure de créer plusieurs unités qui pourraient, le cas échéant, être facilement agrandies.

En outre, la décentralisation s'impose dans l'optique de l'application empirique des principes de la défense sociale. L'introduction de l'étude de la personnalité du délinquant et la préparation du rapport présentenciel impliquent la présence d'une équipe multidisciplinaire. Le juge ne travaille plus seul, mais collabore étroitement avec les experts, les spécialistes et les travailleurs sociaux ; ce qui signifie qu'il est indispensable de créer des cours faciles d'accès.

Étant donné, de plus, que les honoraires des experts sont très élevés, il est difficilement concevable que la société de demain accepte d'assumer des charges découlant du fait que certains procès criminels peuvent exiger, dans le contexte qui existe actuellement, plusieurs jours de présence d'un spécialiste.

La même constatation s'applique aux travailleurs sociaux, autres que ceux affectés aux cours, qui sont appelés dans certains cas à intervenir auprès du juge, aux avocats de la défense et aux policiers qui témoignent lors du procès. D'ailleurs, la décentralisation des cours pour mineurs existe déjà dans certains centres urbains, tels que

Londres, et le système s'avère satisfaisant. Au Canada, et plus précisément à Montréal, on a maintenu le principe d'une cour centrale pour mineurs, mais on multiplie les cours de banlieue où les juges nommés à plein temps, ou à mi-temps, entendent les causes dans des locaux situés dans le même édifice que les services de la police. On peut donc plus facilement concevoir qu'à l'avenir, ce modèle sera planifié de façon systématique et adapté aux besoins de toutes les causes criminelles.

Au-delà de la situation physique des cours existe aussi le problème du personnel. Traditionnellement mal rémunérés, les greffiers, les sténographes et les traducteurs judiciaires ne sont désormais ni assez nombreux, ni assez efficaces. Aux États-Unis, on tente déjà de remplacer les sténographes officiels par l'utilisation de techniques très modernes et la mécanisation; mais ce système présente, semble-t-il, certains inconvénients. Il est probable que dans une perspective d'avenir, il sera perfectionné et utilisé dans les cours de justice, de façon beaucoup plus systématique qu'il ne l'est actuellement.

Il est aussi à prévoir que toute la procédure des cours sera révolutionnée par des techniques qui la rendront beaucoup plus accessible aux profanes et moins coûteuse, tout en facilitant en même temps, les relevés statistiques et les compilations des dossiers indispensables pour rendre les mesures de resocialisation efficaces. Comme le mentionne le rapport de la Commission américaine d'enquête, la justice criminelle est enfermée dans le circuit d'une tradition qui l'éloigne parfois de son principal objectif, à savoir, rechercher la vérité et rendre des sentences conformes à l'intérêt de la société et de l'individu coupable d'un délit. Le jargon judiciaire demeure imperméable et le système de préparation et de mise en archives des dossiers est dominé par le souci de confidentialité sans qu'on tienne compte de celui de l'efficacité. En pratique, cela signifie que les études de la personnalité du délinquant demeurent d'autant plus complexes qu'on ne parvient pas à retracer l'origine de ses motivations à travers des prononcés de sentence formulés dans une langue incompréhensible pour les non-juristes. En ce qui a trait, en outre, aux statistiques judiciaires, elles sont morcelées, incomplètes et ne reflètent que la nature du délit sans fournir les indications concernant le délinquant, autres que celles liées à son âge, et à sa situation maritale.

Un autre volet du problème demeure relié aux droits des citoyens et aux coûts économiques qu'ils impliquent. C'est ainsi que le droit d'appel est généralement exercé de façon très limitée parce qu'il exige des frais élevés. On hésite cependant dans plusieurs pays, à établir la gratuité de certaines procédures car il est évident qu'il convient, au préalable, d'élaborer des moyens ou des modes nouveaux de contrôle susceptibles de répondre aux besoins, sans entraîner pour autant des abus.

En Suède, le droit d'appel est en principe gratuit, mais si l'appelant perd sa cause, il est obligé d'en assumer les frais. Les sociétés de demain trouveront probablement des solutions semblables, permettant d'éviter la surcharge des cours d'appel et protégeant néanmoins les droits des condamnés à référer leur cause à une instance supérieure.

2. L'évolution du rôle du juge

Les juges des cours criminelles ont toujours été traités, implicitement ou explicitement, comme les parents pauvres de la justice, contrairement aux civilistes qui jouissent d'un prestige beaucoup plus marqué. Pourtant, ce sont justement les juges des cours criminelles qui, humainement et socialement, assument les responsabilités les plus lourdes. Or, non seulement leurs honoraires demeurent proportionnellement moins élevés et leurs conditions de travail beaucoup moins favorables, mais encore la surcharge des cours leur impose l'obligation d'entendre un nombre de causes allant de 30 à 40 par jour, selon les pays.

Par ailleurs, aussi longtemps que la philosophie punitive n'était pas contestée et que les effets dissuasifs de la peine étaient considérés comme l'unique et le meilleur agent de resocialisation, le rôle des juges des cours criminelles était très nettement délimité par le législateur. Avec l'avènement des théories de défense sociale, la prise d'une décision judiciaire devient de plus en plus complexe. En d'autres termes, des juges, formés, selon un schéma classique juridique, doivent s'adapter à une philosophie socio-juridique qui continue d'évoluer, tout en faisant face à des problèmes occasionnés par une criminalité nouvelle reliée à l'établissement de la responsabilité réelle de l'individu trouvé coupable.

Dans les grandes villes, certains procès donnent lieu à une publicité tapageuse des média d'information dressant l'opinion publique contre l'autorité judiciaire. On peut citer à ce propos, tout aussi bien plusieurs causes célèbres d'adoption jugées en France, que certaines affaires de faillites frauduleuses jugées aux États-Unis ; elles démontrent que désormais le juge n'est plus à l'abri de la critique, mais au contraire, est considéré comme le principal responsable des lacunes de l'appareil de la justice.

Autant cette approche ne correspond guère à la réalité, autant il apparaît incontestable que la formation classique des juges n'est plus satisfaisante. Dans l'exercice de ses fonctions, le juge est en effet tenu de disposer d'une somme de connaissances sociologiques, criminologiques, démographiques et économiques, qu'il ne peut acquérir après sa nomination, mais qu'il doit posséder au préalable. La plupart des cas de malentendus qui surviennent entre les juges, les travailleurs sociaux, les experts et tous les auxiliaires de la justice, tels les officiers de probation ou même les avocats de la défense, découlent de ce postulat. Entre le juge, attaché par définition à des concepts purement légaux, et les auxiliaires de la justice, existent en somme des différences de formation telles, que le dialogue s'avère malaisé et la collaboration souvent insatisfaisante.

Jusqu'à présent, des réformes ont été introduites surtout dans le cadre des tribunaux pour mineurs. En Grande-Bretagne, ce sont des bénévoles ayant plus de connaissances dans le domaine social que juridique qui assument les fonctions des juges ; en Suède, ce sont des conseils formés de travailleurs sociaux et en France, comme au Canada, on multiplie des séminaires de formation et d'études destinés aux juges d'enfants. Il semble que cette tendance sera suivie à l'avenir d'une façon beaucoup plus planifiée et qu'elle aboutira à une transformation radicale du corps de la magistrature.

De l'avis des participants de l'atelier, dont M. Jean Pinatel notamment, il est à prévoir que les cours de justice des grandes villes de demain n'offriront que peu de ressemblance avec celles d'aujourd'hui et que cela sera dû, tout autant au changement des structures qu'à l'évolution de la magistrature.

3. L'inadaptation du système judiciaire

Il va sans dire qu'il s'agira d'une transformation qui sera liée à celle du système judiciaire proprement dit. En effet, dans le contexte actuel, le système judiciaire ne tient pas toujours compte de certaines exigences d'ordre économique et social.

C'est ainsi que parmi les causes qu'entendent les cours de juridiction criminelle, les délits de faible gravité occupent, selon les évaluations faites jusqu'à présent dans les diverses grandes villes, plus de 30 %. Cela signifie que les juges sont obligés de fournir un surcroît de travail, qu'on immobilise le personnel auxiliaire et qu'on utilise des locaux pour prononcer des décisions judiciaires impliquant des amendes relativement minimes. Cela est vrai pour certains délits relatifs au code de la route, mais aussi pour toute une catégorie de plaintes se rapportant à l'immoralité, au vagabondage ou à des vols mineurs.

Il n'en reste pas moins que le fait que ces causes puissent être reliées à d'autres agissements criminels beaucoup plus graves, ou que la morale l'exige, ou qu'il soit important d'imposer des sentences exemplaires en raison de l'effet dissuasif prétendu ou réel de la peine, plaide en faveur du maintien du *statu quo*.

Certains pays ont créé des tribunaux administratifs destinés à entendre ce type de causes ; dans d'autres, par contre, on n'accepte pas de solution semblable parce qu'on estime que c'est là une grave entorse à la protection de la liberté de l'individu et de son droit à une justice pleine et entière et au principe fondamental de la division des pouvoirs. Incontestablement, les tribunaux administratifs permettent de décongestionner les cours ; il n'en demeure pas moins que la justice simplifiée, voire la « justice expéditive », représente une menace pour l'individu et que les exemples d'abus commis par le passé sont là pour en témoigner.

Néanmoins, on peut prétendre que la charge des causes par juge étant généralement trop élevée, les responsables de ces délits mineurs ne sont pas toujours traités avec toute l'attention à laquelle ils devraient théoriquement avoir droit. C'est ainsi que se développent certains automatismes : on plaide coupable sachant que l'amende sera moins forte et la perte de temps plus limitée que si on s'avisait de se justifier en cour et de réfuter la plainte présentée par la police. Il arrive également qu'un juge, fatigué et débordé, prononce sa sentence sans tenir compte des implications socio-économiques en suspendant, par exemple, le permis de conduire à un chauffeur de camion n'ayant pas d'autre métier, et dans le cas duquel il serait possible d'imposer une peine d'amende.

En ce qui concerne certains délits particuliers, tels l'obscénité et la pornographie entre autres, les législations n'étant pas assez précises, les possibilités d'interprétation sont trop étendues et donnent lieu à des décisions judiciaires très variables, voire surprenantes, dont la presse s'empare volontiers en ridiculisant ainsi auprès de l'opinion publique l'appareil de la justice dans son ensemble. Il apparaît évident que les législateurs seront obligés, à l'avenir, d'établir des normes plus strictes, ou encore de procéder à la décriminalisation de certains délits.

Parallèlement, d'autres agissements commencent déjà à être assimilés à des délits dont, notamment, toutes les actions qui sont considérées comme agents de pollution. En effet, il s'agit là d'une forme particulière de crime contre la société qui menace la survie même des grands centres urbains et contre lequel on cherche encore des solutions pleinement efficaces.

C. LES SERVICES DE DÉTENTION ET DE TRAITEMENT

Le troisième secteur de la justice criminelle et pénale, dont la transformation semble inévitable, demeure celui de détention et de traitement. À l'instar des cours, les prisons des grandes villes sont installées dans des bâtiments vétustes, mal situés par rapport à des centres urbains qui se développent dans toutes les directions et chroniquement surchargés. Les administrateurs se trouvent placés, dès lors, devant une alternative : celle de démolir et de reconstruire ailleurs des prisons de même type, mais améliorées en ce qui a trait à la configuration des locaux, ou encore de créer des petits centres de traitement en construisant des unités carcérales destinées à des types particuliers de criminels, situées dans des régions éloignées et faiblement peuplées, et favorisant, d'une manière générale, la surveillance en milieu libre. Étant donné que les taux élevés de récidivisme démontrent la faible efficacité du système carcéral traditionnel, il semble qu'à long terme on adoptera progressivement la deuxième possibilité, comme c'est déjà le cas, dans une certaine mesure, en Suède.

Quant à la localisation géographique, la proximité d'une grande ville pose le problème de dangers de victimisation qu'entraînent notamment les évasions, mais aussi celui de l'exiguïté du terrain disponible pour les détenus. C'est ainsi qu'en Pologne, on a procédé récemment à Varsovie au déplacement des institutions de rééducation pour mineurs délinquants que la progression rapide de la ville a englobées dans ses banlieues, autrefois lointaines et désormais très facilement accessibles en raison de nouveaux moyens de transport en commun. Ce n'est cependant pas là une politique systématique, parce que les investissements qu'elle met en jeu sont trop élevés et exigent une planification préalable qui, dans la plupart des pays, n'a même pas été amorcée jusqu'à présent.

Pour pallier la surcharge des centres de détention situés à proximité, ou dans les grandes villes, on s'efforcera également de faire appel aux divers systèmes de sélection. C'est ainsi qu'à Montréal, par exemple, où les relevés statistiques (Québec, 1968) ont permis de constater que plus de 60 % de la population carcérale purgeaient des peines ne dépassant pas 14 jours de prison, on a procédé à la création d'un centre provincial de détention pour les condamnés à des peines de courte durée. Cette façon de procéder permet le classement des détenus, impossible ou malaisé dans le contexte d'une prison vétuste et surpeuplée, l'isolement des éléments plus perturbés des autres et l'organisation de meilleures conditions de traitement. La systématisation de ce genre de méthodes de sélections est d'autant plus inévitable à l'avenir que le système carcéral actuel ne répond plus aux besoins des centres urbains et ne peut, par conséquent, remplir qu'une partie de ses fonctions, soit celle concernant la surveillance, tandis que la réhabilitation et le traitement s'avèrent impossibles ou malaisés.

Au-delà du système carcéral proprement dit, on multiplie, en outre, dans certains pays dont la Suède, des centres expérimentaux de semi-liberté qui permettent d'obtenir, pour plusieurs catégories de délinquants, des résultats plus satisfaisants. Il s'agit là de services plus coûteux que les prisons proprement dites, mais plus efficaces à long terme en ce qui a trait à la lutte contre le récidivisme car ils exigent un personnel spécialisé et qualifié, difficile à recruter. Toutefois, c'est dans les grandes villes que ce personnel est numériquement le plus important et bien que les autorités craignent dans certains cas d'établir de tels centres dans les agglomérations urbaines, on est fréquemment obligé de le faire malgré les lacunes que cela comporte.

L'élaboration des politiques à venir demeure, en somme, fortement tributaire des exigences du marché du travail et des décisions préalables ayant trait aux investissements destinés à la promotion des éducateurs sociaux et des gardiens capables d'assurer des responsabilités plus importantes que celles qui leur incombaient traditionnellement.

CONCLUSION

1. Les éléments de lutte contre la criminalité de demain

Les conclusions qu'on peut dégager se situent, en somme, sur deux plans : celui du présent et celui de l'avenir.

Dans l'immédiat, l'attitude à l'égard de la criminalité évolue, mais on ne parvient pas à mettre en place les structures indispensables. C'est ainsi que depuis une trentaine d'années, une nouvelle approche s'est développée en ce qui concerne la déviance des mineurs ; mais toutes les conceptions de la défense sociale ne sont pas encore admises et, même chez les personnes qui les partagent, on trouve des réactions très spontanément répressives — notamment en période de malaise. En France par exemple, on traverse une période où réapparaissent des tendances répressives et il s'ensuit des difficultés, plus grandes qu'il y a une quinzaine d'années, à faire admettre les idées de défense sociale. En fait, ceci s'explique par l'ambivalence de la réaction individuelle à l'égard de tout phénomène de déviance : la réaction normale, spontanée, est l'élimination, et la compréhension ne vient qu'ultérieurement, les jurys tendent à se montrer plus indulgents quand ils connaissent les conditions sous-jacentes du crime à juger.

Pour d'autres, il est nécessaire de prendre les choses différemment. Si vis-à-vis des délinquants la réaction naturelle est l'élimination, celle-ci n'est plus possible de nos jours : en considérant, par exemple, des statistiques sur l'application de la peine de mort aux États-Unis et en France, on s'aperçoit qu'il n'y a plus guère d'exécution. En réalité, la société est engagée dans un processus « d'assimilation spontanée des délinquants », comme en témoignent les études sur le chiffre noir qui fait apparaître une criminalité réelle immense au-delà de la criminalité apparente. Finalement, d'après les estimations pour la France, on trouve pour 3 millions d'actes délinquants chaque année 30 000 à 40 000 peines sérieuses de prison. En ce qui concerne donc la grande masse de délinquants, la société accepte implicitement l'assimilation. Par conséquent, le principe de la défense sociale est entré en application, mais de façon inorganisée. Il est difficile de savoir ce que deviennent les personnes assimilées.

Quant aux principes de droit pénal, ils ne sont pas appliqués. Ceci peut s'expliquer non pas essentiellement par la capacité d'absorption du système pénal qui est un problème financier, mais par la crise psychologique et morale que traverse la magistrature. Cette dernière voit actuellement une situation d'ambivalence extraordinaire : d'une part elle doit être répressive, mais d'autre part elle doit aussi tenir compte des sciences humaines, d'où des solutions de faiblesse. Il faut donc organiser cette assimilation spontanée et promouvoir une « indulgence scientifique ».

Généralement, il apparaît que l'on n'essaye pas suffisamment les nouvelles méthodes. Les tribunaux étant surchargés, une question financière se pose, d'où l'idée de planifier : il faut essayer de voir les différentes parties du système qui apparaissent comme rentables et de connaître dans quel secteur de la défense sociale il est nécessaire d'investir des crédits. Il faudrait non seulement tenter de travailler pour bouleverser le système juridique et judiciaire, mais aussi prêter attention à une planification de la défense sociale pour mieux utiliser les finances que l'on a déjà.

Il s'agit donc, le système étant devenu un non-système, d'imaginer de nouvelles fonctions policières et judiciaires dans les grandes zones. De même, il est nécessaire d'arriver à trouver de nouvelles méthodes en dehors du domaine judiciaire afin de soulager les tribunaux, au lieu de simplement décriminaliser certains comportements déviants. Une innovation a été réalisée à ce propos à New York, notamment au sujet des jugements de cas d'ébriété ou de toxicomanie. Sous l'égide de différents juges, on a essayé, avec l'aide de la police et des services sanitaires, de remplacer le jugement traditionnel et de transférer ces cas aux hôpitaux. Sans supprimer la sanction, on s'oriente davantage vers la réadaptation. Mais il paraît très difficile aux États-Unis de détourner les fonds destinés à la justice pour essayer de créer des centres d'assistance sociale.

En ce qui concerne l'architecture même des locaux de justice, il n'a malheureusement pas été possible — à cause de la division verticale des services — de repenser l'ensemble. On se préoccupe d'y refaire les bois et les bronzes sans prêter attention aux choses plus prioritaires et sans rien demander aux usagers de la justice.

En France, le VIᵉ Plan s'est basé sur des principes d'orientation en termes de justice et d'environnement surtout. C'est ainsi que deux domaines de la justice, l'éducation surveillée et l'administration pénitentiaire, ont été planifiés dans l'optique d'une prévention « tous azimuts » et non *post deletum*. Une procédure simplifiée et débarrassée des archaïsmes est nécessaire à une justice plus rapide et plus efficace.

Les participants de l'atelier nº 5 ont beaucoup insisté sur la nécessité de décentraliser la justice et d'intégrer la dimension-judiciaire dans la vie comme on l'a fait pour la dimension-santé. Ils sont ainsi parvenus à l'étude des réformes administratives nécessaires. En effet, actuellement les réformes de cet ordre se heurtent à un certain nombre de difficultés.

2. La planification et le schéma traditionnel

Un excellent exemple est fourni par la réforme de l'agglomération parisienne, qu'on a essayé de faire éclater il y a cinq ans. On a reconstitué autour du noyau central trois unités périphériques sensiblement égales du point de vue démographique, mais qui ont des problèmes de communication. C'est ainsi que le département des Hauts-de-Seine s'étend jusqu'à Sceaux. Dans quelle mesure peut-on alors réaliser une unité administrative véritable dans un ensemble aussi vaste? Administrer des fractions entre un et deux millions d'habitants dépasse en effet les structures telles qu'imaginées jusqu'à présent. On en arrive donc à la nécessité de quartiers décentralisés. On a essayé de le faire à Paris dans le cadre des vingt arrondissements, mais en raison des rapports inextricables entre quartiers, il a fallu garder une administration centralisée. Donc, on a tendance à centraliser encore : ainsi le district de Paris coiffe le tout pour les grands équipements.

Dans le système français, le financement vient presque uniquement de l'État. Il suit une centralisation excessive. On sent poindre ainsi des séries de conflits : les administrations, les collectivités revendiquent leur autonomie financière. On va arriver à une sorte de conflit entre les impératifs de la centralisation et les aspirations qui naissent spontanément chez les habitants d'une localité déterminée.

Aux États-Unis, un grand nombre d'expériences ont été entreprises, posant des problèmes de coordination avec les administrations centrales. Comme il n'y avait pas assez de personnes compétentes pour les problèmes locaux souvent liés aux divisions raciales, on a essayé de mettre au point de petites mairies permettant de regrouper localement des services extérieurs. En ce qui concerne les services sociaux, on a créé des services à vocations multiples avec des unités centrales de diagnostic et des tribunaux locaux pour mineurs. Cependant, après une période de grande décentralisation, on assiste de nos jours à une recentralisation — ce qui implique la nécessité de faire preuve d'innovations et de bien faire la part entre les administrations centrales et les administrations locales.

Ceci exige enfin l'apprentissage du pouvoir décentralisé, sans lequel aucun pouvoir de décision régionalisé important ne peut exister ; mais, ceci implique aussi l'analyse des rapports qui existent entre l'appareil de la justice et la communauté.

Il s'agit là en effet d'un problème particulièrement d'actualité en France. Les policiers parisiens ont récemment montré leur souci de contact avec la population. Le policier ne veut pas être coupé de la communauté, ni être un simple appareil répressif destiné à faire régner l'ordre. Une nouvelle conception se développe : celle de la police sociale, de la police de la cité nouvelle. Elle a permis déjà de créer un personnel féminin, dont la réussite est remarquable, notamment dans le domaine de la circulation urbaine. L'avenir semble donc à une police sociale et intégrée dans la population et l'ensemble des services criminologiques (judiciaires, pénitentiaires, sociaux). Un exemple est déjà fourni par la police des mineurs de Versailles qui travaille en étroite collaboration avec les services sociaux, tout en respectant le secret de ces services. Ceci pose le problème de résidence de la police dans le cadre de la communauté. Elle ne devrait pas être encasernée comme le sont les CRS et les gendarmes français. Il convient cependant de distinguer entre la police de la circulation et de la voie publique, qui peut être décentralisée sans inconvénient, et la police judiciaire qui a besoin de centralisation. Enfin, à côté de la police sociale se développe aussi la police scientifique.

En ce qui concerne les États-Unis, le terme de communauté a un autre sens, dans la mesure où il s'agit de communautés de couleur et de groupes minoritaires qui posent des problèmes bien particuliers à la police. Un certain nombre de techniques sont utilisées pour améliorer leurs rapports : *recrutement :* la taille minimale exigée est abaissée afin de permettre aux hommes de races de petite taille d'être admis (par exemple, les Portoricains) ; *formation :* une promotion est assurée à partir de la base, et les membres de la police peuvent assister à des séminaires d'université, ce qui leur permet de dialoguer avec les étudiants, comme à l'Université de Colombia, où des heurts ont eu lieu récemment.

On utilise de plus en plus de civils dans la police. C'est ainsi que des résidents locaux, bilingues, sont utilisés pour poser des questions et comprendre les réponses. Enfin, il reste un point essentiel : étant donné que l'on a monopolisé l'usage de la contrainte dans la force de police, il est étonnant que le contrôle que l'on exerce sur elle soit extrêmement faible.

3. *L'appareil de la justice et les réformes d'ordre social*

Les participants de l'atelier n° 5 ont constaté également que, d'une façon générale, il existe actuellement une trop grande tendance à faire appel à la justice, au droit et à la police, alors qu'il convient d'avoir beaucoup de prudence à leur égard. Le travail des criminologues dans les années à venir doit consister à trouver d'autres méthodes, comme les unités de contrôle auxiliaires, les centres de traitement des prédélinquants adultes et la sectorisation de la santé mentale dans les grandes villes, afin de lutter plus efficacement contre la criminalité et contre certains malaises sociaux qui y sont reliés.

Par ailleurs, les sociétés de demain devront envisager des solutions qui ne seront pas uniquement reliées à la prévention et au traitement de la délinquance, mais à l'amélioration de l'ensemble des conditions de l'existence des citadins.

En premier lieu, il s'agira là d'une urbanisation planifiée qui ne sera pas conçue dans l'optique de la durabilité des édifices, mais des nécessités d'un développement dont la rapidité impose des structures mouvantes et facilement adaptables aux besoins. En deuxième lieu, la philosophie sociale devra être repensée en fonction de la progression du pourcentage des milieux désavantagés, ou non actifs, afin d'éviter leur isolement et l'apparition de nouvelles sous-cultures criminogènes. En troisième lieu, l'appareil de la justice devra être transformé de façon à pouvoir remplir pleinement son rôle social et accepter la prédominance de l'objectif de resocialisation par rapport à celui de punition, tout en ne confondant pas le rôle du juge avec celui du législateur et en ne permettant pas aux juges de transformer leurs sentences en des moyens de lutte politique. En quatrième lieu, des études devront être dédiées pour établir l'influence que l'incompréhension vis-à-vis de la motivation politique des crimes contre la personne exerce sur le développement de la criminalité en général, menaçant d'une façon grave la sécurité des individus et des collectivités.

C'est à ce prix, et à ce prix seulement, qu'il deviendra possible de contenir la progression de la criminalité dans les centres urbains qui, selon les projections statistiques, risque de dépasser la progression démographique, tout en impliquant des classes d'âge de plus en plus jeunes et en entraînant ainsi des dommages graves au niveau de l'ensemble de la société.

BIBLIOGRAPHIE

BECKWITH, B. P. et D. BELL (1967): *The Next 500 Years*, New York, Exposition Press.

BÉDARD, T. (1972): *Analyse d'une série chronologique et projections relatives aux taux de criminalité, 1949-1971*, Ottawa, Bureau fédéral de la statistique.

BELL, D. (1968): *Toward the Year 2000*, Boston, Houghton Mifflin.

BELL, D. (1969): « The Idea of a Social Report », *The Public Interest*, 15 : 72-84.

CANADA (1969): *Justice pénale et correction: un lien à forger*, rapport du Comité canadien de la réforme pénale et correctionnelle, Ottawa, Imprimeur de la Reine.

CANADA (1970): *Rapport annuel de la Commission des libérations conditionnelles*, Ottawa, Imprimeur de la Reine.

COMMISSARIAT GÉNÉRAL DU PLAN (PLAN ET PROSPECTIVES) (1970): *les Villes*, vol. I : *l'Urbanisation*, vol. II : *la Société urbaine*, vol. III : *le Logement*, Paris, Armand Colin.

DAHRENDORF, R. (1959): *Class and Class Conflict in Industrial Society*, Stanford, Stanford University Press.

ÉTATS-UNIS (1967): *The Courts*, rapport de la President's Commission on Law Enforcement and Administration of Justice, Washington (D.C.), U.S. Government Printing Office.

ÉTATS-UNIS (1968): *Building the American City*, rapport de la National Commission on Urban Problems to the Congress and to the President of the United States, Washington (D.C.), U.S. Government Printing Office.

ÉTATS-UNIS (1969): *Toward a Social Report*, Washington (D.C.), U.S. Government Printing Office, Department of Health, Education, and Welfare.

FERRACUTI, F. (1968): *Juvenile Delinquency and Social Change in Puerto Rico*, Boston, Little, Brown and Co.

GLASER, D. (1970): *Crime in the City*, New York, Evanston, et Londres, Harper & Row.

GROSS, B. M. (1966): « The State of the Nation: Social Systems Accounting », *in*: Raymond A. Bauer, édit., *Social Indicators*, Cambridge (Mass.), The M.I.T. Press, chap. III.

LEE, E. S. *et al.* (1957): *Population Redistribution and Economic Growth, United States, 1870-1950*, Philadelphia, American Philosophical Society.

LITHWICK, N. H. (1970): *Urban Canada Problems and Prospects*, Ottawa, Central Mortgage and Housing Corp.

LYND, R. S. et HELEN MERRELL LYND (1937): *Middletown in Transition*, New York, Harcourt, Brace & World.

MCINTYRE, JR., D. (1967): *Law Enforcement in the Metropolis*, Chicago, American Bar Foundation.

MOLES, A. (1964): *la Cité scientifique : futuribles*, Paris, S.E.D.E.I.S.

MORGAN, J. N. *et al.* (1962): *Income and Welfare in the United States*, New York, McGraw-Hill.

MURY, G. (1969): *la Société de répression*, Paris, Éditions universitaires.

MYRDAL, G. (1944): *An American Dilemma*, New York, Harper & Row.

NUVOLONE, P. (1969): *Trente années de droit et de procédure pénale*, 2 vol.

PINATEL, J. (1957): « Les criminels professionnels », *Revue de science criminelle*, p. 909-923.

QUÉBEC (1970): *la Société face au crime*, rapport de la Commission d'enquête sur l'administration de la justice en matière criminelle et pénale, Québec, Éditeur officiel du Québec.

RAYNALD, J. (1969): *la Justice de demain*, Paris, Denoël.

SHELDON, ELEANOR BERNERT et W. E. MOORE (1968): *Indicators of Social Change*, New York, Russell Sage Foundation.

SVALASTOGA, K. (1965): *Social Differentiation*, New York, David McKay Co.

SZABO, D. (1969): « Urbanisation et criminalité », *Chronique sociale de France*, numéro spécial, n° 3.

SZELHAUS, S. (1969): *Mlodociani hecydywisci*, Varsovie, Éditions scientifiques polonaises.

UYEKI, E. S. (1964): « Residential Distribution and Stratification, 1950-1960 », *American Journal of Sociology*, **69**: 491-498.

WILLIAMS, JR., R. M. (1969): « Individual and Group Values », *in*: Bertram M. Gross, édit., *Social Intelligence for America's Future*, Boston, Allyn and Bacon.

Analyse économique
du système de justice criminelle

MARC LeBLANC et ALFRED BLUMSTEIN

Appliquer l'analyse des systèmes à l'administration de la justice criminelle était la tâche d'un des groupes de discussion. Le choix de cette tâche est la résultante d'une évolution parallèle de l'administration de la justice criminelle et de la science criminologique, évolution soutenue par la crise de l'administration de la justice criminelle dans les zones métropolitaines. En effet, personne ne niera que nous sommes dans une situation de crise, crise de la société qui se manifeste entre autres par un accroissement de la criminalité traditionnelle, mais aussi par l'émergence de nouvelles formes de délinquance. Il s'ensuit que les rouages de la justice criminelle sont plus ou moins bloqués par la surabondance des tâches qui lui incombent, comme en font foi les rapports des commissions d'enquêtes, présidées par Katzenback aux États-Unis (1967), par le juge Ouimet au Canada (1969) et par le juge Prévost au Québec (1970).

Cette arrière-scène de crise a favorisé à la fois l'évolution de la criminologie comme science et l'administration de la justice comme art du gouvernement. En effet, l'administration de la justice voit de plus en plus la nécessité de rationaliser ses activités : l'exemple de l'État de la Californie, de travaux comme ceux de A. Blumstein *et al.* (1968), et la création du National Institute of Law Enforcement and Criminal Justice sont significatifs à cet égard. Quant à la science criminologique, il ne fait aucun doute qu'elle évolue d'une criminologie universitaire vers une criminologie appliquée qui doit répondre rapidement aux besoins de l'administration de la justice en utilisant une instrumentation issue de l'économétrie, de la recherche opérationnelle et de l'ordinateur.

Nous étudierons donc l'utilisation de l'analyse des systèmes dans l'administration de la justice criminelle. Pour ce faire, nous présenterons la problématique de l'analyse des systèmes avant de détailler un instrument pour réaliser une analyse comparative du système de justice criminelle.

I. L'ANALYSE DES SYSTÈMES : PROBLÉMATIQUE

La criminologie, comme toutes les sciences humaines, souffre d'un complexe de sophistication. On pense que les mathématiques, la recherche opérationnelle et les autres techniques de notre société industrialisée vont nous permettre de résoudre les problèmes humains et administratifs. L'analyse des systèmes est un de ces instruments mythiques. Avant de discuter les problèmes de l'application de l'analyse des systèmes à l'administration de la justice criminelle, il convient de rafraîchir nos connaissances sur cette technique en rappelant la théorie des systèmes.

1. L'analyse des systèmes : concepts et méthode

La théorie des systèmes et la méthode qui en découle veulent répondre à des problèmes de nature plus générale que les problèmes analytico-déductifs de la science classique. Celle-ci, dont la criminologie de toujours, cherchait par une démarche analytique à étudier un objet, le criminel, comme formé et pouvant être constitué ou reconstitué d'éléments assemblés, de traits biologiques, de traits psychologiques et de traits sociaux. Cette démarche scientifique supposait l'additivité des éléments et que leurs interactions pussent être négligées pour des motifs de recherche.

Les chercheurs, dans diverses sciences, se sont vite aperçus que ces deux conditions de la démarche analytique sont rarement remplies et que les objets d'étude sont presque toujours des entités d'éléments en interactions : ce sont des systèmes. D'où un besoin de généralisation des concepts et modèles scientifiques et un accent particulier sur les interactions ; ce qui demande des outils conceptuels nouveaux. Pour rencontrer le développement de la théorie des systèmes, sont nées la cybernétique, la théorie de l'information, la recherche opérationnelle...

La théorie des systèmes peut se résumer de la façon suivante : un système est un ensemble d'éléments en interaction. Ces éléments ou complexes d'éléments peuvent être distingués suivant trois critères : leur nombre, leur espèce et leurs relations. La théorie des systèmes est fondamentalement relativiste et probabiliste. Dans cette perspective, faire une analyse des systèmes consiste à définir les éléments qui en font partie et en sciences humaines ceux-ci sont nécessairement nombreux mais limités si l'on désire les mesurer, il s'agit d'un système ouvert.

Une fois le cadre de l'analyse des systèmes précisé en termes de la délimitation des éléments dont on tiendra compte et de leur caractérisation, le chercheur doit se concentrer sur les interactions —

la nature des relations entre les éléments plutôt que la nature des éléments eux-mêmes comme dans la science classique. En entreprenant ce genre d'étude, le chercheur s'assigne une tâche plus difficile que s'il étudiait les éléments spécifiques du système. Cette difficulté provient du fait qu'un système qui ne comprendrait que quelques éléments pourrait générer une très grande variété de relations entre eux. Et tout système est relatif aux conditions d'espace et de temps ; ainsi l'état d'un système à un moment donné n'est pas le même qu'à un autre moment et il n'est pas nécessairement équivalent dans toutes les entités culturelles et sociales.

Si la théorie des systèmes oblige le chercheur à se concentrer sur les relations entre les parties du système, il s'ensuit que l'on doive s'assurer de mesurer la transmission de l'information d'un élément à l'autre du système selon les cheminements possibles de celle-ci. Pour faire une analyse de système, le chercheur doit donc pouvoir mesurer quelle est la quantité dynamique d'énergie transmise d'un élément à l'autre du système ; mais ce qui est encore plus important, c'est de savoir à quels éléments l'énergie d'un élément peut être transmise. Si l'on traduit ces formulations au niveau de la justice criminelle, il faut que le chercheur puisse déterminer à qui les policiers peuvent référer des cas et la quantité d'informations qu'ils amènent à chacun des points d'accès aux tribunaux.

En somme, si l'on veut utiliser la méthode qui découle de la théorie des systèmes dans le domaine de l'administration de la justice criminelle, le chercheur doit pouvoir préciser les éléments, nombre et espèce qui forment les mécanismes de la justice criminelle ; le chercheur doit pouvoir mesurer la circulation des cas, et il doit préciser les points de contrôle où la circulation des cas est régularisée. Cette méthode est opérationalisée dans les travaux de Blumstein et Larson (1970) et Blumstein et Belkin (1970).

2. L'analyse des systèmes : problèmes d'application à l'administration de la justice criminelle

Après avoir présenté les concepts et la méthode de l'analyse des systèmes, il convient de se demander si l'on peut utiliser cette méthode dans le domaine de l'administration de la justice. Quelle en serait la finalité ? Quels en sont les avantages et les inconvénients ? Quelle en serait l'utilité ?

L'analyse du système de justice criminelle est sûrement réalisable, mais dans quel but la ferait-on, quelle en serait la finalité ? On peut décrire une automobile comme un système pour se déplacer d'un point à l'autre, et ainsi de suite. On ne peut conceptualiser un système sans préciser ce pourquoi il est utile. On sait que le sous-système de la police sert à rechercher et arrêter les criminels, que la libération conditionnelle est un système qui aide le détenu à revenir dans la société. Mais quel est l'objectif de l'ensemble du système de justice criminelle?

Tous les experts seront d'accord pour affirmer que l'objectif de l'analyse du système de justice criminelle ne peut être l'élimination de la criminalité. L'existence même de la criminalité étant essentielle à l'ensemble du système social, sa fonction positive est de définir les frontières du comportement acceptable; la finalité de l'analyse du système de justice criminelle ne peut être ni son élimination, ni la modification de ses caractéristiques, ni la concentration sur certains individus, ni une redistribution de la stigmatisation. Toutefois, on peut aborder ce problème de la finalité de l'analyse du système de justice criminelle sous deux angles: on peut essayer de faire coïncider les objectifs de la justice avec ceux de l'analyse des systèmes ou redéfinir pour le système de justice criminelle un objectif de nature strictement administrative.

Si l'on adopte la perspective techno-administrative, on peut définir le but d'une analyse du système de justice criminelle comme la réduction des coûts sociaux totaux associés à la criminalité et à l'administration de la justice criminelle (Blumstein *et al.,* 1968). Pour ce faire, on doit réduire les coûts provenant de la criminalité en diminuant les besoins et désirs de commettre des crimes et en augmentant les risques et difficultés de le faire; mais on doit aussi diminuer les coûts associés aux opérations du système de justice et de ses sous-systèmes: police, tribunaux et correction. Ces coûts sociaux impliquent le danger et la peur d'être victime de crimes, la protection contre le crime, les opérations et l'administration de la justice, les allocations d'assistance sociale aux délinquants et à leurs familles, les dangers de restriction de liberté, l'aliénation en regard des lois, la corruption des institutions sociales...

L'objectif et les missions définis ci-dessus sont de nature à justifier une analyse du système de justice criminelle, mais il s'agit d'un objectif lié à la société technologique actuelle et que tous ne sont peut-être pas prêts à accepter. Par contre, on peut se demander dans quelle mesure il est possible de faire coïncider les objectifs de la justice, que Beccaria définissait si bien il y a plusieurs siècles, avec la nature de l'analyse du système.

Les objectifs principaux de la justice sont: l'égalité de tous devant la loi, la punition, la promotion de certaines valeurs et l'efficacité. Ces objectifs de la justice nous apparaissent compatibles avec l'analyse des systèmes. En effet, l'égalité de tous devant la loi est le principe de base de toute administration démocratique de la justice, principe qui pourrait être renforcé par l'analyse des systèmes parce que la nécessité de la description du fonctionnement effectif de ce système permettra de comparer les principes et la pratique. La découverte du décalage entre la règle et son application est une source d'amélioration du système de façon que tous soient égaux devant la loi. La justice criminelle, qu'on soit d'accord ou non, est là pour faire respecter la loi, ce qui fait de la justice criminelle un système qui défend certaines valeurs. L'analyse du système de justice criminelle sera un instrument pour découvrir cette hiérarchie de valeurs; ainsi, on pourra y découvrir que certains types de délits circulent plus dans le système tandis que d'autres n'y circulent à peu près pas. Une des caractéristiques les plus fondamentales du système de justice criminelle est sa nature punitive. Cette application de punition pourra être évaluée par une analyse du système; on pourra en découvrir les mécanismes. Finalement, toute justice doit être efficace dans son fonctionnement, ses opérations, pour être juste; à cet égard, l'analyse des systèmes permettra d'y évaluer la circulation des cas et de rechercher les moyens de l'améliorer.

Il ressort des propos précédents qu'il est facile de trouver, pour l'analyse du système de justice criminelle, une finalité qui allie à la fois des besoins techno-administratifs et la nature de la justice dans son sens philosophique et moral. Si l'analyse du système de justice possède une finalité, voyons maintenant quelques inconvénients et avantages de l'application de cette technique à l'administration de la justice criminelle.

Un des inconvénients majeurs de l'application de l'analyse des systèmes à l'administration de la justice criminelle concerne le décalage entre la complexité de la réalité vécue et les modèles logiques, linguistiques ou mathématiques. La technique de l'analyse des systèmes est, par essence, réductionniste : elle ne tend qu'à utiliser les éléments essentiels ; elle ne se concentre que sur les chemins les plus logiques. Elle tient compte de l'incertitude par sa nature probabiliste, mais elle laisse de côté des informations qui sont essentielles dans la prise de décision. Par sa nature macroscopique, elle ne tient pas compte des facteurs humains ou organisationnels spécifiques. Par ailleurs, en postulant que toutes choses sont égales et en se concentrant sur les éléments fondamentaux, elle décale l'analyse du système de justice de la réalité. Un autre inconvénient de l'application de cette technique est le danger de tomber dans un biais conservateur, de ne considérer que les crimes traditionnels puisque ce sont eux qui circulent le plus dans le système de justice criminelle ; d'être un instrument qui permette aux personnes en place de guider l'administration de la justice ou, pire encore, de nier la justice au profit de l'efficacité et de la rationalité.

Si ces dangers existent et sont suffisamment sérieux pour que l'on s'y arrête, il n'en demeure pas moins que des avantages viennent les contrebalancer. Car, comme le souligne Wilkins (1970), l'analyse des systèmes met l'accent sur « *the thinker rather than upon the thing* ». On n'aborde plus les problèmes en recherchant la « vérité » comme dans la philosophie légale, mais on formule les problèmes et on recherche des solutions de façon différente puisque la pensée systématique est centrée sur les relations entre éléments plutôt que sur la nature des éléments. Un autre avantage de l'analyse des systèmes est qu'elle permet une séparation claire des considérations scientifiques et des problèmes éthiques. C'est un instrument qui permet une analyse impartiale mais auquel on peut attacher des finalités diverses, des plus libérales aux plus conservatrices et extrémistes. On peut en faire un instrument pour rendre la justice, mais aussi pour assurer l'injustice ; on peut y attacher un but moral, mais aussi immoral.

Après avoir discuté de la finalité à donner à une analyse du système de justice criminelle et avoir présenté les avantages et inconvénients de l'utilisation de cette technique, nous aborderons le problème de l'utilité de faire une analyse du système de justice criminelle. L'utilité de l'analyse du système de justice criminelle peut se situer sur trois plans : la connaissance du système, la planification et l'expérimentation, et la comparaison de différents systèmes de justice criminelle.

L'analyse du système de justice criminelle est particulièrement utile pour la criminologie parce qu'elle l'oblige à décrire le système d'une façon adéquate, de bien connaître ses opérations, ses points de décisions, ses façons de répondre aux cas qui se présentent. Cette condition préalable à l'application de la technique est en soi un acquis scientifique tout autant que pratique. Mais l'utilité principale de l'analyse du système total de justice criminelle se situe nettement au niveau de la planification de son fonctionnement et de son développement. Ainsi, il sera possible d'expérimenter des changements sur le modèle produit et d'évaluer leurs effets en termes de coûts et de ressources. À l'aide de l'analyse du système, l'administrateur pourra évaluer les effets d'une nouvelle politique ; il pourra simuler des changements dans la circulation des cas dans le système tout en tenant compte de modification ou non des ressources ; il pourra expérimenter plusieurs types alternatifs de changements et en évaluer comparativement les effets. Le chercheur, pour sa part, pourra aussi, à l'aide de l'analyse du système, élaborer et tester certaines hypothèses d'ordre plus théorique. Finalement, l'utilité qui est apparue la plus fondamentale, en regard de la criminologie comparée, est la possibilité de réaliser une analyse du système de justice dans plusieurs pays, de façon à pouvoir comparer les éléments du système et, principalement, ses opérations et points de décisions. Ces comparaisons pourraient aller plus loin et considérer la situation où l'on introduit dans un système donné une caractéristique d'un autre système, ce qui peut permettre d'en évaluer les effets dans le premier système.

Après avoir présenté la problématique de l'analyse des systèmes et avoir discuté de l'application de cette technique à l'administration de la justice criminelle, on ne pouvait que conclure, contrairement à Wilkins (1970), qu'il y a lieu de travailler à son application. C'est pourquoi, dans la section suivante, nous présenterons un instrument et discuterons des moyens permettant de caractériser, à l'échelle globale, le fonctionnement du système de justice criminelle. Nous y élaborons un modèle qui est une représentation abstraite des systèmes de justice criminelle existant dans différents pays.

II. UN INSTRUMENT POUR L'ANALYSE DES SYSTÈMES DE JUSTICE CRIMINELLE

Cette section de l'étude débute par la présentation détaillée de l'instrument pour l'analyse comparative des systèmes de justice criminelle. Par la suite, nous aborderons certains problèmes de l'utilisation de l'instrument.

1. Description de l'instrument

Les participants de l'atelier n° 6 ont conclu que le modèle général du système de justice criminelle (tel qu'illustré par la figure 1) était suffisamment général pour représenter les systèmes de justice criminelle dans la plupart des pays du monde. La figure 1 présente un diagramme comprenant des rectangles où sont inscrits les points de décisions et des flèches qui indiquent le flux des événements et des hommes dans le système de justice criminelle. Ce diagramme nous dit que de la société émerge un certain nombre de crimes ; de ceux-ci, certains sont rapportés à la police et celle-ci attache un individu à certains crimes qui l'amènent à être accusé devant un tribunal ; celui-ci donne une sentence qui a lieu soit en institution ou en milieu libre ; un individu qui est entré et a circulé dans le système de justice criminelle peut y revenir ou non comme récidiviste.

Le système de justice est une sorte d'entonnoir puisqu'il y a beaucoup d'infractions au départ, et à la fin, un nombre infiniment plus faible d'individus. Dans ce modèle général du système de justice criminelle, nous avons affaire à une agrégation très compacte en trois étapes; c'est un peu trop restreint. On perd beaucoup de détails que l'on voudrait, bien entendu, obtenir. Mais, d'autre part, si l'on cherche à y découvrir, dans les détails, toutes les opérations du système, on se perd en complexité, et il est alors impossible d'avoir les données pertinentes et de faire des comparaisons valables entre les divers systèmes de justice criminelle. Il faut donc trouver une

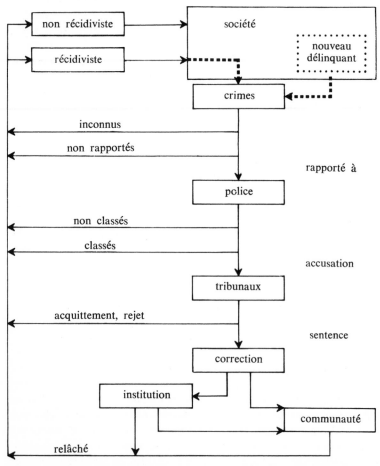

FIG. 1: Modèle général du système de justice criminelle. (La définition des termes est très large: par exemple, le terme *police* peut comprendre à la fois les polices gouvernementales, municipales, privées, en fait, toute police enregistrée.)

solution d'équilibre, une solution moyenne entre un macrosystème, tel que présenté à la figure 1, et un microsystème, tel que nous pouvons nous représenter les systèmes de justice criminelle de divers pays. Ce moyen terme, jugé praticable par les participants, est le format de cueillette des données que nous présenterons maintenant : c'est le modèle minimal pour l'analyse des systèmes de justice criminelle.

De façon à présenter le modèle détaillé du système de justice criminelle, nous diviserons celui-ci en trois étapes : la police, le tribunal et la correction. La figure 2 présente l'étape *police*. Les informations qui nous intéressent sont alors :

1) Le nombre d'infractions rapportées à la police ;

2) Le nombre d'infractions fondées ;

3) Le nombre d'infractions classées ;

4) Le nombre d'infractions classées par mise en accusation ou inculpations ;

5) Le nombre total d'inculpations retirées avant procès ;

6) Le nombre d'infractions pour lesquelles au moins une arrestation a été effectuée ;

7) Le nombre total de personnes arrêtées ;

8) Le nombre total de personnes inculpées ;

9) Le nombre total de personnes pour lesquelles les accusations ont été retirées avant procès ;

10) La situation des personnes en attente de leur procès : *a*) nombre d'individus détenus avant leur procès et le temps moyen de détention, *b*) nombre d'individus relâchés avant leur procès sur la reconnaissance de leur culpabilité, *c*) nombre d'individus relâchés sous l'une des conditions suivantes : cautionnement, divers modes de surveillance, autres.

Ces ítem d'informations permettent de connaître, dans le sous-système *police*, la circulation de la criminalité jusqu'au procès devant un tribunal. Voyons maintenant les sous-systèmes *tribunal* et *correction*, ainsi que les informations nécessaires à l'analyse du système (fig. 3) :

11) Parmi les personnes inculpées devant un tribunal : *a*) le nombre de celles contre lesquelles les accusations ont été retirées, *b*) le nombre de celles qui ont enregistré un plaidoyer, *c*) le nombre de celles dont la cause a donné lieu à d'autres procédures ;

12) Parmi les personnes qui ont enregistré un plaidoyer : *a*) le nombre de celles qui ont enregistré un plaidoyer de culpabilité,

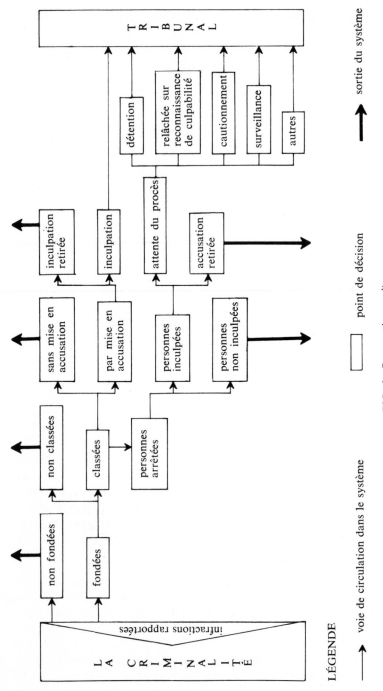

FIG. 2: Sous-système *police*.

LÉGENDE

→ voie de circulation dans le système

point de décision

☐ sous-système

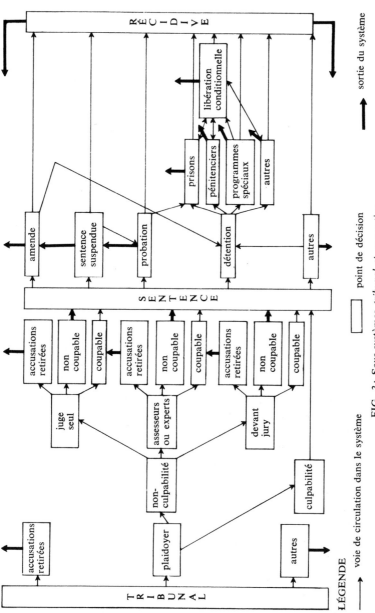

FIG. 3 : Sous-systèmes *tribunal* et *correction*.

b) le nombre de celles qui ont enregistré un plaidoyer de non-culpabilité ;

13) Parmi les personnes qui ont enregistré un plaidoyer de non-culpabilité : a) le nombre de celles dont la cause est entendue devant un juge professionnel, b) le nombre de celles dont la cause est entendue devant un juge non professionnel, des experts ou assesseurs, c) le nombre de celles dont la cause est entendue devant un juge et un jury ;

14) Parmi les personnes qui ont subi un procès devant un juge professionnel : a) le nombre de celles pour lesquelles les accusations ont été retirées, b) le nombre de celles déclarées non coupables, c) le nombre de celles déclarées coupables ;

15) Parmi les personnes qui ont subi leur procès devant un jury : a) le nombre de celles pour lesquelles les accusations ont été retirées, b) le nombre de celles déclarées non coupables, c) le nombre de celles déclarées coupables ;

16) Parmi les personnes ayant subi leur procès d'autre façon : a) le nombre de celles dont les accusations ont été retirées, b) le nombre de celles déclarées coupables, c) le nombre de celles déclarées non coupables ;

17) Parmi les personnes condamnées : a) le nombre de celles ayant eu une amende (nombre et taux en monnaie du pays), b) le nombre de celles ayant eu une sentence suspendue, et sa durée, c) le nombre de celles placées en probation (durée, et nombre de contrevenants), d) le nombre de celles incarcérées (durée donnée, et temps servi), e) le nombre d'autres condamnations ;

18) Parmi les personnes incarcérées : a) le nombre de celles en prison (sentence, et temps servi, moyenne quotidienne), b) le nombre de celles au pénitencier (sentence, et temps servi, moyenne quotidienne), c) le nombre de celles assignées à des programmes spéciaux (nature, durée, moyenne quotidienne), d) autres types d'incarcération (sentence, temps servi, nature, moyenne quotidienne) ;

19) Parmi les personnes incarcérées : a) le nombre de celles libérées conditionnellement, b) le nombre de contrevenants à la libération conditionnelle (temps entre la libération et le retour en institution et temps servi après le retour en institution).

Nous avons présenté ci-dessus un modèle de justice criminelle et un certain nombre d'item qui constituent les instruments pour l'application de l'analyse du système à l'administration de la justice criminelle. Le modèle présenté est très flexible, car il est facile d'y ajouter tous les points de décisions et toutes les voies de circulation ou de sortie du système qui nous sembleraient utiles. Cette flexibilité permet l'application du modèle aux différents systèmes de justice. Par ailleurs, s'il devenait beaucoup plus complexe, il serait difficile d'entreprendre des comparaisons entre les systèmes. Ce modèle est global, les informations qu'il nécessite sont celles qu'il est relativement facile de trouver dans les statistiques criminelles ; il permet, par le fait même, une analyse interne du système et une analyse comparative.

Le modèle présenté — et les informations qu'il sous-tend — est apparu aux membres de notre groupe de travail comme un instrument qui est opérationnel, de qualité suffisante et d'utilité telle qu'il y a lieu d'entreprendre une analyse des systèmes de justice criminelle avec lui. Toutefois, l'emploi de l'instrument n'est pas sans poser un certain nombre de problèmes, difficilement solubles dans tous les systèmes de justice criminelle.

2. Limites et difficultés d'application de l'instrument d'analyse des systèmes de justice criminelle

L'analyse des systèmes, telle que nous l'avons décrite dans la première partie de l'étude, suppose deux démarches : la délimitation et la définition des éléments du système et l'étude des relations entre les éléments. Nous avons, à la section précédente, délimité le système de justice criminelle et précisé les éléments du système : les sous-systèmes et les points de contrôle de la circulation dans le système. Ceci fait, il faut préciser les cas qui doivent être considérés comme pertinents, dont on devra tenir compte dans l'analyse des systèmes ; ce qui pose le problème de la définition de la criminalité et de certaines informations spécifiques complémentaires.

Quelle criminalité le chercheur devra-t-il considérer pour réaliser son analyse des systèmes ? Dans l'analyse d'un système particulier, ce problème est facilement résolu puisque le chercheur peut décider d'inclure toutes les infractions au Code criminel ou seulement les plus graves ou même les infractions au Code criminel et certaines infractions de la criminalité des honnêtes gens, par exemple, les déclarations d'impôts erronées... Il peut même travailler avec certaines infractions spécifiques et, s'il le veut, tenir compte de variables telles que l'âge, le sexe... Par contre, lorsque l'objectif est la comparaison des systèmes de justice criminelle, il faut s'assurer que les données utilisées soient comparables. Le chercheur ne pourra le faire avec les statistiques criminelles traditionnelles comme le montrent cent ans de tentatives et de discussions sur le sujet.

Plusieurs solutions s'offrent à lui : il peut regrouper les informations suivant une nouvelle logique, il peut élaborer des classifications

ou il peut travailler avec un chiffre global. La première solution est
peut-être prometteuse, si on pense à l'indice de criminalité de Sellin
et Wolfgang (1964), mais non praticable et, de plus, certains de ses
postulats demeurent à démontrer tandis que la validation et
l'élaboration de l'indice pour des populations générales restent à
faire. La seconde solution, une classification créée par le chercheur,
est discutable parce qu'il est difficile de mettre d'accord deux
spécialistes ; mais elle est néanmoins praticable si l'on considère une
classification qui comprend des types comme délits contre les biens,
contre la personne, les mœurs, etc. Par ailleurs, la troisième solution,
l'utilisation d'un chiffre global, semble celle qui est à la fois la plus
accessible et la moins discutable.

En effet, l'utilisation du chiffre global permet à la fois de mettre
de côté une définition légale et une définition criminologique de la
criminalité et de les remplacer par une définition organisationnelle
de la criminalité. Ainsi, la criminalité devient-elle toute infraction
qui peut conduire son auteur devant une cour criminelle. Ici on
recherche l'analyse de la dimension globale de la criminalité,
indépendamment de ces éléments, ce qui se justifie du point de vue de
la théorie du système et de celui de la théorie sociologique.
Durkheim ne disait-il pas que la criminalité, dans ses aspects
quantitatifs et qualitatifs, est le reflet d'une société à un moment
donné. Il est vrai que la nature des éléments, des infractions, peut
varier d'un système de justice à un autre, mais ce ne sont pas ces
caractéristiques qui nous intéressent : c'est plutôt la circulation d'un
point à l'autre du système de justice criminelle. Cette circulation
s'analyse quantitativement, à l'aide de proportion, et ne peut tenir
compte de la dimension qualitative, à moins qu'on ne décide
d'analyser la circulation d'une infraction spécifique. Il est fort
probable que la nature des infractions qui conduisent un individu
devant une cour criminelle soit sensiblement la même dans son
essence ; la terminologie, seule, serait différente. Mais il restera
toujours certains problèmes, par exemple, les infractions à la
circulation automobile : faut-il les inclure ou non ? Là-dessus, les
chercheurs devront s'entendre.

L'analyse des systèmes nous obligeant à adopter une vue
synthétique plutôt qu'analytique, comme dans la science traditionnelle, le chiffre global de la criminalité est sûrement le meilleur
choix. De plus, certaines observations tendent à montrer que le
système de justice a un certain point de saturation ; ainsi les taux
d'emprisonnement varieraient entre des limites précises, quelle que
soit la période de temps considérée (donnée obtenue par le professeur
Christie et communiquée au professeur Blumstein) et, de plus, il

semble que la société régularise la circulation de la criminalité en décriminalisant ou criminalisant selon qu'un délit engorge le système ou est dangereux pour la société.

En adoptant la perspective proposée, nous croyons qu'il est possible de faire une analyse comparée des systèmes de justice criminelle puisque celle-ci ne compare pas la nature des systèmes de justice criminelle, ni la nature du cas considéré, mais bien le flux dans le système. Ayant défini la criminalité comme toutes les infractions qui peuvent conduire un individu devant une cour criminelle, il convient de signaler que les item d'information énumérés précédemment devraient, lorsqu'il est possible de le faire, être rapportés en fonction : 1) de l'âge des personnes arrêtées et circulant aux divers points de contrôle, 2) du sexe de ces personnes, 3) du fait que la personne est inculpée devant une cour juvénile ou un tribunal pour adultes, 4) des types particuliers d'infractions.

Jusqu'ici, nous avons parlé uniquement de la criminalité, mais une analyse des systèmes, si elle veut rencontrer des objectifs de planification et même de comparaison, doit nécessairement tenir compte de deux autres éléments : les ressources et les coûts. Les ressources permettent de les comparer à la criminalité pour rendre plus significative l'analyse du système de justice criminelle ; ainsi, si telle mesure correctionnelle, la probation, n'est pas employée, cela dépend peut-être du fait qu'il n'y a pas suffisamment de personnel ; s'il n'y a pas plus d'infractions classées, cela dépend peut-être d'un nombre insuffisant de policiers. En fait, la considération des ressources à tous les niveaux du système de justice criminelle nous permet de délimiter la capacité même du système.

Si la criminalité permet de mesurer les flux et les ressources, de qualifier la capacité du système, les coûts, pour leur part, permettent une évaluation des opérations. Ils sont un moyen d'évaluation pour l'administrateur, une façon d'arriver à une plus grande rationalité du système, mais cet objectif n'est pas nécessairement celui de la justice. Un autre moyen d'évaluation est de tenir compte de la récidive ou, en termes plus généraux, du retour d'un individu dans le système de justice après qu'il en est sorti, à quelque endroit que ce soit. Indépendamment de cet aspect évaluatif, il est essentiel de tenir compte du retour, dans le système, d'un individu, parce que tous savent qu'une fois qu'un individu y a circulé, il a tendance à y revenir plusieurs fois.

Nous sommes maintenant en mesure de faire une analyse des systèmes de justice criminelle : le système est décrit, le modèle est élaboré et son contenu est spécifié : criminalité, récidive, ressources et coûts.

Voyons maintenant quelques-uns des principaux problèmes que nous rencontrerons en réalisant une analyse comparative des systèmes de justice criminelle. Ces problèmes sont le rapport entre les événements et les personnes, les sauts de points de contrôle, les changements dans la qualité des infractions et le jumelage des sous-systèmes.

En ce qui concerne les changements dans la qualité des infractions, ce problème nous affecte peu si l'on travaille avec des chiffres globaux; et, dans une analyse comparative, il ne risque pas de nous toucher au niveau de certains types d'infractions car, pour les comparaisons transculturelles, nous ne pourrons que choisir soit des catégories très larges d'infractions (agression), soit des catégories très spécifiques (vol à main armée). De toute façon, sur le plan technique, il est possible de prévoir cette éventualité en accroissant le nombre des voies que peuvent emprunter une infraction ou une personne. De la même façon, les sauts d'étapes peuvent être prévus dans le modèle du système de justice criminelle.

Les deux problèmes qui demeurent les plus épineux sont le jumelage des sous-systèmes et le rapport entre les événements et les personnes. Deux types d'informations sont généralement disponibles pour les chercheurs: d'une part, les événements criminels qui se transforment progressivement de plainte à infraction, infraction classée, mise en accusation, et ainsi de suite, et, d'autre part, les personnes, à qui on attache une infraction, une inculpation, un procès, une peine, etc. L'analyse du système de justice devrait-elle se faire avec les événements ou les personnes? Il est apparu au groupe de discussion que la solution la plus rentable est celle où l'on considère les événements jusqu'à ce qu'une personne soit reliée à une infraction. Il ne semble pas utile, ni même valide, d'étudier la circulation des événements dans tout le système de justice criminelle, parce que du moment où l'auteur de l'infraction est identifié, les caractéristiques de celui-ci influencent les décisions. Par ailleurs, il est utile de savoir combien de crimes sont élucidés et à combien de personnes on les attribue.

Le problème le plus épineux est certainement celui du jumelage des sous-systèmes: police, tribunaux et correction. Ceci, parce que dans le système actuel de l'administration de la justice, il n'y a pas de rapports entre eux, sauf le fait d'amener aux autres les cas pour lesquels une décision a été prise. De plus, la cueillette des informations statistiques se fait indépendamment dans chacun des sous-systèmes, ce qui peut occasionner des erreurs. Aussi, il n'est pas encore possible, dans aucun système de justice criminelle, de suivre un individu, de son entrée à sa sortie du système. Idéalement, il faudrait attendre des statistiques criminelles intégrées (police, tribunaux et correction) avant de faire une analyse des systèmes.

En attendant ces systèmes de statistiques criminelles intégrées, comme il s'en développe en Suède, en Angleterre et au Canada, il existe une solution simple à ce problème. Il s'agirait, au niveau des statistiques judiciaires, d'avoir les informations suivantes en ce qui concerne chaque item : les infractions donnant lieu à une mise en accusation, les infractions parmi celles-là qui ont été commises et traitées durant l'année en cours, les infractions faites durant l'année précédente et traitées durant l'année en cours. Au niveau des statistiques correctionnelles, il conviendrait d'avoir les informations suivantes : les sentences, les sentences pour des infractions commises durant l'année en cours et les sentences pour des infractions commises durant l'année précédente. Quelques raffinements, relativement simples, des statistiques criminelles pourraient permettre de solutionner le problème du jumelage des sous-systèmes.

En attendant que ces solutions, ou d'autres, soient mises en pratique, est-ce qu'on retarde une analyse des systèmes de justice criminelle ? Il est indéniable que certains systèmes ne pourront faire l'objet d'analyse, mais il n'en demeure pas moins que dans d'autres systèmes l'analyse est possible, tandis que pour d'autres encore quelques ajustements des données sont nécessaires.

En terminant cette section sur les limites et difficultés de l'application de l'analyse des systèmes de justice criminelle, il faut bien avouer que l'état actuel des statistiques criminelles rend difficile l'utilisation de l'instrument proposé. Malgré ce handicap, l'application de l'analyse des systèmes à la justice criminelle demeure une façon adéquate de décrire et de commencer à comprendre ce système. L'application de l'analyse des systèmes est sûrement un moyen d'assurer, dans l'avenir, la collecte des données adéquates et aussi une façon de préparer les administrateurs à son utilisation.

L'application de l'analyse des systèmes requiert une technologie, c'est-à-dire une formulation mathématique de la circulation dans le système et un programme pour les compilations. À cet égard, les travaux de Blumstein et Larson (1970) sur les formulations mathématiques, et de Blumstein et Belkin (1970) sur le programme JUSSIM sont les seuls documents disponibles.

CONCLUSION : VERS UNE MISE EN ŒUVRE

Nous avons présenté un instrument pour l'analyse des systèmes de justice criminelle; mais pour mettre en chantier une analyse comparative de ces systèmes, une préenquête est nécessaire. Celle-ci a débuté grâce à des données fournies par Christie, de Norvège, Le Blanc, du Québec (Canada) et Belkin et Blumstein pour le Connecticut (États-Unis).

Nous invitons donc les personnes intéressées, à confronter le modèle de justice criminelle décrit avec celui de leur pays, à le modifier en conséquence par la suite et à mettre à côté de chacun des item d'informations énumérés, les données pertinentes. Ces informations, en plus d'une description des aspects formels et informels des opérations du système, nous permettront de raffiner le modèle général de justice criminelle et de préciser les informations statistiques disponibles. Après avoir mis sur pied cette banque de données, grâce au programme JUSSIM, il sera possible de faire une analyse comparative des systèmes de justice criminelle, d'évaluer ses opérations et de vérifier certaines hypothèses. Ainsi, nous serons en mesure d'initier des études comparatives des systèmes de justice criminelle qui nous permettront peut-être d'atténuer la crise actuelle de l'administration de la justice criminelle.

BIBLIOGRAPHIE

BLUMSTEIN, A., R. CHRISTENSEN, S. JOHNSON et R. LARSON (1967):
« Analysis of Crime and the Overall Criminal Justice System », *in: Task Force
Report: Science and Technology,* rapport de la President's Commission on
Crime and Administration of Justice, Washington (D.C.), U.S. Government
Printing Office, chap. v.

BLUMSTEIN, A. *et al.* (1968): *A National Program of Research, Test and
Evaluation of Law Enforcement and Criminal Justice,* Arlington (Va.), Institute
for Defense Analysis.

BLUMSTEIN, A. et R. LARSON (1969): « Models of a Total Criminal Justice
System », *Operational Research,* 17 (2): 199–232.

BLUMSTEIN, A. et J. BELKIN (1970): *Methodology for the Analysis of Total
Criminal Justice System,* Pittsburgh, Carnegie Mellon University.

BLUMSTEIN, A. et R. LARSON (1970): *Models of a Total Criminal Justice
System,* Arlington, Institute for Defense Analysis.

BLUMSTEIN, A. et A. REISS (1971): *Systems Analysis: Data Format for
International Comparison of Criminal Justice System,* rapport préparé pour le
troisième Symposium international de criminologie comparée, Versailles.

BUCKLEY, W. (1967): *Sociology and Modern System Theory,* Englewood Cliffs
(N.J.), Prentice-Hall Inc.

BUCKLEY, W. (1968): *Modern Systems Research for the Behavioral Scientist: A
Sourcebook,* Chicago, Aldine.

CANADA (1969): *Justice pénale et correction: un lien à forger,* rapport du Comité
canadien de la réforme pénale et correctionnelle, Ottawa, Imprimeur de la
Reine.

CROSS, B. M. (1966): « The State of the Nation: Social System Accounting », *in:* R.
A. Bauer, édit., *Social Indicators,* Cambridge (Mass.), The M.I.T. Press,
p. 151–272.

ÉTATS-UNIS (1967): *The Challenge of Crime in a Free Society,* rapport de la
President's Commission on Law Enforcement and Administration of Justice,
Washington (D.C.), U.S. Government Printing Office.

LAWRENCE, J. R. (1966): « The Systems Concept as a Common Frame of
Reference », *in:* J. R. Lawrence, édit., *Operational Research and the Social
Sciences,* Toronto, Tavistock, p. 499–554.

QUÉBEC (1970): *la Société face au crime,* rapport de la Commission d'enquête sur
l'administration de la justice en matière criminelle et pénale, Québec, Éditeur
officiel du Québec.

SELLIN, T. et M. E. WOLFGANG (1964): *Crime Index,* New York, Institute of
Human Relations Press.

SZABO, D., M. LE BLANC et A. NORMANDEAU (1970): *Criminologie
appliquée et politique gouvernementale: perspectives d'avenir et conditions de
collaboration,* communiqué présenté au VIᵉ Congrès international de criminologie, Madrid.

VON BERTALANFFY, L. (1968): *General System Theory,* New York, George
    Braziller.
WILKINS, L. T. (1970): *Quantitive Methods in Social Defense Planning with
    Special Reference to Cost Benefit and System Analysis,* New York, O.N.U.,
    Social Defense Section, document ronéotypé.

ANNEXES

I. PROGRAMME DES TRAVAUX ET DISTRIBUTION DES PARTICIPANTS PAR ATELIERS DE TRAVAIL

ATELIER N° 1. LA CRIMINALITÉ TRADITIONNELLE

1. Problématique:
   Caractéristiques de la société moderne;
   Caractéristiques de la criminalité moderne;
   Caractéristiques de la réaction sociale contre la criminalité.
2. Plan:
   Introduction;
   Panorama criminologique;
   Cadre législatif et pratique;
   Réaction sociale: évaluation de la crise 1) au niveau de la police, 2) au niveau de l'appareil judiciaire, 3) au niveau des services de réhabilitation;
   Perspectives de réforme.

Président: Séverin-Carlos Versele.
Responsable: José-M. Rico.
Assistant: Jean Sabatier.
Participants: B. Beiderman, (Argentine); A. Boni, (Côte d'Ivoire); P. Bouzat (France); J. Cordoba Roda, (Espagne); A. Davidovitch, (France); V.L. Donnici, (Brésil); B. Grosman, (Canada); G. Lefèvre, (Canada); M. Malo Camacho, (Mexique); M. Milutinovic, (Yougoslavie); G. Picca, (France); R. Treves, (Italie).

ATELIER N° 2. PROTESTATION DE GROUPES, VIOLENCE ET SYSTÈME DE JUSTICE CRIMINELLE

1. Définitions.
2. Réaction du système de la justice criminelle:
   Le système de la police;
   Le système des cours de justice: l'administration de la justice en temps troublés;
   Le système pénologique et correctionnel: problèmes spéciaux du traitement des groupes de personnes minoritaires violentes;
   Une législation spéciale: pour réglementer ces phénomènes nouveaux.

Présidents: Alfred Sauvy et Philippe Robert.
Responsable: André Normandeau.
Assistants: Claude Faugeron et Dominique Saudinos.
Participants: P. Boucher (France); M. Colin (France); C. Faugeron (France); J. Fortin (Canada); R. Géraud (France); F. Governatori (Italie); G. Marx (États-Unis); Y. Marx (France); F.H. McClintock (Grande-Bretagne); J.-P. Michel (France); J.J. Panaka (Indes); R. Smith (États-Unis).

ATELIER N° 3. CRIMES SANS VICTIMES

1. Problématique.
2. Plan de discussion proposé :
   L'étude des interdépendances entre la décence publique et la morale indivi-
   duelle ;
   Les problèmes du contrôle policier et des agences sociales de l'application de la
   loi ; les contrôles exercés par les cours ;
   Traitement et détention ;
   Les politiques législatives et l'éducation populaire

Président : J. E. Hall Williams.
Responsable : Ezzat A. Fattah.
Assistantes : Hélène Ricateau et Colette Gabet - Sabatier.
Participants : P. Amor (France) ; P. Cornil (Belgique) ; J. Edwards (Canada) ; Mᵐᵉ A.-
M. Favard (France) ; F. Ferracuti (Italie) ; T.C.N. Gibbens (Grande-Bretagne) ; E. P.
Hartt (Canada) ; G. Levasseur (France) ; N. Mailloux (Canada) ; J. Verin (France).

ATELIER N° 4. LE CRIME ORGANISÉ

1. Le crime organisé dans le monde d'aujourd'hui :
   Les faits ;
   Les causes de la crise.
2. Plan de discussion :
   Police ;
   Aspects judiciaires ;
   Conclusion ;
   Aspects pénologiques ;
   Synthèse.
3. Exemple.

Président : Donald Cressey.
Responsables : Jean-Paul Gilbert et Jean Susini.
Assistant : Jacques Toisier.
Participants : J. Cosson (France) ; H. Feraud (France) ; G. Fully (France) ; H. Hess
(Allemagne) ; P. Lejins (États-Unis) ; J. Mack (Écosse) ; G. Tardif (Canada).

ATELIER N° 5. CRIMINALITÉ ET JUSTICE PÉNALE DANS LES ZONES
MÉTROPOLITAINES : FUTURIBLES

1. Le plan :
   L'environnement métropolitain en tant que facteur suscitant, ou propice à la
   criminalité ;
   L'examen des modes de la réaction sociale.
2. Les données et les conditions du développement métropolitain :
   Organisation socio-culturelle favorisant, à long terme, la criminalité ;
   Les différents types de criminels et leurs caractéristiques ;
   Les caractéristiques des victimes et des liens qui existent entre elles et leurs
   agresseurs ;
   Les prévisions des tendances du développement urbain et de celui de la
   criminalité ;
   Résumé des débats de la première journée.
3. Les fondements du droit pénal et de la conception de la défense sociale :
   Évaluation et diagnostic des lacunes de l'organisation administrative des zones
   métropolitaines ;
   Les réformes administratives ;
   Les conséquences criminogènes du progrès économique ;
   Les forces policières ;

Les tribunaux ;
Les services pénitentiaires ;
Les services de prévention ;
Les futuribles.

Président : Pierre Nuvolone.
Responsables : Alice Parizeau et Denis Szabo.
Assistants : Yves Brillon et Philippe Louiset.
Participants : J. Bellemare (Canada) ; J. Chazal (France) ; W. Clifford (Grande-Bretagne) ; M. De Lapparent (France) ; J. Faugeron (France) ; L.H.C. Hulsman (Hollande) ; H. Michard (France) ; L.E. Ohlin (États-Unis) ; J. Pinatel (France) ; Y. Roumajon (France) ; D.A. Ward (États-Unis).

ATELIER N° 6. ANALYSE DU SYSTÈME DE JUSTICE CRIMINELLE

Modèle pour la comparaison des systèmes de justice criminelle :
Schéma préliminaire de compilation de données ;
Banque internationale des données concernant les systèmes de justice criminelle et pénale ;
Stratégie de recherches destinée à l'utilisation de ces données dans le but des comparaisons à établir entre divers pays.
La façon de compiler les données pour chaque pays doit tenir compte de deux dimensions : 1) le genre de délit et le type de criminalité ; 2) le processus de traitement dans le cadre du système de justice criminelle et pénale.
Définition des genres de criminalité : rapport américain sur la criminalité. Il convient de reconsidérer le problème du classement élaboré dans le rapport américain.
Étude de Sellin et Wolfgang.
L'étude du système de justice criminelle exige l'utilisation des seize variables indiquées dans le plan de travail.

Présidents : Alfred Blumstein et Albert J. Reiss, Jr.
Responsable : Marc Le Blanc.
Assistant : Bernard Laffergue.
Participants : Mme U. Bondeson (Suède) ; N. Christie (Norvège) ; T. Grygier (Canada) ; G. Houchon (Belgique) ; J. Jasinski (Pologne) ; D. Kalogeropoulos (France) ; J. Selosse (France) ; S. Shoham (Israël) ; R. Sparks (Grande-Bretagne) ; L. Van Outrive (Belgique) ; M. Zeid (République arabe unie).

II. LISTE DES PARTICIPANTS

Amor, P., premier avocat général, Cour de cassation ; président, Comité de coordination des recherches criminologiques, ministère de la Justice, Paris, France.
Beiderman, B., avocat à la Cour et professeur de droit, Buenos Aires, Argentine.
Bellemare, J., professeur agrégé, Faculté de droit, Université de Montréal, Montréal, Canada.
Blumstein, A., Professor, School of Urban and Public Affairs, Carnegie-Mellon University, Pittsburgh (Penn.), U.S.A.
Bondeson, U., associé de recherches, Département de sociologie, Université de Lund, Lund, Suède.
Boni, A., président, Cour suprême, Abidjan, République de Côte d'Ivoire.
Boucher, P., docteur en droit ; journal *le Monde,* Paris, France.
Bouzat, P., doyen honoraire, Faculté de droit, Université de Rennes, Rennes, France.
Chazal, J., conseiller, Cour de Cassation, Paris, France.
Christie, N., professeur de criminologie, Institut de criminologie et de droit pénal, Université d'Oslo, Oslo, Norvège.

Clifford, W., Officer-in-Charge, Section of Social Defence, The United Nations, New York (N.Y.), U.S.A.

Colin, M., directeur, Département de criminologie clinique, Institut universitaire de médecine légale et de criminologie clinique, Lyon, France.

Cordoba Roda, J., professeur de droit pénal, Faculté de droit, Université de Barcelone, Barcelone, Espagne.

Cornil, P., professeur, Faculté de droit, Université Libre de Bruxelles, Bruxelles, Belgique.

Cosson, J., substitut du Procureur général près de la Cour d'appel de Paris, Paris, France.

Cressey, D. R., Professor of Sociology, University of California, Santa Barbara (Calif.), U.S.A., Overseas Fellow, Churchill College, University of Cambridge, Cambridge, United Kingdom.

Davidovitch, A., maître de recherches, Centre national de la recherche scientifique, Centre d'études sociologiques, Paris, France.

De Lapparent, M., Commissariat général au Plan d'Équipement et de la productivité, Paris, France.

Donnici, V. L., professeur de droit pénal et de criminologie, Institut de sciences pénales, Rio de Janeiro, Brésil.

Edwards, J. Ll. J., Director, Center of Criminology, University of Toronto, Toronto, Canada.

Fattah, E. A., professeur agrégé, Département de criminologie, Université de Montréal, Montréal, Canada.

Faugeron, J., architecte, Paris, France.

Favard, A.-M., Centre d'études des méthodes objectives en sciences humaines, Toulouse, France.

Ferracuti, F., professeur de criminologie, Faculté de droit, Université de Rome, Rome, Italie.

Feraud, H. J., chef de la Division des études, INTERPOL, Saint-Cloud, France.

Fortin, J., professeur agrégé, Faculté de droit, Université de Montréal, Montréal, Canada.

Fully, G., médecin inspecteur, Administration pénitentiaire, ministère de la Justice; secrétaire général, Société internationale de criminologie, Paris, France.

Géraud, R., médecin, Gap (Hautes-Alpes), France.

Gibbens, T. C. N., Professor of Forensic Psychiatry, Institute of Psychiatry, University of London, London, United Kingdom.

Gilbert, J.-P., professeur invité, Département de criminologie, Université de Montréal, Montréal, Canada.

Governatori, F., magistrat, Bologne, Italie.

Grosman, B. A., Professor, Faculty of Law, University of Saskatchewan, Saskatoon, Canada.

Grygier, T., directeur, Centre de criminologie, Université d'Ottawa, Ottawa, Canada.

Hall, Williams, J. E., Reader in Criminology, London School of Economics and Political Science, University of London, London, United Kingdom.

Hartt, The Hon. Justice E. P., Judge, Supreme Court of Ontario, Toronto; Chairman, Law Reform Commission, Government of Canada, Ottawa, Canada.

Hess, H., professeur, Institut de criminologie, Université de Heidelberg, Heidelberg, République fédérale d'Allemagne.

Houchon, G., directeur, Centre de criminologie et de pathologie sociale, Université Lovanium, Kinshasa, République démocratique du Congo.

Hulsman, L. H. C., professeur en titre, Faculté de droit, Rotterdam; conseiller juridique, ministère de la Justice des Pays-Bas, Rotterdam, Pays-Bas.

Jasinski, J., Centre de criminologie, Académie des sciences policières, Varsovie, Pologne.

Kalogeropoulos, D., chargé de recherches, Centre national de la recherche scientifique, Laboratoire de sociologie criminelle, Université de Paris, Paris, France.

LeBlanc, M., professeur adjoint, Département de criminologie, Université de Montréal, Montréal, Canada.

Lejins, P., Director, Institute of Criminal Justice and Criminology, University of Maryland, College Park (Md.), U.S.A.

Levasseur, G., professeur, Faculté de droit, Université de Paris, Paris, France.

Mack, J., Director, School of Social Study, University of Glasgow, Glasgow, Scotland.

Mailloux, R.P. Noël, directeur, Institut de psychologie, Université de Montréal, Montréal, Canada.

Malo, Camacho, G., directeur du Service d'enquêtes, Procureur général, Ministère de la Justice, Mexique.

Marx, G., Assistant Professor, Department of Sociology, Harvard University, Cambridge (Mass.), U.S.A.; boursier invité, Aix-en-Provence, France.

Marx, Y.-R., sous-directeur des recherches juridiques comparatives, CNRS; Centre français de droit comparé, Paris, France.

McClintock, F.H., Fellow of Churcill College; University Lecturer in Criminology, Institute of Criminology, University of Cambridge, Cambridge, United Kingdom.

Michard, H., directeur, Centre de formation et de recherche de l'Éducation surveillée, Vaucresson, France.

Michel, J.-P., Direction des affaires criminelles, ministère de la Justice, Paris, France.

Milutinovic, M., directeur, Institut de recherches criminologiques et criminalistiques, Belgrade, Yougoslavie.

Normandeau, A., directeur et professeur agrégé, Département de criminologie, Université de Montréal, Montréal, Canada.

Nuvolone, P., professeur, Faculté de droit, Université de Milan, Milan, Italie.

Ohlin, L.E., Professor of Criminology, Law School, Harvard University, Cambridge (Mass.), U.S.A.

Panakal, J.J., Head, Department of Criminology and Correctional Administration, Tata Institute of Social Sciences, Bombay, India.

Parizeau, A., secrétaire général, Centre international de criminologie comparée, Université de Montréal, Montréal, Canada.

Picca, G., directeur, Centre national d'études et de recherches pénitentiaires, ministère de la Justice, Paris, France.

Pinatel, J. président, Commission scientifique, Société internationale de criminologie, Paris, France; président, Conseil de direction, Centre international de criminologie comparée, Montréal, Canada.

Reiss, Jr., A.J., Professor, Department of Sociology, Yale University, New Haven (Conn.), U.S.A.

Rico, J., professeur agrégé, Département de criminologie, Université de Montréal, Montréal, Canada.

Robert, Ph., chef du Service d'études pénales et criminologiques, ministère de la Justice, Paris, France.

Rosenberg, G., documentaliste responsable de la coordination administrative du Symposium, Centre international de criminologie comparée, Université de Montréal, Montréal, Canada.

Roumajon, Y., président, Association française de criminologie, Paris, France.

Sauvy, A. professeur honoraire, Collège de France, Paris, France.

Selosse, J. chef du Service de la recherche, Centre de formation et de recherche de l'éducation surveillée, Vaucresson, France.

Shoham, S., directeur, Institut de criminologie et de droit, Université de Tel-Aviv, Tel-Aviv, Israël.

Smith, R.L., Chief, Correctional Program Planning and Development, Department of the California Youth Authority, Sacramento (Calif.), U.S.A.

Sparks, R., Assistant Director of Research, Institute of Criminology, University of Cambridge, Cambrige, United Kingdom.

Susini, J., chargé d'études, Direction des écoles et techniques de la police, ministère de l'Intérieur, Paris, France.

Szabo, D., directeur, Centre international de criminologie comparée, Université de Montréal, Montréal, Canada.
Tardif, G., aviseur technique, Conseil de sécurité publique, Communauté urbaine de Montréal, Montréal, Canada.
Treves, R. vice-président de la Section sociologique, Centre de défense sociale, Milan, Italie.
Van Outrive, L., professeur, École de criminologie, Université catholique de Louvain, Louvain, Belgique.
Verin, J., chef du Service de coordination de la recherche, ministère de la Justice, Paris, France.
Verselle, S. C., juge, Tribunal de première instance, Bruxelles; directeur, Centre de Sociologie du Droit et de la justice, Université Libre de Bruxelles, Bruxelles, Belgique.
Ward, D. A., Chairman, Department of Criminal Justice Studies, University of Minnesota, Minneapolis (Minn.), U. S. A.; boursier invité, Université de Copenhague, Copenhague, Danemark.
Zeid, M., premier expert, Centre national pour la recherche sociale et criminologique, Le Caire, République arabe unie.

III. LISTE DES OBSERVATEURS

France
Ministère de l'Intérieur, Paris: Raymond Marcellin, ministre de l'Intérieur (représenté).
Cour de Cassation, Paris: Monsieur Reliquet, avocat général.
Délégation du Québec en France, Paris: Jean Chapdelaine, délégué général.
Agence de coopération culturelle et technique, Paris: Jean-Marc Léger, secrétaire général (représenté).
Centre de sciences criminelles, Montpellier: Jean-Marie Aussel, directeur.
Interpol, Saint-Cloud: André Brisset, adjoint à la Division des études.
Institut de sciences criminelles, Aix-en-Provence: Raymond Gassin, directeur.
Service psychiatrique de la Santé, Paris: Monsieur Hivert, médecin chef.
Hôpital militaire du Val de Grâce, Paris: P. Moutin, médecin psychiatre.
Gendarmerie et Justice militaire, Paris: Jean-Claude Périer, directeur (représenté).
Recherche scientifique et technique, Paris: Monsieur Sifferlen, délégué général.
Comité consultatif de la recherche scientifique et technique, Paris: Pierre Bauchet, président (représenté).
Ministère du Développement industriel et scientifique, Paris: Jean-Paul Costa, auditeur au Conseil d'État.
Brigade centrale de documentation et de recherches criminelles, Paris: Monsieur Bellemin-Noël, chef de la Brigade.
Bureau d'études et de documentation générale, Paris: Monsieur Dupiellet, chef du Bureau.
Préfecture des Yvelines, Versailles: Pierre Chaubard, préfet (représenté).
Mairie de Versailles, Versailles: Maire de Versailles.

Canada
Goyer, Hon. J.-P., solliciteur général du Canada, Ottawa, Canada.
Hofley, B. C., Assistant Deputy Minister, Department of the Solicitor General of Canada, Ottawa, Canada.
Fournier, Hon. R., solliciteur général du Québec, Québec, Canada.
Brodeur, P. D., chef de Cabinet de l'Hon. R. Fournier, Québec, Canada.
Bertrand, F., chargée de recherche, Section des statistiques judiciaires, Bureau fédéral de la statistique, Ottawa, Canada.
Lefebvre, G., surintendant médical adjoint, Institut Philippe Pinel de Montréal, Montréal, Canada.

Arcand, S., chargée de recherche, Centre international de criminologie comparée, Université de Montréal, Montréal, Canada.

Fasciaux, R., chargé de recherche, Centre international de criminologie comparée, Université de Montréal, Montréal, Canada.

Ribordy, F. X., responsable de la Recherche sur la police; chargé de recherche, Centre international de criminologie comparée, Université de Montréal, Montréal, Canada.

États-Unis

De Bilio, Francis, Director of Rehabilitation, Department of Corrections, The City of New York, New York, U.S.A.

Edley, Christopher F., Officer in Charge, Division of National Affairs, Government and Law, The Ford Foundation, New York, U.S.A.

Gardiner, John A., Chief of the Research Planning Staff, Law Enforcement Assistance Administration, Washington (D.C.), U.S.A.

Pincus, William, President, Council on Legal Education for Professional Responsibility, Inc., New York, U.S.A.

Schaffer, S. Andrew, Assistant Director, Vera Institute of Justice, New York, U.S.A.

République de Côte d'Ivoire

Brizoua, M., directeur adjoint du Cabinet, Abidjan.

Goudot, Gérard, aide à M. Alphonse Boni.

Argentine

Kleidermacher, Arnoldo, avocat, Buenos Aires.

TABLE DES MATIÈRES

Achevé d'imprimer le 26 avril 1973
par la Compagnie de l'Éclaireur Limitée